本书获内蒙古大学"双一流"科研专项
高端成果培育项目资助

流动型社会保障服务研究
——基于民族地区的考察

◆ 白维军 / 著

人民出版社

目　录

导　论

一、研究对象

2021 年 2 月 26 日，习近平总书记在中共中央政治局第二十八次集体学习时强调："社会保障是保障和改善民生、维护社会公平、增进人民福祉的基本制度保障，是促进经济社会发展、实现广大人民群众共享改革发展成果的重要制度安排，是治国安邦的大问题。"[①] 社会保障是集经济和服务于一体的综合性国民生活保障系统，社会保障服务作为基本公共服务的组成部分，在公共服务体系中起着保障和改善民生的基础作用，是不断满足人民美好生活向往的重要手段。

本书以社会保障服务为研究对象，创新性地提出"流动型社会保障服务"概念，并就此展开深入论述。流动型社会保障服务是社会保障服务的一种特殊形式，与其相对应的概念是固定型社会保障服务和代理型社会保障服务。流动型社会保障服务是针对边疆地区、民族地区等偏远场域尤其是边疆民族地区农村提出的一种特殊公共服务供给形式，这种公共服务形式很好地契合了我

———————————

[①] 《完善覆盖全民的社会保障体系　促进社会保障事业高质量发展可持续发展》，《人民日报》2021 年 2 月 28 日。

国边疆民族地区地广人稀、公共服务半径大、基础设施不完善等现实情况，是一种变被动服务为主动服务的社会保障服务创新。流动型社会保障服务既降低了边疆民族地区农村居民享受社会保障服务的成本，也提高了政府在边疆民族地区提供社会保障公共服务的效率，是边疆民族地区农村社会保障服务建设的一种理想选择。习近平总书记在第五次中央民族工作会议上也强调："要充分考虑不同民族、不同地区的实际，统筹城乡建设布局规划和公共服务资源配置，完善政策举措，营造环境氛围，逐步实现各民族在空间、文化、经济、社会、心理等方面的全方位嵌入。"指出了公共服务在促进民族交往交流交融中的重要作用。[1]

　　本书将流动型社会保障服务的研究范围限定在边疆民族地区，因为它是针对边疆民族地区特殊的经济、社会、政治、人文环境而进行的一种服务创新。在我国，边疆地区和民族地区高度重合是重要的国情之一。[2] 在表述民族地区时，为体现特色，学术界经常使用边疆民族地区这样的说法，二者指向的地域范围其实是一样的。关于民族地区的界定，有学者指出民族地区主要是一个法律政策概念，指少数民族聚居并建立了民族自治地方的地区，民族自治地方与民族地区指称的对象是一致的。[3] 关于我国民族地区的范畴，学界倾向于将民族地区框定为"民族八省区"，

---

[1] 《以铸牢中华民族共同体意识为主线　推动新时代党的民族工作高质量发展》，《人民日报》2021 年 8 月 29 日。

[2] 丁忠毅：《对口支援边疆民族地区中的府际利益冲突与协调》，《民族研究》2015 年第 6 期。

[3] 苏祖勤：《民族地区乡镇服务型政府建设研究》，人民出版社 2014 年版。

即内蒙古自治区、新疆维吾尔自治区、西藏自治区、广西壮族自治区、宁夏回族自治区以及云南、贵州、青海三个少数民族人口较多的省份,①这与国家民委对民族地区的表述和界定也是完全一致的。因此,本书关于流动型社会保障服务的论述,也就立足于民族八省区的特殊情况,以民族八省区的实践案例和发展状况为依据展开深入研究。

二、研究背景与研究意义

自党的十八大以来,我国不断加强公共服务体系建设,着力提升基本公共服务均等化水平。为提升乡村公共服务水平,《中华人民共和国国民经济和社会发展第十四个五年规划和2035年远景目标纲要》指出,要"推进城乡基本公共服务标准统一、制度并轨,增加农村教育、医疗、养老、文化等服务供给"②。作为基本公共服务重要组成部分的流动型社会保障服务因其主动、便捷、高效、低成本等优势,受到国家和社会的广泛重视,边疆民族地区公共服务建设彰显着宝贵的理论指导性和实践应用性。

(一) 研究背景

流动型社会保障服务首先是基于对基本公共服务以及基本公共服务均等化的学理考量而作出的学术探讨。基本公共服务

---

① 王延中、龙玉其等:《民族地区社会保障反贫困研究》,经济管理出版社2017年版。

② 《中华人民共和国国民经济和社会发展第十四个五年规划和2035年远景目标纲要》,《人民日报》2021年3月13日。

是建立在公共服务基础上，根据国家经济和社会发展水平而形成的一个民生概念，通常是指政府为保障公民或组织在生产生活方面所必要的需求而提供的一些社会服务，具有保障基本权利、维护社会稳定、促进经济发展等多重作用。社会保障服务作为一项基本公共服务，是公共服务和社会保障领域的一个重要研究议题。

为保障全体国民都能平等地享受包括社会保障服务在内的基本公共服务，实现国家政策与服务惠及的公平公正，政府提出了加强基本公共服务均等化的若干要求和实现路径。例如，党的十九届四中全会提出，要"完善公共服务体系，推进基本公共服务均等化、可及性"①。《中华人民共和国国民经济和社会发展第十四个五年规划和 2035 年远景目标纲要》也指出，要坚持把实现好、维护好、发展好最广大人民根本利益作为发展的出发点和落脚点，尽力而为、量力而行，健全基本公共服务体系，完善共建共治共享的社会治理制度，扎实推动共同富裕，不断增强人民群众获得感、幸福感、安全感，促进人的全面发展和社会全面进步。对公共服务建设的任务与目标进行了明确要求。基本公共服务大致包括民生保障服务、公共事业服务、公益基础性服务和公共安全服务四类，核心是保障全体国民都可以平等地享受公共服务，既避免简单的平均主义，也避免极端的两极分化。

而如何为边疆民族地区这个特殊场域提供良好的公共服务，

① 《中共中央关于坚持和完善中国特色社会主义制度　推进国家治理体系和治理能力现代化若干重大问题的决定》，《人民日报》2019 年 11 月 6 日。

实现公共服务均等化，是贯彻落实新发展理念的题中之义，也是建设中国特色社会主义、保障边疆民族地区居民共享经济社会发展成果的重要举措。同时，实施流动型社会保障服务，实现基本公共服务均等化，对推动边疆民族地区经济社会发展，提高民族群众生产生活水平，加强民族团结，维护社会稳定，都具有特殊意义。

基于公共服务在社会治理和社会发展中的重要作用，国家和边疆民族地区政府发布了一系列加强公共服务建设的文件和规划。例如，国家在《"十三五"推进基本公共服务均等化规划》中提出，要紧扣以人为本的制度框架，建立健全统筹协调机制、财力保障机制、人才建设机制、多元供给机制以及监督评估机制，并对《"十三五"国家基本公共服务清单》中的公共教育、劳动就业创业、社会保险、医疗卫生、社会服务、住房保障、公共文化体育、残疾人服务等 8 大领域 81 个子项目，进行了细致的责任分工，力图将各项福利和保障落实到每一位社会成员身上，真正做到公共服务均等化。针对以上 8 个领域，国家提出具体的年度计划。2020 年，要从基本公共服务体系、公共服务的体制机制以及基本公共服务均等化等方面实现新的突破，在上述领域"对症下药"，打造更加完善健全的公共服务体系。①

一是在基本公共教育上实现学有所教。包括为中小学生提高至 12 年免费义务教育，为农村和欠发达地区的义务教育学生进

---

① 《"十三五"推进基本公共服务均等化规划》，《人民日报》2017 年 3 月 2 日。

行营养改善等 8 项服务。二是在基本劳动创业就业上达到劳有所得。包括为人民群众提供基本公共就业服务，为失业人群和应届、往届大学生提供就业援助和就业见习服务，资助具有创业意向的人群等 10 项服务。三是在基本医疗卫生上做到病有所医。包括建立居民健康档案，对居民进行健康教育普及，预防传染病疫苗接种，发现传染病及突发公共卫生事件的紧急报告和处理等 20 项服务。四是在养老保障上实现老有所养。包括完善城乡养老保险制度，加强职工养老保险制度建设，提高老年人福利补贴和贫困老人的最低生活保障。五是在基本住房建设上达到住有所居。包括公共租赁住房、城镇棚户区住房改造、农村危房改造 3 项服务。六是在基本社会服务上做到困有所帮。包括对相关人员的最低生活保障，特困人员救助供养，全国平等的医疗救助，临时救助，对受灾人员进行生活和基本医疗救助等 13 项服务。七是在基本公共文化体育上做到文体有获。包括对人民群众免费开放公共文体设施，推广地方戏曲，保障人民群众收听广播、观看电视电影、读书看报等 10 项服务。八是在残障人士基本公共服务上做到残有所助。包括生活困难且存在自理问题残疾人的生活补贴，重度残疾人的护理补贴，无业重度残疾人最低生活保障等 10 项服务。

在制定上述规划的同时，党和政府针对少数民族和边疆欠发达地区，出台了《兴边富民行动"十三五"规划》，该规划主要实施范围是我国陆地边境地区，包括内蒙古、云南、西藏、新疆、广西、辽宁、吉林、甘肃、黑龙江等省区的 140 个陆地边境县（市、区、旗）和新疆生产建设兵团的 58 个边境团场以及海南省的 6 个民族自治县。① 具体内容包括：

一是推进保障边疆民族地区交通运输体系、水利能源设施、信息基础设施和城镇化建设。二是针对各贫困县进行精准扶贫，全力改善边民居住生活条件，大力推进社会保障体系、教育体系、就业创业体系以及科技创新能力建设，保障和改善边疆少数民族地区民生条件。三是大力发展优势特色产业，推进特色农业、特色加工业、特色服务业和工业产业园区的建设发展。四是提升边疆民族地区对外开放水平，推动边疆地区"一带一路"建设，转变自身贸易发展方式，推动沿边开放化水平和开放服务平台建设。五是加强沿边地区生态建设，提高污染治理能力，加快实施生态安全屏障发展战略。六是不断巩固和发展民族平等、民族团结、各民族共同繁荣的重大民族战略，推动军民融合、各少数民族之间的交流，加强边疆地区基层能力建设。七是大力推动边民扶持政策、财政政策、金融政策、土地政策、社会保障政策、生态政策以及对口支援政策的落实。

除国务院办公厅出台的这些全国性公共服务规划和政策外，各民族地区也根据自身实际情况，制定了相应的发展规划。例如，在《内蒙古自治区"十三五"推进基本公共服务均等化规划》中，针对农牧区与城市间的不均衡问题，在基本公共教育领域出台农村牧区教师招考"特岗计划"，在 2017—2020 年实施"自治区免费

---

① 《兴边富民行动"十三五"规划》，《光明日报》2017 年 6 月 7 日。

定向培养师资计划"以及定向培养"一专多能"的乡村教师计划，在城乡间设置统一的岗位比例，预留一定的岗位职数，专项用于教师交流，全面落实集中连片特困地区乡村教师生活补助政策，建立大学生或城镇教师到乡村学校任教津贴补助机制，实施边远艰苦地区乡村学校教师周转宿舍建设，加强贫困地区乡村教师培训。①

《贵州省"十三五"基本公共服务体系规划》指出，为达到2020 年社会保障覆盖全省的目标，从制度框架和运行机制两方面做保障，建成了社会保险公共服务互联平台。为使平台运行平稳流畅、百姓使用快捷有效，分别从乡、县、市、省四个层级进行规划设计，使不同人群都能获得期望的社会保险服务。②同时，从 8 个方面进行基本公共服务规划，具体包括基本社会保险、基本公共教育、基本劳动就业、残疾人基本公共服务等，目的是更好地提供公共服务，实现贵州省全面小康。

《青海省"十三五"基本公共服务均等化规划》针对城乡之间文明程度不均等现象，在基本公共文化服务建设方面作出了具体部署。根据不同的阅读群体，在农村与城市不同地方设立阅览网点，便于不同地区的居民能阅读到已发行的出版物，设立阅读栏或阅读屏，满足无力承担书报费用城乡居民的阅读需求。针对特殊地区，政府加强公共阅读基础设施建设，满足偏远地区或贫

---

① 《内蒙古自治区"十三五"推进基本公共服务均等化规划》，内蒙古自治区政府网，http://www.nmg.gov.cn/art/2018/2/9/art_4260_214005.html。

② 《贵州省"十三五"基本公共服务体系规划》，多彩贵州网，http://www.myza-ker.com/article/58e352741bc8e0a11600006d/。

困居民的公共文化需求。此外，面向全省居民举办"书香青海"系列活动，建立数字农家书屋、社区阅读中心、公共数字阅读终端等，推动全民阅读。针对"三农"领域，专门增加相关刊物的发行量，并以免费的形式予以发放。[①]

《广西"十三五"基本公共服务均等化规划》中，在教育领域积极践行精准扶贫理念，一方面，针对少数民族集聚区、边境地区、贫困地区与革命老区，大力配置教育资源，促进当地教育发展，从根源上解决贫困问题；另一方面，进行精准物质资助，共计资助54所学校，针对建档立卡的贫困户子女，实施15年免费教育。与此同时，大力推行终身教育和继续教育，以"学分银行"形式，激励广大居民积极学习，并且通过学分累计、学分互换等方式，建立学习成果认证、职业教育学历证书等制度，提供丰富的公共文化教育服务。[②]

西藏自治区出台的《教育事业"十三五"规划》中提到，要努力落实"控辍保学"制度，推进城乡教育一体化发展。2020年，义务教育巩固率已达95%，城乡教育之间的壁垒正在逐步消除，这不仅体现了教育在新形势下的适应，也反映了教育的发展进步。当前西藏自治区教育发展水平已接近全国平均水准，为

---

① 青海省发展和改革委员会：《青海省"十三五"基本公共服务均等化规划》，http://fgw.qinghai.gov.cn/xxgk/xxgkml/jhgh/zxgh_xxgkml/201812/t20181206_67628.html。

② 《广西"十三五"基本公共服务均等化规划》，广西壮族自治区政府网，http://www.gxzf.gov.cn/zwgk/zfwj/20170901-640686.shtml。

推动西藏自治区公共教育服务均等化作出了积极贡献。① 此外，西藏《山南市"十三五"规划》针对城乡公共医疗服务不平衡状态，提出要完善农牧区医疗制度，建设农牧区卫生服务网络，实施"卫生惠民"工程，大力发展藏医药事业。②

在基本医疗卫生领域，《宁夏回族自治区 2018 年政府工作报告》中提出，开展千名医师下基层活动，完善"一免一降四提高一兜底"的医疗保障体系。③ 同时，加快推进农村地区"互联网＋医疗健康"活动，努力建成覆盖全区农村居民的健康档案和基层卫生信息管理系统、预防接种信息系统（乡镇以上）、"120"急救网络指挥系统，建立"国家、自治区、市、县（区）、乡"五级远程医疗服务体系，开展远程会诊、远程影像、远程心电、远程超声、远程病理、远程诊断、远程查房和远程胎心检测等医疗服务，初步形成"基层检查＋上级诊断＋区域共认"的分级诊疗服务新模式。④

党的十九大报告提出，从 2020 年到 2035 年，我们要基本实现基本公共服务均等化。因此，必须坚持在发展中保障和改善民生，多为人民群众谋取福利，多为百姓排忧解难，在发展中补

---

① 《西藏教育事业发展"十三五"规划出炉》，人民网，http://xz.people.com.cn/n2/2017/0810/c138901-30592804.html。

② 《山南市"十三五"时期卫生计生事业发展规划纲要》，西藏自治区政府网，http://www.xizang.gov.cn/zwgk/xxgk/201705/t20170512_127699.html。

③ 《2018 年自治区政府工作报告》，宁夏回族自治区政府网，http://www.nx.gov.cn/zzsl/zfgzbg/201801/t20180128_680858，html。

④ 宁夏回族自治区卫生健康委员会：《2019 年全区农村卫生健康工作总结及 2020 年农村卫生健康工作的安排》，http://wsjkw.nx.gov.cn/info/1057/12660.htm。

齐民生短板,促进社会公平正义,完善公共服务体系,保障人民群众的基本生活,不断满足人民日益增长的美好生活需要。而基本公共服务由教育、就业、医疗等组成,这些都是现实生活中与群众息息相关的现实问题。因此,基本公共服务均等化必须遵循"标准化"框架,必须在制度设计、权责关系、资源配置、治理手段、服务方式等方面进行精准设计,这样才能实现基本公共服务的可及性和可得性,使人民群众的获得感、幸福感、安全感更加充实、更有保障、更可持续。①

党的十九届四中全会在"坚持和完善统筹城乡的民生保障制度,满足人民日益增长的美好生活需要"中也指出,增进人民福祉、促进人的全面发展是我们党立党为公、执政为民的本质要求,基本公共服务则是增进民生福祉的直接体现和重要保障。因此,必须健全幼有所育、学有所教、劳有所得、病有所医、老有所养、住有所居、弱有所扶等方面国家基本公共服务制度体系,尽力而为、量力而行,注重加强普惠性、基础性、兜底性民生建设,保障群众基本生活,增强基本公共服务的公平性和可及性。

习近平总书记在第五次中央民族工作会议上指出,要根据不同地区、不同民族实际,以公平公正为原则,突出区域化和精准性,更多针对特定地区、特殊问题、特别事项制定实施差别化区

---

① 《以标准化促公共服务均等化》,中华人民共和国中央人民政府网,http://www.gov.cn/zhengce/2019-02/20/content_5366974.htm。

域支持政策。①

　　针对边疆民族地区的特殊情况，需创新公共服务提供方式，加强公共服务供给力度，鼓励支持社会力量兴办公益事业，满足人民多层次、多样化需求，使改革发展成果更多更公平惠及全体人民。同时，要着重健全基本公共服务网络。依托现代互联网的优势，建立以基层为重点的基本公共服务网络，促进城乡公共服务之间的交流、发展、融合，使基本公共服务能够惠及全民。在基本公共服务体系化建设方面，要注意规范化与标准化，同时为检验基本公共服务的可及性与可得性，要设计相应的评价标准与指标体系。通过上述举措，搭建现代化的基本公共服务平台，实现城乡之间服务资源的共享共用，提高基本公共服务整体的信息化水平与专业化水平，使居民更加便捷、智能、公平地获得基本公共服务，在更高层次上实现基本公共服务均等化。

　　然而，基本公共服务均等化"说起来容易，做起来难"，一些旨在体现社会公平公正的公共服务，在发达地区实施起来较为容易，但在经济和社会均欠发达的民族地区，或者边疆民族地区等偏远场域，实施起来难度极大，需要政府以更加开放的思路、更大的工作力度，进行政策创新，实现公共服务供给的城乡均等化。正是基于这样的背景，本书以边疆民族地区社会保障服务为研究对象，创新性地提出流动型社会保障服务，并进行政策构建，希望以此推动边疆民族地区社会保障公共服务建设。

---

① 《以铸牢中华民族共同体意识为主线　推动新时代党的民族工作高质量发展》，《人民日报》2021年8月29日。

（二）研究意义

改革开放以来，虽然我国在经济领域取得了巨大成就，但仍然存在着东中西部、发达地区与欠发达地区、民族地区与非少数民族地区之间的明显差距，尤其是在社会保障服务领域，存在着较大的地区差异。造成这种差异的原因，除了各地政府社会保障服务供给能力的不同外，也包括因服务对象和服务内容的特殊而带来的服务供给困难等原因。边疆民族地区社会保障服务的特殊性主要表现在以下几个方面：

一是社会保障服务供给地理环境的特殊性。边疆民族地区大多处于边境地区或崇山峻岭的山区之中，地理环境特殊，生存环境较为恶劣，给公共服务的提供带来了相当大的困难。而且，民族地区人口居住分散，服务半径较大，严重影响居民获取社会保障服务的便利性。例如，内蒙古锡林郭勒市政府所在地锡林浩特市与辖区内距离最远的牧区之间有 100 多公里的路程，如果牧民在冬天突发紧急情况，无论是救护车还是警车，都无法快速穿过冰雪覆盖的公路，同时，还可能面临沿途遭遇不测的风险，公共服务递送的难度非常大。

二是社会保障服务供给人文环境的特殊性。我国共有 55 个少数民族，2020 年第七次全国人口普查显示，大陆 31 个省区人口中，汉族人口为 1286311334 人，占全国人口的 91.11%；少数民族人口为 125467390 人，占全国人口的 8.89%。[①] 这些民族自

---

① 《第七次全国人口普查公报（第二号）》，国家统计局，2021 年 5 月 11 日。

身有着明显的特殊性，需要有差异化的公共政策保障其特殊的民族利益。例如，在内蒙古自治区，除了蒙古族之外，还生活着汉族、满族、回族、达斡尔族、鄂温克族、鄂伦春族、朝鲜族等 40 多个民族，这就是我们经常说的"大杂居，小聚居"特点。每个少数民族都有自己的发展历史和文化传承，这种民族之间的多元性与差异性，给政府提供社会保障服务带来了一定的难度。

边疆民族地区在公共服务递送中的这些特殊性和困难，要求政府创新性地提供一种能在这些特殊场域顺畅供给的公共服务方式，以实现全体国民对公共服务的均等化享有。正如习近平总书记 2019 年在全国民族团结进步表彰大会上的讲话提到的：我们辽阔的疆域是各民族共同开拓的，我们悠久的历史是各民族共同书写的，我们灿烂的文化是各民族共同创造的，我们伟大的精神是各民族共同培育的。要"把各族人民对美好生活的向往作为奋斗目标，确保少数民族和民族地区同全国一道实现全面小康和现代化。中华民族是一个大家庭，一家人都要过上好日子。没有民族地区的全面小康和现代化，就没有全国的全面小康和现代化。我们要加快少数民族和民族地区发展，推进基本公共服务均等化，提高把'绿水青山'转变为'金山银山'的能力，让改革发展成果更多更公平惠及各族人民，不断增强各族人民的获得感、幸福感、安全感"。①

基于上述考量，在充分调研的基础上，本书提出"流动公共

---

① 参见习近平：《在全国民族团结进步表彰大会上的讲话》，人民出版社 2019 年版。

服务"概念，并针对社会保障提出了"流动型社会保障服务"的命题。"流动型社会保障服务"的提出，在社会保障制度建设和社会保障公共服务均等化方面，具有重要的理论价值和现实意义。具体表现为：

一是流动型社会保障服务提高了边疆民族地区居民对社会保障服务的可及性。这种政府主动向居民提供上门服务的做法，可以避免边疆民族地区居民因交通不便、出行困难而主动放弃社会保障权益的发生。例如，驰骋在草原上的"流动医疗车"，可以挨家挨户地去牧民家进行医疗检查，避免牧民因路途遥远而放弃诊疗，或因没有进行体检而未能预防疾病。流动医疗车既保证了医疗资源的有效利用，又避免了牧民的舟车劳顿，可谓两全其美。

二是流动型社会保障服务具有灵活性和便捷性特征，可以极大地提高政府社会保障服务效率，使边疆民族地区居民能便捷地享受到公共服务待遇。例如，"草原110"，无论是追捕草原疑犯，还是为牧民办理审批手续，都比之前的"一站式服务"便利许多。[①]而且，流动型社会保障服务在提高效率的同时，还能兼顾公平。例如，活跃在牧区的"乌兰牧骑"，在保障牧区人民对美好文化需求的同时，也体现了党和政府在公共文化服务均等化中的责任，为构建服务型政府提供了典型案例，也为政府高效的公共服务供给提供了现实注脚。

---

① 刘银喜、任梅：《草原牧区社会管理创新典范：内蒙古"草原110"个案分析》，《北方经济》2012 年第 7 期。

三是流动型社会保障服务具有多元性的特点，它可以根据不同民族的差异性和特殊性，不断调整社会保障服务模式和类型，为边疆民族地区居民提供个性化的社会保障服务。在尊重民族特性、维护民族团结和平等的同时，进一步丰富和发展了民族理论，促进各民族共同繁荣。

最后，在边疆民族地区推行流动型社会保障服务，对其他欠发达地区甚至是发达地区，在为农村地区提供社会保障服务时，提供了一定的指导和参考价值。一直以来，无论是作为战略根据地的革命时期，还是当前推进乡村振兴的社会主义新时代，农村建设一直是党和政府最为重视的政务，但受制于长期的城乡二元结构，农村与城市始终存在着一定的差距。流动型社会保障服务可以为农村居民提供高效、优质的社会保障服务，从而在一定程度上控制和缩小社会保障服务在城乡之间、发达农村与欠发达农村之间的差距。

三、文献综述

从文献来看，国外没有流动公共服务或者流动型社会保障服务的直接研究，但在无缝隙政府理论、新公共服务理论中有关于公共服务供给的流动性以及政府公共服务供给与公民需求顺畅对接的理论论述，为流动公共服务以及流动型社会保障服务提供了理论支撑与现实启示。

在无缝隙政府理论中，罗塞尔·林登（Russell Linden）首先提出了无缝隙组织的概念，他认为无缝隙组织是一种可以用流动、灵活、弹性、完整、透明、连贯等词语来形容的组织形态。无缝隙组织通过与"顾客"的直接对接来提供服务，省去了中间环节和部门周转，既能提供个性化服务，又能缩短服务等待时间，是一种高效的服务递送形式。而在这种组织形态下建立的政府，就被称作"无缝隙政府"，它是以高效公共服务递送为特征的一种现代政府形态。[①] 而在新公共服务理论中，登哈特夫妇（Janet V. Denhardt, Robert B. Denhardt）批判性地纠正了新公共管理的诸多错误倾向，主张让政府回归公共性，去除企业家精神对政府再造的逐利影响，以公平、公正、正义取代经济、效率、效能原则，将公共服务接受者视为一个有社会权利的"公民"，而不仅仅是"顾客"。该理论认为在公共服务供给中，政府应该重新"划桨"，而不是"掌舵"，以此来塑造一种新型的公共服务理念和实践。[②]

以上两种公共管理和公共服务理论对流动型社会保障服务具有极强的理论解释意义，它们所主张的流动、快速、公正等服务理念与流动型社会保障服务的理念是完全吻合的。另外，在一些政务服务或社会保障服务资料中，也有关于特殊地区的特殊公共服务供给论述。例如，20世纪五六十年代，为适应地处偏远且不发达地区的印第安人和阿拉斯加居民的社会保障服务需求，美

[①] Russell M. Linden, *Seamless Government: A Practical Guide to Re-Engineering in the Public Secto*, Wiley, John & Sons, Incorporated, 1998, p.13.

[②] Janet V. Denhardt, Robert B. Denhardt, *The New Public Service: Serving, Not Steering*, Routledge, 2002, p.5.

国政府提供了用印第安语编成的政策宣传手册，并通过在边远地区增设办公室或联络点等措施，来加强这些特殊地区的服务供给。① 这与我国流动公共服务和流动型社会保障服务的实践也是不谋而合的。

国内学术界对流动公共服务和流动型社会保障服务都进行了一定程度的研究，具体可以分为：

一是关于流动公共服务的宏观研究。代表性观点有：任维德（2014）从建设服务型政府的角度出发，认为由于地区的特殊性以及公共服务需求对象目标的特殊性等原因，"流动公共服务"相比于"一站式政府"和"代理式政府"，更加适应边疆民族地区独特的地理和人文环境。特别是流动公共服务所具有的主动、灵活、便捷、专业化以及重复供给的特征，可以较好地满足基层民众对公共服务的需求，帮助政府有效控制和缩小基本公共服务在地区间、民族间的差距，促进基本公共服务全国均等化，具有重大的现实意义。②

白维军、刘银喜（2014）基于社会保障服务的视角，针对当前民族地区农村社会保障服务内容、服务手段和服务机构等流动性要素的缺失，提出"流动社会保障服务"概念。作者认为，需通过加强基础设施建设、完善社会救助服务制度、提供

---

① Anne Hamilton, "Social Security Service to American Indians", *Social Security Bulletin*, Vol.32, 1969.

② 任维德：《"流动公共服务"研究论纲——兼论边疆少数民族地区服务型政府建设》，《内蒙古社会科学（汉文版）》2014 年第 1 期。

多元化的服务方式，弥补固定服务的不足，提高农村居民对社会保障政策的可及性与可得性，保障基层群众对社会保障服务的均等化享有。①

刘银喜、任梅（2015）从边疆地区公共服务供给方式角度指出，流动公共服务是基于我国公共服务水平不断提升，但供给体系仍不健全的背景下应运而生的一种创新型理论，它所体现的理念创新和方式创新，不仅促进了边疆地区公共服务供给方式的变革，也是新时期社会治理创新的实践探索。②

刘银喜、朱国伟、王翔（2018）认为，流动公共服务的价值理念、制度设计、运行方式与其基本范畴和内涵层次存在着密切关联，它是基于公共服务的一种实践创新，体现了现代公共服务的发展方向，也在一定程度上表明了国家治理和政府转型的未来趋向。流动公共服务是对公共服务供给方式创新的一种高度概括，既具有实践价值，也具有很强的理论意义。③赵妮妮、靳连东（2018）从社会治理视角出发，分别以社会治理和公共服务为核心概念，结合民族地区现实情况，对流动公共服务产生的客观环境和内生动力进行了深入剖析，认为其不仅创新了公共服务供给形式，更为建设服务型政府提供了实践借鉴。作者认为，流动

---

① 白维军、刘银喜：《流动型社会保障服务：内涵界定、要素分析与路径选择》，《中国行政管理》2014年第9期。

② 刘银喜、任梅：《流动公共服务：公共服务供给方式创新——概念提出、逻辑起点及创新价值》，《中国行政管理》2015年第8期。

③ 刘银喜、朱国伟、王翔：《流动公共服务：基本范畴、供给类型与运行实态》，《中国行政管理》2018年第12期。

公共服务能为少数民族欠发达地区提供优质、高效、便捷的社会服务，能推动现代社会治理的平衡发展。①

　　田旭（2019）从实践的普适性和创新性角度指出，"流动公共服务"作为与传统公共服务相对应的一种创新型公共服务供给方式，是在边疆民族地区与牧区实施的一种创新型服务，可以将其理解为"上门服务"。"流动公共服务"在边疆民族地区可以充分发挥自身的"主动"优势，为边疆民族地区提供优质的公共服务。但随着社会的发展进步，"流动"这一形式可以不仅限于边疆民族地区与牧区，在我国其他省市也可推行。流动公共服务普适意义的推广，有助于实现公共服务的人人可及、可得，提升公共服务的效率和水平。②

　　二是关于流动公共服务案例和政策的研究。主要观点有：白维军（2014）从农村养老保障服务方面指出，民族地区养老保障服务在服务对象、服务内容以及服务程序上都具有典型的流动性特征，当前流动性要素的缺失严重影响了基层群众对养老服务的可及性和可得性。因此，应针对这种特殊情况，创新农村社会保障服务理念，在新农保、福利性养老、商业养老保险服务中进行科学的流动性构建，以使农村居民能享受到便捷、高效、优质的养老服务，推动民族地区农村养老保障服务平稳高效发展，推动

---

① 赵妮妮、靳连冬：《少数民族欠发达地区的社会治理：流动公共服务》，《贵州民族研究》2018 年第 10 期。

② 田旭：《流动公共服务在我国边疆民族地区实践的创新优势及其普适意义》，《理论界》2019 年第 7 期。

我国民族地区农村养老保障制度建设。①

在公共文化服务领域，丛志杰（2014）认为，基于独特的地理环境和人文环境，草原牧区文化服务具有极大的特殊性，传统的固定公共服务表现出诸多不适应性，需要采取以"乌兰牧骑""草原书屋"为主要形式的流动型文化服务。这种流动文化服务有利于更好地满足农牧民精神文化需求，保障其文化权益，更能推进公共文化服务的均等化建设，进而促进社会和谐，维护民族稳定与团结，推动各民族共同发展。但是，牧区文化建设依然存在文化总量不足、设施落后、机构以及管理不合理、不规范等弊端，需要政府积极引导多元化的服务方式，加强在人才培养以及基础设施建设上的投入，保障流动文化服务的发展。②

史蕾（2015）指出，当前我国城乡公共服务存在较大差距，城乡居民享受到的公共服务明显不均等。作者结合内蒙古的实地调研认为，边疆民族地区由于地广人稀，居民虽然对公共服务有强烈需求，但在农牧区却很难实现，导致农牧区生活的居民难以享受到基本公共服务。因此，可以从公共服务的供给方式入手，提出解决对策，在此，流动公共服务恰如其分地满足了这一要求。流动公共服务与服务型政府理念高度契合，在公共服务内涵

---

① 白维军：《流动公共服务视角下的民族地区农村养老保障服务创新》，《内蒙古社会科学（汉文版）》2014 年第 2 期。

② 丛志杰：《流动服务：内蒙古牧区公共文化服务的重要途径》，《内蒙古社会科学（汉文版）》2014 年第 4 期。

与供给方式创新方面极具价值。①

白云、席锁柱（2016）对流动文化服务进行了研究，并从流动文化服务正当性角度提出，由于固定文化服务在农牧区存在覆盖范围有限、辐射能力弱的问题，导致不能有效满足农牧区群众的文化需求。当前流动文化服务由于投入不足、供给主体单一等原因，无法满足农牧民的实际需求，也没有达到国家文化体系建设标准的要求，需要在功能设计、投入产出等方面加强管理，不断优化流动公共文化服务建设。②

白维军（2017）立足于边疆民族地区特殊的治理环境，认为公共服务是社会治理的有效方式之一，在维护社会稳定与国家长治久安方面发挥着不可忽视的作用。边疆民族地区由于现实环境的特殊性，需要以流动的形式为其提供公共服务。流动公共服务是基本公共服务的延伸与拓展，其更加注重主动性、时效性、便捷性、流动性，与边疆民族地区特殊的政治、地理、文化环境高度适应。作者以"草原110"和流动科技馆这两个案例，详细阐释了流动公共服务的工作机理和社会效益。③

谢敏仪（2017）从农村流动公共文化服务角度提出新蓝图，并构建出"农家书屋工程建设"框架，认为这是实现基本公共服务均等化的必由之路，可以有效提高基本公共服务的可及性与

---

① 史蕾：《流动公共服务：内蒙古地区公共服务供给方式创新研究》，内蒙古大学硕士学位论文，2015 年。

② 白云、席锁柱：《农牧区流动公共文化服务供给研究》，《学理论》2016 年第 2 期。

③ 白维军：《流动公共服务与边疆民族地区社会治理》，《民族研究》2017 年第 3 期。

可得性。作者认为，"书屋"是一种民间自治组织，由村民自我管理、自我服务，运行模式相对简单。但由于地处农村，"书屋"的建设也受到经费、设备、人才等方面的制约，阻碍农家书屋的长远发展。为解决这一问题，推动基本公共服务均等化、标准化进程，作者提出"流动农家书屋"设想，让图书这一文化服务载体流动起来，从而为农村居民提供便捷的公共文化服务。①

刘浩波（2018）指出，特殊的地理位置、自然环境、风土人情，使得偏远民族地区居民难以享受到应有的公共服务。作者认为，流动公共服务是从传统公共服务基础上演变而来的一种新型公共服务供给方式，它摒弃了传统公共服务供给方式的诸多不足，以流动的形式为我国边疆民族地区提供公共服务，有效提高了公共服务的质量和水平。因此，流动公共服务与传统公共服务相结合，不失为完善我国公共服务体系的一种理想选择。②

田旭（2019）从公共服务供给方式角度认为，"流动公共服务"作为固定公共服务供给的一种补充，蕴含着灵活服务、主动服务、上门服务、无缝隙服务等理念，这是当代公共服务供给方式的创新，尤其对边疆民族地区农牧区有较强的现实意义。作者以西藏自治区为例指出，近年来"流动公共文化服务""流动医疗卫生服务""流动安全服务""流动法律服务"等公共服务在西

---

① 谢敏仪：《农村公共文化服务新模式——"流动的农家书屋"发展构想》，《图书馆理论与实践》2017 年第 10 期。

② 刘浩波：《流动公共服务供给创新研究——以西北偏远民族地区为例》，《中国政府采购》2018 年第 8 期。

藏不断涌现，对公共服务供给创新进行了有益探索，这些流动型服务推动了公共服务"最后一公里"问题的解决，对西藏农牧区公共服务供给具有重要的理论意义和现实价值。[①]

通过文献梳理可以发现，学者们对流动公共服务以及流动型社会保障服务的内涵要素、表现形式、供给方式、社会治理效益进行了广泛研究。这也说明流动公共服务具有重要的研究价值，对满足我国边疆民族地区居民的生活需求和社会稳定都有积极作用。区别于已有研究成果，本书主要从社会保障的视角和领域，对边疆民族地区农村流动型社会保障服务的供需进行深入研究，希望能对我国社会保障理论和政策创新作出一定的贡献。

四、研究内容

本书基于边疆民族地区农村公共服务的特殊性，针对当前社会保障服务供给的现状和存在的问题，主要从以下七个方面对流动型社会保障服务进行深入研究，具体为：

（一）流动型社会保障服务的概念梳理及相关问题

作为流动型社会保障服务研究的基础，首先必须对什么是社会保障有个清晰认识，对其内涵与外延的把握直接决定本书的研究主题和范畴。其次，由于流动型社会保障服务主要是针对边疆民族地区农村的一种公共服务创新，所以，必须对农村社会保障的概念和内容有全面认识，以规范本书的研究内容。此外，还必

[①]　田旭：《西藏农牧区流动公共服务的探索实践及经验启示》，《西藏民族大学学报（哲学社会科学版）》2019 年第 4 期。

须对公共服务、社会保障服务、流动型社会保障服务等概念进行准确界定，这是开展本项研究必须明确的概念。最后，由于本书的研究对象主要是边疆民族地区的流动型社会保障服务问题，所以，必须对边疆民族地区社会保障服务的特殊性有清晰认识，笔者主要从自然环境的特殊性、文化习俗的特殊性、经济发展的特殊性以及公共服务供需与投入的特殊性四个方面对其进行阐述。正是基于这种特殊性，本书提出了流动型社会保障服务的创新性概念，它与当下服务型政府建设和基本公共服务均等化的追求是一致的，流动型社会保障服务也是边疆民族地区农村社会保障服务供给的理想选择。

（二）农村社会保障的制度供给与服务内容

受经济发展水平和农村居民对社会保障需求紧迫程度的影响，当前农村社会保障制度供给大体分为两类：一类是社会保险，另一类是社会救助。农村社会保险制度具体包括新型农村社会养老保险制度、新型农村合作医疗保险制度；农村社会救助制度具体包括最低生活保障制度、特困人员供养制度以及农村医疗救助制度等。农村的这些社会保障制度除了以经济的形式体现其效能外，也都涉及公共服务的诉求，即需要通过社会保障服务的形式发挥其制度效能。例如，在农村养老保险制度中，参保者不仅可以享受到养老保险的现金待遇（养老金），还可以享受到多种形式的为老服务，比如社区养老服务、居家养老服务、养老院服务等。但是，由于地区间经济社会发展的差距，各地农村社会保障制度实施也存在一定的差异，有些地方已经实现了农村居民和城镇居民在养老保险和医疗保险上的合并，有些地方仍然还是分别运行，制度的不同，导致制度内容也存在一定的差异，但制度中的经济保障和服务保障并存是始终不变的。

（三）流动型社会保障服务的理论基础

实施流动型社会保障服务，是有坚实的理论支撑的，主要有无缝隙理论、新公共服务理论以及社会公平理论，它们为流动型社会保障服务的研究提供理论基础。在这些理论的指导下，结合边疆民族地区实际情况，因地制宜且富有创新性地提出和构建流动型社会保障服务。

无缝隙理论构建了一个功能和组织机构齐全的精简政府，其在提供服务时会比以往更加直接、高效、迅速，简化从前臃肿的政府机构，由政府直接向"顾客"提供公共服务，具有灵活性强、透明度高、流动性强等特点。新公共服务理论强调政府仿效企业，遵从企业管理的方法，将政府由管理者转变为单纯的服务提供者，这种讲求效率的新式理论对流动型社会保障服务具有一定的指导意义。社会公平理论是通过一系列合理合法的手段，达到资源优化配置的一种理念和主张，它所强调的公共服务均等化、城乡发展均等化等为流动型社会保障服务提供了理论支持。

从理论契合性上来看，无缝隙政府理论的一些特征与流动公共服务和流动型社会保障服务有很多相通之处。例如，无缝隙政府灵活性强、透明度高、流动性强、弹性大、机构完整、服务连贯，能够保证公共服务的顺畅供给。新公共服务理论所设想的政府是一个适应流动性，变"掌舵"为"服务"的现代政府，这与主动送服务的流动型社会保障服务也是吻合的。社会公平理论强调社会公平公正，这与公共服务均等化的目标不谋而合，更与流动型社会保障服务所强调的可及性与可得性相得益彰。上述三个经典理论都对流动公共服务提供了可靠的理论指导，也为流动型社会保障服务奠定了学理基础。

（四）流动型社会保障服务的供给现状

边疆民族地区特殊的政治、社会、人文、地理、生态环境，特别是较为单一的经济结构，造成了该区域农村社会保障服务供给的不足与低效。边疆民族地区农村社会保障服务供给远远滞后于城市和发达地区农村的同类服务，甚至落后于一般农村地区的社会保障服务供给，居民难以享受到经济社会发展带来的成果。

为使边疆民族地区农村居民能够享受到优质、高效的社会保障服务，同时也为实现国家基本公共服务均等化目标，一些边疆民族地区政府以流动的方式，因地制宜地推出流动型社会保障服务，以此维护民族团结，实现社会稳定，推动经济发展。流动型社会保障服务可归纳为六个方面，分别是：流动社会救助服务、流动社会保险服务、流动社会福利服务、流动文化服务、流动医疗服务、流动社会管理服务。由于研究内容的特殊性，将流动文化服务和流动医疗服务单独论述，没有归入社会福利或社会保险中。

（五）流动型社会保障服务的流动性考察

虽然目前边疆民族地区地方政府也实行了一些旨在缩小城乡间、民族间差距的社会保障服务举措，但与高质量的社会保障服务要求还有较大差距，当前的流动型社会保障服务仍然存在着要素设置流动性不足、资金与人才保障不到位、服务设备落后、服务方式与现代化技术脱节、管理不规范、法制化建设滞后等问题，这些问题有些与流动性直接相关，有些则是流动性不足的潜在因素。

产生上述问题的原因主要有以下几点：一是流动型社会保障服务的社会认知度不高。对流动型社会保障服务理论认识不足，除边疆民族地区农村居民自身固有的局限性之外，也与当地宣讲不到位、宣传方式单一、理论解读不透彻有关，最终导致边疆民族地区的农村居民不识、不懂、不解流动型社会保障服务。二是边疆民族地区特殊且复杂的自然环境和地理环境，增加了流动型社会保障服务的供给难度。由于地理位置的原因，边疆民族地区往往自然环境较差、交通条件不佳、基础设施不完备，人文环境也相对较差，导致社会保障服务供给困难，本应"流动"起来的这一服务难以"流动"。三是地区之间、城乡之间、社会群体之间社会保障资源配置不均衡，导致流动型社会保障服务失去物质支撑，流动型社会保障服务的实现变得十分困难。

（六）流动型社会保障服务的他山之石

流动型社会保障服务并不是边疆民族地区农村特有的服务方式，我国非少数民族地区特别是一些发达地区也存在这一服务方式，并取得了很好的社会效益。这与发达地区的经济、政治、文化水平有直接的关系，其对欠发达的边疆民族地区，也有一定的借鉴意义，值得研究探索、吸纳应用。我国非少数民族地区特别是发达地区在流动型社会保障服务实践中取得了良好的政策效果，惠泽了当地群众，使他们能够享受到方便、快捷、高质量的社会保障服务。欠发达地区可以从发达地区的成功经验中，发现边疆民族地区可资借鉴的有益经验和价值启示。

非少数民族地区流动型社会保障服务主要有以下六大类：一是流动社会救助服务，二是流动社会保险服务，三是流动社会福利服务，四是流动文化服务，五是流动医疗服务，六是流动社会管理服务。本书对这六类案例进行一一论述，总结其可以为边疆民族地区提供的宝贵经验，进一步完善流动型社会保障服务的供给。

（七）流动型社会保障服务能力的提升

党的十八大报告首次将"流动性"纳入政策讨论范畴，十九大延续了十八大的说法，并针对"流动性"作出了更为详细的规定与解释。将流动性引入社会保障领域，尤其是应用到边疆民族地区的社会保障服务供给中，这是党和政府实事求是坚持以人民为中心的集中体现，对加强基层社会保障建设具有重要意义。解决边疆民族地区农村社会保障服务流动性不足的问题，需从以下几方面入手：一是转变理念，提高对流动型社会保障服务的理解与认知；二是制度先行，构建可流动的社会保障服务形式；三是强化立法，健全流动型社会保障服务的管理机制；四是加强资金支持，优化人员配备；五是契合科技发展，补充服务设备。也就是从理念、制度、立法、资金、人才、技术等方面构建起完善的保障机制，确保流动型社会保障服务持续、稳定、有效的供给。

五、研究方法

本项研究综合运用了问卷、访谈、定性、案例等研究方法，对流动型社会保障服务进行了全面分析。

（一）社会调查法

社会调查法是一种常用的、基础的研究方法，囊括了历史研究法、观察研究法等，同时也兼有访谈、问卷、实验、个案等方式，是一种科学规范的社会科学研究方法。流动型社会保障服务研究选择社会调查研究法，一方面可以搜集大量基础事实资料，利于后期比较、分析、归纳、总结；另一方面可以借助该方法自身的优势，系统、周密、有计划地进行调研，探究当前流动型社会保障服务的供给现状和存在的问题，找出症结所在，进而提出强化流动型社会保障服务的对策建议。此方法的具体应用表现为：

第一，赴边疆民族地区典型农村和基层社区开展实地调研和现场考察，深入基层与居民进行交流访谈，并通过切身观察记录现实情况，获取第一手资料。在此基础上，进一步梳理问卷和访谈内容，提高研究的效率和质量。同时，赴相关业务主管部门开展访谈活动，例如人力资源和社会保障厅、社会保险局、乡镇机关、村委会等机构，获取农村社会保障服务的实然资料，了解基层最真实的政策现状。力求将直接观察与间接考量相结合，为研究边疆民族地区农村社会保障服务提供事实依据。

第二，实地调研的同时，开展问卷调查。依据流动型社会保障服务政策回应性指标体系设计出相应的调查问卷，以基层社区不同职位、不同民族、不同年龄、不同教育程度以及不同工资水平的人员作为调查对象，通过向他们发放调查问卷这种标准化的调查方式，了解他们对流动型社会保障服务的需求以及政府对流动型社会保障服务的供给，这些数据资料可以更加真实地反映基层社会保障服务的实施状况，增强研究的现实性和针对性。

（二）文献分析法

文献分析法是通过查找、阅读文献进行资料搜集、整理的研究方法，目的是厘清所要研究事物的基本状态和属性，在此基础上形成自己的观点或结论。经过资料搜集与整理，研究者可以形成关于研究对象的初步认识和了解，有利于对研究对象进行历史的动态把握。本书通过梳理已有边疆民族地区流动公共服务文献，明晰本项研究的研究背景、研究方向和研究路径，能为流动型社会保障服务研究提供充分的资料支撑。

文献分析法在本书中的具体应用有：一是对查阅到的有关流动公共服务文献进行梳理分析；二是对查阅到的有关流动型社会保障服务的文献进行梳理分析。通过文献分析，对边疆民族地区流动型社会保障服务的政策回应性进行评估，为本项研究提供坚实的基础资料。

（三）定性研究法

定性研究是社会科学领域一种很重要的研究方法，是指根据社会现象或事物所具有的属性和在运动中的矛盾变化，从事物的内在规定性来研究事物的一种方法。具体到本书中，就是指根据流动型社会保障服务所具有的流动属性以及农村流动型社会保障服务发展中的矛盾变化，从流动公共服务的内在规定性，去深入探讨流动型社会保障服务的供给与需求，指出这种服务方式的特点与优势，阐明其必要性与可行性。

（四）动态分析与静态分析相结合的方法

动态分析法注重整体，从事物变化发展的整体角度看问题，主要考虑时间节点在整个过程中的影响。静态分析法是从当前已有的现象中提取关键信息，根据既定的外生变量值求得内生变量，最终进行综合对比分析。动态分析与静态分析相结合就是将事物的外在动态表现深入到事物内部组件，形成交互和协同态势，以此全面了解事物的内涵与本质。本书既有基于静态层面对民族地区与非少数民族地区社会保障服务水平的横向比较，也有基于动态层面对边疆民族地区农村社会保障服务发展的跨时间梳理，具体来说：

第一，通过静态层面的横向对比，选取一些典型案例进行分析研究，从个别到一般，透过现象认识本质，通过对比研究，归纳总结研究结论。分析民族地区与非少数民族地区不同的服务模式以及各自的优缺点，在比较借鉴的基础上，结合边疆民族地区特殊情况，设计出一套符合民族地区特色的流动型社会保障服务模式，提高民族地区公共服务质量和效率，促进公共服务均等化。

第二，对边疆民族地区社会保障服务在一定周期内所处的不同节点进行动态分析，系统了解民族地区社会保障服务的限制，预测未来发展趋势，揭示其运行规律，为制定现实中的公共政策提供可靠依据。

对流动型社会保障服务进行定性研究，必须遵循一定的理论与方法，这样才能抓住流动型社会保障服务的特征，去除公共服务的同质性，专注这种特殊的服务形式。此方法主要用于对边疆民族地区公共服务的特殊性、流动型社会保障服务等核心概念与理论的分析论证。

第一章

流动型社会保障服务的概念梳理及相关问题

本书是针对边疆民族地区社会保障服务的特殊性而开展的一项公共服务供给研究，这种特殊性主要体现为"流动性"。为深入开展对流动型社会保障服务的研究，必须层层递进地对社会保障、农村社会保障、公共服务、社会保障服务、流动型社会保障服务的内涵与外延有清晰认识，这是开展流动型社会保障服务研究的前提和基础。

第一节　社会保障

社会保障是工业化的产物，以时间为序，可将其划分为古代社会保障和现代社会保障两个阶段。现代社会保障以19世纪80年代德国俾斯麦政府颁布的三项社会保险法为标志，经历了创建、发展、成熟、完善、改革等不同阶段，各国从本国国情出发，形成了各具特色的社会保障制度模式。在我国，社会保障是以国家或政府为主体，依据法律法规，通过国民收入再分配，对公民在暂时或永久丧失劳动能力以及由于各种原因而导致生活困难时给予物质帮助，以保障其基本生活的制度。社会保障追求社会公平，责任主体是国家或政府，目标是满足公民基本生活需要，并以立法为依据强制实施。

社会保障是各种具有经济福利性的、社会化的国民生活保障系统的统称，具有社会性、强制性、公平性、经济福利性、发展性、特殊性等特征，包括三个层次的内容：一是经济保障，即从经济上保障国民的生活，通过现金给付或援助的方式来实现；二是服务保障，即当代社会还需要适应家庭结构变迁与自我保障功能弱化的变化，满足国民对有关生活服务的需求，如养老服务、康复服务、儿童服务等；三是精神保障，即属于文化、伦理、心理慰藉方面的保障。[①]

社会保障是由一系列不同的子项目组成的，具有整体性、体系化的特点。各国建立社会保障制度的过程，都是从单一社会保障项目开始，逐渐发展为多个社会保障项目。一般来说，社会保障由社会保险、社会救济、社会福利、优抚安置等组成。其中，社会保险是社会保障的核心，包括养老保险、失业保险、医疗保险、工伤保险和生育保险五个险种。这也是目前我国理论界较为认可的一种观点。全球社会保障模式，大致可分为国家福利型、国家保险型、社会共济型和积累储蓄型四种，分别以英国、苏联、德国、新加坡为代表。目前我国在建的社会保障制度模式，属于社会共济型，即由国家、单位（企业）、个人三方共同为社会保障筹资，采取一种社会化的运行方式。社会保障是现代工业文明的产物，是经济发展的"推进器"，是维护百姓切身利益的

---

① 郑功成：《社会保障学：理念、制度、实践与思辨》，商务印书馆 2020 年版。

"托底机制"，是维护社会安全的"稳定器"。社会保障是现代国家一项基本的社会经济制度，是社会安定的重要保障，也是社会文明进步的重要标志。[1]

第二节　农村社会保障

农村社会保障是指国家在农村实施的、旨在改善和提高全体农民的物质生活水平而建立的各种具有经济福利性的生活保障制度。农村社会保障可以有效缓解贫富差距，通过再分配调节农村居民与城市居民之间的收入差距，保障农村低收入群体的基本生活，达到缓和社会矛盾的目的。

首先，农村社会保障是一定历史阶段的产物，从城乡二元到城乡一体是其发展的必然趋势。我们知道，社会保障的对象是全体社会成员，因而在全社会范围内，无论是农村还是城市都应建立统一的社会保障制度。随着农村社会的不断发展，加上政策实施的大力倾斜，我们看到目前农村社会保障已逐渐融入城市，例如城乡居民养老保险和城乡居民医疗保险制度的建立。未来，城乡社会保障必将走向一体化，从而终结以身份为依据的农村社会保障制度。

其次，农村社会保障的责任主体是国家或政府。与城市社会保障相比，农村社会保障更需要体现国家责任，国家或政府是

---

[1]　郑秉文、和春雷主编：《社会保障分析导论》，法律出版社 2001 年版。

农村社会保障的责任主体。国家通过立法、制度设计、政策实施、统一管理等手段，全方位、多角度地保障着农村居民的基本生活。

最后，农村社会保障资金来源多元化。农村社会保障的资金来源有以下几方面：一是政府财政，二是农村集体经济，三是农村居民个人缴纳，四是志愿捐款。从享受农村社会保障待遇方面来看，个人所能享受到待遇的多少受农村整体社会保障待遇水平高低的影响，简言之，农村居民的受益程度有的取决于投保和缴费的多少，但也有例外情况，有时受益程度与个人的投保无关。[①]

农村社会保障主要包括以下内容：

一是农村社会保险制度。农村社会保障体系的最基本、最主要的组成部分就是社会保险制度。一般情况下，国家或政府会通过立法，从地方财政、当地企业、农村居民个人等多方面筹集资金，在参保者遭受保险制度所涵盖的意外时，提供物质和经济上的补偿待遇，以帮助他们渡过生活难关，并保障基本的生活需求。理论上来讲应包括养老、医疗、失业、工伤、生育五种保险，但现实中，我国农村社会保险只有养老保险和医疗保险两种。

二是农村社会救助制度。农村社会救助是国家或社会团体利用手中掌握的资金、实物等资源，通过一定的机构和专业人员，

---

① 张平：《中国农村社会保障的现状分析与对策构想》，《理论学刊》2004年第3期。

向农村中无生活来源或丧失劳动能力，居于"贫困线"或最低生活保障标准以下的个人和家庭，提供的一种最低生活保障措施，起一种"雪中送炭"的兜底作用。同时，农村社会救助也向农村中遭受自然灾害和不幸事故的受害者实施生活援助，以使其能正常地生存下去。农村社会救助是农村社会保障体系中最基础的层次，现实中的农村社会救助主要包括农村低保制度和农村社会救济两个方面。

三是农村社会福利制度。农村社会福利是指国家和社会按照立法或政策规定，以资金支持、基础设施建设、服务保障等为手段，为农村特殊对象和社区居民提供除社会救助和社会保险外的保障待遇，旨在提高农村居民的生活水平与生活质量。社会福利是农村社会保障体系最高层次的项目，但受经济发展水平的影响，目前主要针对特殊群体施以福利待遇，与普遍意义上的"锦上添花"的社会福利还有一定的差距。

四是农村社会优抚制度。农村社会优抚是指由国家制定的，优待、抚恤和安置农村退伍军人以及对从军家属给予物质、精神方面补助和优待的制度，目的是维持并满足上述群体的基本生活需要和荣誉感。农村社会优抚的落实，可以在一定程度上缓解或者免除军人和军人亲属的担忧，也体现了国家对军人和军人亲属的重视，更有助于在社会上形成"拥军爱属"的良好风气，对国家安全、社会稳定具有关键作用。农村社会优抚是一项特殊的保障制度，是农村社会保障的重要组成部分，已被列入国家整个社会保障体系之中。

第三节　公共服务

公共服务是指由政府部门、国有企事业单位履行法定职责，根据公民、法人或者其他组织的要求，行使公共权力，帮助其办理公共事务或获得公共服务的行为，以此来持续回应社会公共需求的偏好、维护公共利益实践活动的总称。[①]1912 年，法国学者莱昂通过研究公共服务的本质特征、供给主体后认为，公共服务由政府主导，并由政府统一进行设计、实施、监督、管理，也就是说，"凡是由政府进行规范和控制的行为"皆为公共服务。[②]

在我国，对于"公共服务"一词的内涵界定，并没有统一的说法。广义的公共服务主要关注公共性，认为公共部门所执行的任何事项，凡是具备公共属性，就可称之为公共服务。狭义的公共服务可以理解为基础设施建设、社会保障与服务、公共文化教育、公共卫生事业等具体的举措，学术界研究的公共服务大都在以上范围内。

后来，随着"公共产品"概念的提出，一些学者又从公共产品的视角对公共服务进行了全新解释。从公共产品的角度看，公共服务是满足全体社会成员公共需求的共用产品，即公共服务主要提供的是公共产品。公共服务可分为纯公共服务和准公共服务两种。纯公共服务具有纯公共产品的特性，即非竞争性和非排他

---

① 陈振明等：《公共服务导论》，北京大学出版社 2011 年版。

② ［法］莱昂·狄骥：《公法的变迁：法律与国家》，郑戈、冷静译，辽海出版社、春风文艺出版社 1999 年版。

性,具体包括义务教育、基础设施、国防、国家安全、法律秩序等。准公共服务则具有准公共产品的特性,即非竞争性与非排他性之一,具体包括水资源、牧区、森林、俱乐部物品、高速公路等。此外,公共服务同时也具备自身的特性——普惠性、公平性和动态性。[①]普惠性是指公共服务的对象为全体社会成员,并非针对某些特殊群体或个人,全社会成员都有权利共同享受。公平性是指公共服务的过程和结果要强调社会平等,不仅要公平地对待每一位被服务者,而且要确保每一位被服务者能享受到应有的服务。动态性是指公共服务的供给内容、范围、具体形式等都是灵活变化的,随着时间的推移、地域的不同而有所不同。[②]

公共服务的核心是服务,服务过程强调服务主体、服务客体、服务对象三者的统一。服务主体主要是指公共服务的供给主体,服务客体是指被需要的具体物品,服务对象是指全体社会成员。所以说,公共服务是一种能满足公民生存与发展直接需要的政府行为,一般以全民为服务对象,并通过一定的制度安排,为其提供低廉、便捷的服务,以提高服务对象的生活品质,是21世纪公共行政和政府改革的核心内容。

---

① 马庆钰:《公共服务的几个基本理论问题》,《中共中央党校学报》2005年第1期。

② 朱国伟:《流动公共服务的体系构建:一个类型学分析》,内蒙古大学硕士学位论文,2019年。

第四节　社会保障服务

作为公共服务的一项内容，社会保障服务是指国家或政府通过立法和财政支持，为全社会成员就社会保障方面提供的具体服务，是我国基本公共服务的重要组成部分。提供优质、高效的社会保障公共服务，不仅是我国社会保障制度建设的基本要求，也是公共服务均等化的必然选择。

社会保障服务主要包括养老保障服务、医疗保障服务、就业保障服务和生活保障服务四部分。随着收入水平的提高和家庭日益小型化，人们对服务保障的需求逐渐超过了对经济保障的需求，传统的家庭养老模式也难以为继，需要有强大的社会养老服务保障老年人老有所养。在医疗保障服务方面，随着对延长寿命预期的增强以及医疗技术的发达与推广，人们对医疗保障服务的规模和水平也提出更高的要求，除一些基础的公共医疗卫生服务外，特需医疗服务和私人医疗服务需求逐渐增长，医疗保障服务呈多样化的发展趋势。另外，失业对社会稳定带来的巨大挑战和就业压力的持续增加，导致社会和个人对就业保障服务的强烈需求。对一些残疾、孤老及生活在绝对贫困线以下的特殊群体，则有着对基本生活保障服务的迫切需求。上述四项内容构成不同群体最基本的生活需求，成为与经济保障同样重要的社会保障公共服务需求。①

---

① 牧仁、白维军：《社会保障公共服务模式创新研究》，《经济纵横》2015年第6期。

社会保障服务的供给主体是政府部门、企业组织、第三部门等。这三个主体之间相互配合、相互协作，共同为社会成员提供社会保障公共服务，形成"三位一体"的服务格局，分别承担不同的服务职能。

首先，政府是社会保障服务的第一责任者，在整个服务过程中承担主要职责。社会保障服务本质上属于公共服务，公共服务的属性与特性同样适用于社会保障服务，因此，政府介入社会保障服务有其必要性和合理性。具体原因：一是社会保障是国家或政府依法建立的社会制度，在制度建立方面国家和政府起着主导作用；二是社会保障制度具体运行的所需费用，大都是由国家和政府出资，在资金支持方面起着决定性作用；三是社会保障制度及服务的供给，绝大多数需要国家或政府安排专业人员提供，在服务提供方面起着第一责任人的作用；四是社会保障运行需要强有力的监督管理，政府在这方面起着不可替代的作用。

其次，企业是社会保障服务的重要主体，在服务提供过程中发挥着重要作用。社会主义市场经济体制下，市场在社会中的作用逐渐增强，企业作为市场众多要素中的核心，也逐渐成为社会保障服务供给的重要载体。企业主要从以下两个方面发挥其积极作用：一是承担缴费责任，当前企业承担了相当一部分社会成员缴纳的社会保险费，为政府分担了一定的财政压力；二是企业以产品的形式提供直接的社会保障服务，企业提供社会保障服务，不仅可以获得丰厚的利润回报，也是企业的社会责任所在，政府应当给予支持和鼓励。

最后，第三部门承担补充、创新角色，在社会保障服务供给中发挥关键作用。第三部门作为一支方兴未艾的社会力量，拥有广泛的社会资源，充分发挥其优势可以有效缓解政府的压力，减轻财政负担，缓解企业矛盾，为社会保障服务困局提供解决之道。社会保障具有社会属性，第三部门作为"社会"形式之一提供社会保障服务具有一定的必然性。第三部门提供社会保障服务，不仅能做到形式多样，内容也可以因时因地而异，能灵活地满足社会保障服务的多样化需求。社会保障在利益保护和根本属性上是"社会"的，因此，我国社会保障制度改革在社会保障的管理和服务组织上，应该以第三部门社会组织为主体来建构。①

社会保障服务形式多样，既有固定式社会保障服务，也有流动式社会保障服务；既有免费型社会保障服务，也有付费型社会保障服务。社会保障具体服务形式因时、因地、因人而异，政府根据实际需求采取特定的供给形式：

一是"一站式"社会保障服务，其特点是"集中"，政府将所有社会保障服务，例如资格审查、待遇确定等事务集中在一个地方统一办理，以提高服务效率和服务的便捷性，此类服务目前在城市采用较多。一般来说，城市经济水平较高、人口数量较多、居住较为集中、基础设施较完备、信息化建设完善，具备集中开展社会保障服务的条件，综合办事大厅、政务大厅、民生大厅就是此类服务的典型示范。此类服务集申请、审批、受理、办

---

① 吴锦良：《政府改革与第三部门发展》，中国社会科学出版社 2001 年版。

事等于一体，由政府提供一个固定的场所，集中为社会成员提供"一站式"社会保障便民服务，目的是增强社会成员享受社会保障服务的可及性、可得性和便捷性，提高社会保障行政服务的水平与效率，有利于实现基本公共服务均等化。"一站式"社会保障服务，发端于欧美发达国家，服务设置以公民需求为导向，并且设置线上与线下多种不同的服务平台，整合多个部门与机构的职能，形成一种全方位、多角度、宽领域、一体化、个性化的社会保障服务组织形态。①"一站式"社会保障服务在我国当前的形势下同样适用，其与服务型政府的建设理念也不谋而合。"一站式"社会保障服务不仅符合群众的实际需求，还体现了政府管理方式的转变，是一种较为理想的社会保障公共服务供给形式。这种传统的、由政府主导的社会保障服务模式，秉承着"公开、公平、公正"的办事原则和"便民、为民、利民"的服务宗旨，将公共服务的一体化、集中性、一次性体现得淋漓尽致，既维护了政府亲民、爱民、惠民的形象，又满足了全体社会成员方便、迅速、廉价的服务诉求，不失为当前经济快速发展、城市化不断加深背景下社会保障公共服务供给的理想选择。

二是代理型社会保障服务。代理型社会保障服务是政府通过全额购买或部分出资，与企业或第三方机构或个人购买服务，为居民提供社会保障公共服务。代理型社会保障服务的供给模式有以下优点：可以增加公共服务供给主体，完善公共服务供给体

---

① 刘红波：《一站式政府的概念解析与角色定位》，《电子政务》2012 年第 8 期。

系；可以缓解政府财政压力，健全公共服务金融体系；可以丰富公共服务供给方式，满足多样化的群众需求；可以推动市场经济不断发展，提升公共服务事业水平。现实中，代理型社会保障服务的典型表现就是民营化或"签约外包"。具体指原本由政府负责、主导的一些社会保障服务事项，通过政府授权或签约承包的形式，交由第三部门或私营企业来提供，政府无需事无巨细、亲力亲为，只需出资购买，让其他主体提供具体服务即可。代理型社会保障服务不仅有利于弥补非政府组织在社会保障服务供给中的不足，还可以提高政府的行政效率，有效提升社会保障服务的质量和水平，引导其他主体广泛参与社会保障服务供给，促进市场经济多元发展。

三是流动型社会保障服务。流动型社会保障服务是公共服务领域的一种创新，主要是指社会保障相关部门走出办公室，走下网络平台，走进千家万户，走进居民的实际生活，为他们提供主动的"上门"社会保障公共服务。具体服务包括社会保障政策宣讲、申请流程、审核周期、审批程序、收费缴费、保金发放等。流动型社会保障服务不仅为生活在边疆民族地区的农村居民带来了方便，也为农民解决了因交通不便、经济困难而带来的成本问题，提高了社会保障服务在边疆民族地区的可及性与可得性，为基本公共服务均等化的实现创设了条件。从流动这一方式来看，它是当前公共服务领域较为人性化的一种设计，它更多地考虑农村居民的实际情况，力求使社会保障服务更加便捷、更加可得。社会保障的服务机构、服务内容、服务手段等流动起来，在政府主导下将公共服务下沉、延伸到基层群众身边，并积极主动地上门提供服务，不仅可以在农村地区有效推广社会保障政策，也是当下边疆民族地区公共服务的较优选择，为社会保障事业、服务型政府的建设与发展起到积极作用。①

第五节　流动型社会保障服务

流动型社会保障服务是流动公共服务的一项重要内容，而流动公共服务是在公共服务均等化和服务型政府理念下，在民生需求日益旺盛的现状下，针对我国偏远和边疆民族地区农村特殊环境提出的一种特殊公共服务供给方式。②边疆民族地区的社会保障服务，除具有公共服务的一般特征外，还具有特殊的流动性诉求，要求在服务内容、服务手段、服务机构方面表现出一定的流动性，以使这部分居民能享受到方便、快捷、低成本的基本公共服务。流动型社会保障服务在偏远和边疆民族地区农村的实行，一方面可以促进社会保障服务均等化，另一方面也是顺应建设服务型政府中社会保障管理体制的改革与创新。

边疆民族地区农村对公共服务的迫切需求，推动着政府因时制宜、因地制宜地提供一些人性化、流动性的社会保障服

---

① 白维军、童星：《论我国社会保障服务的理念更新与体系构建》，《中州学刊》2014 年第 5 期。

② 白维军、刘银喜：《流动型社会保障服务：内涵界定、要素分析与路径选择》，《中国行政管理》2014 年第 9 期。

务。从体制和机制建设来看，流动型社会保障服务至少包括三方面内容：

一是基础设施建设。流动的制度需要有流动的条件作为保障，《人力资源和社会保障事业发展"十四五"规划》指出，要"加强人力资源和社会保障基本公共服务体系建设，向边远地区和生活困难群体倾斜。统筹基本公共服务设施布局和共建共享，补齐农村和基层公共服务短板，推进人力资源和社会保障基本公共服务一体化协同发展"。因此，要加强边疆民族地区基层社会保障服务平台建设，就必须以可流动的服务硬件为保障，确保流动型社会保障服务项目的顺利实施。

二是制度机制建设。社会保障服务实施过程的流动性实现，必须有流动性的制度设计作为前提，这是流动型社会保障服务不可或缺的"软件"要求。偏远和边疆民族地区农村社会保障服务制度建设可分为三类：第一类是社会保险服务制度，包括新型农村合作医疗保险、新型农村社会养老保险以及商业保险；第二类是社会救助服务制度，包括最低生活保障制度、灾害救助和其他专项救助；第三类是社会福利服务制度，包括公共福利和特殊人群福利。上述制度设计不论是参保缴费、待遇领取，还是组织实施、监督管理，都应充分体现可流动性，作为流动公共服务的制度支撑。

三是方式手段选择。不管流动型社会保障服务的硬件和软件建设如何完善，最终必须以一种流动性的程序和手段予以实施。因此，社会保障服务的行政审批、行政管理、财务管理、信息化建设等事务在具体操作中，就必须以一种灵活的、流动的方式予以提供，让偏远和边疆民族地区农村居民能便捷、高效、低成本地享受到最基本的社会保障公共服务。

我国社会保障体系可分为农村社会保障和城市社会保障。农村社会保障作为其中的一部分，为我国绝大部分农村居民提供了生活保障。边疆民族地区农村社会保障服务首先具有公共服务的所有属性，如政府性、财政保障性等，其次还具有流动性，主要体现在服务对象、服务内容、服务程序等方面。

首先，服务对象的流动性。近年来，我国城市化进程不断加速、经济市场化不断深入，同时伴随着人口的大幅度流动。研究表明，改革开放以来，我国进入各民族跨区域大流动的活跃期，少数民族人口大规模向东部和内地城市流动，全国 2 亿多流动人口中，少数民族流动人口约 2000 多万人，约占少数民族总人口的五分之一，占全国流动人口的十分之一。① 随着城镇化的深入推进，少数民族流动人口的数量也必然持续增加。对于这类流动群体，国家十分关心他们的生活，积极制定流动性社会保障政策，保障他们的基本生活与公民权利。

从农村居民收入角度来看，边疆民族地区农村居民的收入大都低于全国农村居民收入的平均水平，随着城市化、工业化、市场化进程的不断加速，城乡之间的收入差距也越来越大，迫使民族地区的农村居民不得不外出务工，形成了一波又一波的流动人

① 朱维群：《城市少数民族流动人口工作重在交融》，《民族论坛》2016 年第 12 期。

口浪潮。民族地区农村居民的流动性特征，也要求政府在社会保障服务供给上体现流动性，需根据公共服务的现实环境选择特殊的社会保障服务形式，来保障此类群体的合法权益。从现实情况来看，党和政府已经制定了一些流动性社会保障政策，服务和保障处于流动中社会成员的合法权益。例如，在养老保险方面，各地都在积极制定并修改流动人口养老保险实施办法，从制度设计、体系修整、具体操作、相关制度、服务保障等方面制定若干细则，切实为农村流动人口提供养老保障，同时彰显养老服务以及社会保障服务的流动性。

其次，服务项目的流动性。与城市社会保障类似，农村社会保障也包含很多子项目，如社会保险、社会救助、社会福利、特殊保障等。这些项目都是国家依法建立的，实施过程也受到国家的监督与管理。但政策的执行不能生搬硬套，需要具体问题具体分析，结合社会发展水平与当地实际情况灵活实施。基于边疆民族地区农村社会的特殊情况，在社会保障公共服务供给中，需通过流动性制度构建回应这种流动性诉求。

边疆民族地区地广人稀，公共服务半径较大，无形中提高了服务供给的难度和成本。以内蒙古自治区阿拉善盟为例，阿拉善盟下辖阿拉善左旗、阿拉善右旗、额济纳旗，面积 27.02 万平方公里，人口 25 万人。其中，额济纳旗面积 11.46 万平方公里，占全盟总面积的 42.41%，但人口仅有 3.2 万人，[①] 人口居住非常分

---

① 《阿拉善盟 2019 年国民经济和社会发展统计公报》，阿拉善盟统计局，2020 年 8 月 17 日。

散，公共服务半径大。在大力满足人民对美好生活向往的今天，边疆民族地区急需克服自身困难、走出环境困局，摆脱交通、经济、信息、技术等方面的束缚，寻求一种可以满足边疆民族地区农村居民民生需求的特殊路径。研究表明，流动型社会保障服务可以高效地解决这一问题，将政府的行政过程和服务供给下沉、延伸到基层，甚至是农村居民的家中，能有效解决居民享有社会保障服务困难的问题。

以养老服务为例，边疆民族地区农村养老服务可分为制度性养老服务和非制度性养老服务两种，流动性这一特征不论是在制度性的新型农村社会养老保险、福利性养老，还是在非制度性的商业养老保险中，均有强烈的诉求。针对边疆民族地区，在整个社会保障制度构建中，我们既要考虑普遍化、制度化在其中的适应性，也要考虑不同地区尤其是边疆民族地区的特殊性，创新公共服务供给形式，满足农村群体对养老服务的流动性诉求。例如，农民群体由于自身的局限性，几乎很少有人去考虑购买商业养老保险，保险公司只有深入农民中间，切实了解农民群体的实际需求，并积极主动为他们介绍商业养老保险的好处，使他们意识到养老保险的真正价值，才可能扩展农村商业养老保险市场。

最后，服务程序的流动性。边疆民族地区地广人稀，人口密度小，居民住所之间的平均距离相距甚远，村镇的规模都比较小，且多处于偏远地区，这些都增加了该地区社会保障公共服务供给难度，要求政府在供给方式、供给程序、供给手段方面全过程作出积极调整，以满足流动性诉求。

服务程序主要涉及相关业务申请、审批、执行、参保缴费、待遇发放、服务提供等。除公共服务环境的特殊性外，从构建服务型政府角度，政府也应该为民谋幸福、谋便利，切实保障农村居民应该享有的社会保障权益。实践层面，可以从政策的出台、宣讲，居民参保、缴费，保金发放、领取，业务审批、受理等方面进行流动性设计，将服务延伸至基层村落，变传统的被动服务为主动服务，节省农村居民的时间和经济成本，使社会保障公共服务更加便民、可及。

第六节　边疆民族地区社会保障服务的特殊性

本书的研究对象是边疆民族地区的社会保障服务供给问题，而边疆民族地区在政治、经济、文化、社会、生态各方面都表现出一定的特殊性，这些独特性形成了对社会保障服务的特殊要求。

一、地域和时空的特殊性

地域性方面，流动型社会保障服务是针对偏远和边疆民族地区农村享受不到便捷、优质的社会保障服务，公共服务均等化失衡而提出的一种公共服务供给创新。这种主动送上门的公共服务，虽然会增加政府行政成本，但考虑到边远地区农村居民民生权利的保障，政府必须承担这部分费用。因此，流动型社会保障服务是一种针对偏远和边疆民族地区农村的特殊公共服务供给方式，体现出明显的地域性。时空性方面，从国家发展战略来看，在边疆民族地区提供流动型社会保障服务是一种阶段性选择，待完成了城镇化建设，在全社会范围内实现了城乡一体化后，这种流动型社会保障服务也就失去了存在的必要。而且，提供流动型社会保障服务主要是针对偏远和边疆民族地区农村，对于交通便利、信息发达、人群居住集中，距离乡镇、旗县较近的农村也没有花费这种高昂成本的必要性。

二、服务供给的特殊性

边疆民族地区公共服务供给的特殊性主要表现在三个方面：一是供给主体的政府主导性。边疆民族地区市场主体不发达、社会组织发展滞后，社会保障服务主要依靠政府提供，政府甚至是唯一的服务提供者。以住房保障及服务为例，一些农牧民由于在房屋建造时忽略生态环境问题，大肆砍伐树木，破坏自然环境，导致生态问题频发，为解决这一问题，政府只能介入住房建造和服务供给，无形中增加了政府的负担。二是供给内容的多样性。边疆民族地区社会的多样性，要求公共服务的内容也必须多样化，这样才能满足民族群众的不同需求。而且由于生态环境、自然灾害等原因，民族地区居民的风险抵御能力较差，极易陷入生活困境，需要政府为他们提供多样化的全面公共服务。三是供给方式的流动性。边疆民族地区地理位置偏远、人口居住分散、交通设施落后，使得公共服务成本陡增，很多群众在成本与收益衡量后，经常会主动放弃社会保障待遇的享受。因此，为降低社保障服务成本，让民族群众能享受到一定程度的社会保障公共服务，必须以一种创新的公共服务模式——流动公共服务，来增加社会保障公共服务的可及性。

三、服务需求的特殊性[①]

民族属性和风俗习惯的不同，导致民族群众对公共服务需求的特殊性要求。例如，为保障少数民族群众使用本民族语言的权利，国家规定民族地区的公共服务在涉及语言使用时，要充分体现民族地区的特殊性，至少使用两种语言进行标识，形成了公共服务语言的特殊要求。再比如民族特需品，在民族地区，民族特需品被赋予了准公共物品属性，是国家必须要保证提供的特殊商品，这里寄予了特殊的民族感情和民族传承。例如，少数民族特色的日常生活用品、少数民族特殊用途用品、藏医藏药、蒙医蒙药等。政府需要对该类生产企业提供特殊优惠和照顾，以保证这种特殊的公共服务的供给。另外，民族地区特殊的生活方式和生活传统，对公共服务也提出了特殊的要求。例如，民族地区对民族医药的特殊需求，对少数民族传统体育活动的需求。民族地区公共服务需求的特殊性，既增加了公共服务的难度和复杂性，又增加了公共服务的成本和代价。这些都是少数民族与众不同之处，最终都将体现在不同的公共服务供给内容中。

---

① 张序等：《中国民族地区公共服务能力建设》，民族出版社 2011 年版。

四、服务投入的特殊性

民族地区的特殊情况形成了对公共服务投入的特殊要求，这种特殊性主要表现为：一是财政投入的特殊性。民族地区公共服务成本高昂，需要特殊的财政政策予以支持，并通过加大财政转移，保障民族地区公共服务供给的资金需求。例如，民族地区语言多样，农牧民居住分散，就增加了教育公共服务的成本。民族地区地势特殊、交通不便，则增加了公共服务设施的建造和运输成本。民族地区人口密度低，增加了公共服务需求数量与供给效率的两难选择，这些都对公共服务建设资金提出了特殊需求。例如，青海南部民族地区建设校舍一般都要从几百公里，甚至上千公里外拉运建筑材料，由于运输成本高，建设校舍的造价往往很高。① 二是人力资源投入的特殊性。民族地区地广人稀，公共服务半径大、难度高，对人力资源数量和质量的投入有更高的要求。但是，公共服务的公共产品性质，又使得政府即使是在人烟稀少的地区，也必须设置相应的服务机构，配备相应的工作人员，甚至需要增加服务人员数量，以满足民族地区居民的公共服务需要。另外，民族地区语言和工作方式的特殊性，也要求配备特殊的民族人才。

---

① 姚万禄：《西北少数民族地区政府公共服务面临的主要问题与对策》，《科学经济社会》2008 年第 2 期。

第 二 章

农村社会保障的制度供给与服务内容

　　根据农村的经济发展水平以及农民对社会保障项目需求的紧迫程度，我国当前在农村主要实施了两类社会保障制度，分别是社会保险制度和社会救助制度。总体来看，农村居民对社会保障的需求具有同质性，所以无论是少数民族地区，还是非少数民族地区，政府在农村社会保障制度的设置上基本没有太大区别，制度中所包含的服务内容也大同小异。本章将对农村普遍实施的养老保险制度、医疗保险制度、最低生活保障制度、医疗救助制度供给和服务内容进行全面检视。

第一节　农村社会养老保险制度及服务

　　农村社会养老保险制度肇始于 20 世纪 80 年代初，针对的群体是农村的老年人。1986 年，根据农村的实际情况和当时的经济形势，国家决定在农村实施养老保险，并决定以社区（乡镇、村）为单位开展此项工作。①

　　1992 年，国家对农村社会养老保险制度予以进一步完善，规定

————————

① 　国务院：《全国农村基层社会保障工作座谈会》，http://china.findlaw.cn/laodongfa/laodongbaoxian/yanglaobaoxian/nongcunyanglaobaoxia/79990.html。

农村社会养老保险的保险对象为非城镇户口、不由国家供应商品粮的农村人口，缴纳保险年龄（不分性别、职业）为20周岁至60周岁。[①]

1995年，国家对农村社会养老保险进行了更加具体的规定和设计，根据地区间经济发展水平的差异，制定了不同的养老保险制度。国务院办公厅通过对相关文件的解释，提出三点意见：一是对经济发展程度较低的地区，择其经济水平较好的地方进行试点，通过试点以点带面，并逐步总结经验和教训，不断推进农村养老保险制度建设；二是对经济发展程度居中的地区，农村养老保险制度的创立和实行必须稳扎稳打、平稳推进，防止因急于求成而出现不必要的问题；三是对经济发展程度较高的地区，要采取鼓励和指点迷津的方式，使乡村居民可以自觉自愿地参与到农村社会养老保险制度中。[②]1998年以来，国家对农村社会养老保险制度又进行了多次调整。

2002年，党的十六大指出要在条件允许的地方开展农村养老保险制度、农村医疗保险制度和农村最低生活保障制度，农村养老保险制度被列入国家重大事项。2009年，国家开始实施全新的农村社会养老保险制度，新型农村社会养老保险制度（简称"新农保"）得以问世。"新农保"进一步明确了覆盖人员类型，主要涉及对象为不参加城镇职工养老保险的乡村居住者以及年龄

---

① 民政部：《县级农村社会养老保险基本方案（试行）》，http://www.gov.cn/ban-shi/2005-08/04/content_20283.htm。

② 民政部：《关于进一步做好农村社会养老保险工作的意见》，http://www.gov.cn/zhengce/content/2016-10/18/content_5120794.htm。

达到 16 周岁的非在校读书学生，[①]另外，在制度设计的其他方面都进行了详细安排。

农村社会养老保险制度是社会保险的一种，社会保险作为社会保障的重要内容，具有福利性的特征，因此，农村社会养老保险制度也具有一定的福利性。其基本目标是保障农村居民在年老时能"老有所养"，有一定的生活保障。"新农保"规定，符合参加农村社会养老保险条件的农村居民可自愿参保，然后在达到规定年龄和参保年限时，领取养老金以及获得养老服务。农村社会养老保险制度的筹资由农民个人、村集体、政府三方共同形成。

"新农保"是在"老农保"的基础上逐步发展建立起来的，但是随着时代的进步和社会的发展，"新农保"正逐渐被更新的制度设计所取代。为实现城乡一体化，国家已决定将"新农保"和城镇居民养老保险制度合并实施，建立全新的城乡居民社会养老保险制度，目前已有一些地方实现了两项制度的融合。新制度取消了户籍限制，无论是农村户口还是城市户口，凡是未参加城镇职工养老保险的人员均可以参加城乡居民社会养老保险，在满足缴费要求后，参保人员在达到规定年龄后即可领取养老金，享受养老服务，获得养老优惠政策的照顾，并且不同户籍参保者能够获得无差别的服务和待遇。

目前该制度已基本成熟定型，各省正在如火如荼地开展"新农保"与城镇居民基本养老保险制度的合并工作。以民族

---

① 《国务院关于开展新型农村社会养老保险试点的指导意见》，http://www.gov.cn/zwgk/2009-09/04/content_1409216.htm。

八省区为例，2019 年，民族八省区城乡居民基本养老保险参保人数 8373.6 万人，实际领取待遇人数 2048.2 万人；城乡居民基本养老保险基金收入 452.1 亿元，基金支出 335.8 亿元。[①] 其中，内蒙古自治区 2019 年国民经济和社会发展统计公报显示，年末全区参加城乡居民社会养老保险人数 768.2 万人，比上年增长 2.4%。[②] 贵州省 2020 年国民经济和社会发展统计公报显示，年末全省城乡居民基本养老保险参保人数 1904.49 万人，比上年末增长 2.6%。[③] 云南省 2020 年国民经济和社会发展统计公报显示，年末全省参加城乡基本养老保险人数 2450.18 万人，比上年末增加 40.14 万人。[④] 新疆维吾尔自治区 2020 年国民经济和社会发展统计公报显示，年末全区参加城乡居民基本养老保险人数 726.24 万人，比上年末增加 11.37 万人。[⑤] 青海省 2020 年国民经济和社会发展统计公报显示，年末全省城乡居民基本养老保险参保人数 262.25 万人，比上年

[①] 国家统计局编：《中国统计年鉴 2020》，中国统计出版社 2020 年版。

[②] 内蒙古自治区统计局：《内蒙古自治区 2019 年国民经济和社会发展统计公报》，http://tj.nmg.gov.cn/tjgb/14035.html。

[③] 贵州省统计局、国家统计局贵州调查总队：《贵州省 2020 年国民经济和社会发展统计公报》，http://202.98.195.171:81/articles/c7/2021/04/a649/a649.html?location href=http％3A％2F％2F202.98.195.171％3A81％2Fchannels％2Fc7％2Fc7_1psSuffix&pagesize=15&curpage=1&curainum=1。

[④] 云南省统计局、国家统计局云南调查总队：《云南省 2020 年国民经济和社会发展统计公报》，http://stats.yn.gov.cn/tjsj/tjgb/202103/t20210326_1048207.html。

[⑤] 新疆维吾尔自治区统计局、国家统计局新疆调查总队：《新疆维吾尔自治区 2020 年国民经济和社会发展统计公报》，http://tjj.xinjiang.gov.cn/tjj/tjgn/202103/334c407a3fb24e2db85ac10b16df5ac3.shtml。

末增加 1.10 万人。① 广西壮族自治区 2019 年国民经济和社会发展统计公报显示，年末全区参加城乡居民基本养老保险人数 1983.68 万人，比上年末增加 94.06 万人。② 西藏自治区 2019 年国民经济和社会发展统计公报显示，年末全区参加城乡居民社会养老保险人数 165.99 万人。③ 宁夏回族自治区 2019 年国民经济和社会发展统计公报显示，年末全区参加城乡居民基本养老保险人数 194.66 万人，比上年末增加 13.29 万人。④

在农村社会养老保险制度中，参保者不仅可以享受到养老保险的现金待遇（养老金），还可享受到社区养老服务、居家养老服务、养老院服务等服务待遇。国家除了兴办养老服务机构外，还为老年人开设专门的服务窗口和"绿色"通道，为老年人提供更加优质、更加便捷的养老服务。例如，一些边疆民族地区在农村实施流动型养老保险服务，在参保的各个环节加入流动型的服务内容。首先，在前期宣传阶段，受边疆民族地区地广人稀这一现实情况的影响，政府以及相关部门派专业人员，深入到农户中为

---

① 青海省统计局、国家统计局青海调查总队：《青海省 2020 年国民经济和社会发展统计公报》，http://tjj.qinghai.gov.cn/tjData/yearBulletin/202103/t20210304_71860.html。

② 广西壮族自治区统计局、国家统计局广西调查总队：《2019 年广西壮族自治区国民经济和社会发展统计公报》，http://tjj.gxzf.gov.cn/tjsj/tjgb/qqgb/t2381676.shtml。

③ 西藏自治区统计局、国家统计局西藏调查总队：《2019 年西藏自治区国民经济和社会发展统计公报》，http://tjj.xizang.gov.cn/xxgk/tjxx/tjgb/202004/t20200413_137062.html。

④ 宁夏回族自治区统计局、国家统计局宁夏调查总队：《宁夏回族自治区 2019 年国民经济和社会发展统计公报》，http://tj.nx.gov.cn/tjsj_htr/tjgb_htr/202004/t20200430_2054423.html。

农村居民进行政策宣讲，并与当地媒体合作，利用现代信息技术传播介绍，确保每一位农村居民能知晓此项制度。其次，在参保缴费阶段，由于某些边疆民族地区交通设施落后、通信工具不完备，一些农村居民只能到指定的地点或窗口办理相关手续，这就给农民造成了很大的时间和代价成本。而采取流动型这种主动上门的服务，入村入户为农村居民提供参保、登记服务，既可以减轻农民的负担，又可以提高当地的参保率。最后，在保费发放阶段，综合考虑边疆民族地区的交通不便等状况，政府和相关部门摒弃了传统的社会化发放方式，采取专员定期上门、到户发放的形式，确保农村居民可以定期、足额领取到养老金。

西藏和贵州等地分别让养老保险在参保环节和宣传环节上"流动起来"，扎实推进山区和边疆地区的全民参保登记工作。[①]西藏自治区山南市隆子县玉麦乡玉麦村，在 2018 年实现了养老保险服务的"进门"服务。根据当地"四不出村"的相关要求部署，政府派专业的社会保障人员一一入户，进行政策宣讲服务、参保登记服务、基础缴费服务、待遇发放服务、稽核认证服务等，为该地村民实现参保缴费提供了捷径，对于实现西藏人人参保、应保尽保目标具有重要意义。[②]贵州省望谟县着重在政策宣传方面进行服务供给，2016 年，县政府组织相关社会保障专业人员进

---

① 宋改霞、许震宇：《西藏职院驻拉木堆村工作队开展全民参保登记工作》，https://mp.weixin.qq.com/s?__biz=MzIwMjcwNTYxNA % 3D % 3D&idx=2&mid=2247484004&sn=ebf644884218f9a20191cc4aba132bec。

② 新华社：《西藏：扎实推进边境地区全民参保登记工作》，http://www.gov.cn/xin-wen/2018-05/25/content_5293663.htm#1。

村到户进行政策理论讲解，并与村民进行深入探讨，为村民答疑解难。其中，在为期一天的宣传讲解过程中，岜便村岜便组和营盘村营盘组的村民异常热情，共自愿缴费 2.6 万余元，成为当地推动城乡居民社会保险工作的典范。①

第二节　农村社会医疗保险制度及服务

我国农村居民医疗保险制度先后经历了三个发展阶段——农村合作医疗制度、新型农村合作医疗制度、城乡居民基本医疗保险制度。1978 年的《中华人民共和国宪法修正案》中，国家正式提出要在农村开展合作医疗。1979 年，国家颁布《农村合作医疗条例》。在当时的计划经济体制下，这两项政策的出台大大地推动了医疗保险制度在农村的实施，并且取得了显著效果。后来，财税体制改革和家庭联产承包责任制的实施，动摇了农村合作医疗的根基，农村医疗保险呈现出衰退的迹象。面对这一状况，国家出台了一系列政令法规予以积极应对，试图规范和发展农村合作医疗制度。1997 年，在《关于卫生改革与发展的决定》中强调，到 2000 年底要建立健全农村合作医疗制度，提升其社会化档次，让乡村大多数地区的居民可以享受到该政策。同时规定，农村合作医疗的大部分资金应来源于农民的个人缴费，农村集体在一定程度上予以扶持，政府对其进

---

① 王成旭：《望谟县边饶镇进村入户开展养老保险政策宣传效果良好》，http://www.xyzc.cn/article-29064-1.html。

行适当支持。①

2002 年，国家决定建立新型农村合作医疗制度（简称"新农合"），着力解决农民因生病而导致家庭贫困以及原本家庭比较富裕，但因生病导致家庭重新返贫的问题，并开始关注农民的大病医疗保险问题。新型农村合作医疗制度是一种对农民医疗的帮助救济制度，它由国家卫生部门牵头，积极鼓励、支持、引导农村居民参保，并且本着自觉自愿的原则让农村居民参合。筹资渠道主要有三种：一是个人缴费；二是村集体扶持；三是政府根据不同地区的不同情况进行补贴。新农合的筹资方式中政府资助份额较大，可以说是近些年来对医疗卫生事业的大规模投入之一。此项制度的建立不仅在一定程度上缓和了农村居民的"看病难""看病贵"问题，更为农村居民的医疗卫生问题提供了一种制度保障，而且还能避免一些家庭"因病致贫""因病返贫"。2016 年，国务院发布《关于整合城乡居民基本医疗保险制度的意见》，明确整合城镇居民基本医疗保险和新型农村合作医疗两项制度，建立统一的城乡居民基本医疗保险制度。进一步扩大了农村居民的就医范围，扩大了医疗服务项目的报销范围。

实践中的农村医疗保险制度取得了显著的社会成效，仍以民族八省区为例，2020 年，内蒙古自治区居民基本医疗保险参保 1630.9 万人；居民医保基金收入 139.85 亿元，基金支出 113.05

---

① 《国务院转批卫生部等部门关于发展和完善农村合作医疗若干意见的通知》，http://www.gov.cn/zhengce/content/2016-10/19/content_5121517.htm。

亿元。①2019 年，广西壮族自治区城乡居民基本医疗保险参保4586.64 万人，比上年增长 0.84％；居民医保基金收入 361.75亿元，支出 340.17 亿元，分别比上年增长 4.65％、36.55％；居民医保参保人员共享受待遇 4331.37 万人次，比上年增长32.41％。②截至 2020 年 12 月，贵州省城乡居民基本医疗保险参保 3719.4 万人，与去年同期相比下降 0.66％；享受待遇人数1922.1 万人。③2019 年，云南省城乡居民参保 4005.45 万人，比上年减少 8.59 万人，下降 0.2％；城乡居民基本医保基金收入328.47 亿元，基本医保基金支出 311.66 亿元，分别比上年增长15％、20.6％。④2020 年，云南省参加城乡居民基本医疗保险人数 4032.83 万人。⑤2019 年，西藏自治区参加城乡居民基本医疗保险人数 298.7 万人，其中，参加农牧区医疗制度人数 267.7 万人。⑥青海省 2020 年末城乡居民医疗保险参保人数 454.73 万人，

① 内蒙古自治区医疗保障局：《2020 年基本医疗保险基金运行情况》，http://ylbzj.
nmg.gov.cn/sjtj/202103/t20210323_1205073.html。

② 广西壮族自治区医疗保障局：《2019 年广西基本医疗保障事业发展统计公报》，
http://ybj.gxzf.gov.cn/sjkf20200520_/sjfb/t5980637.shtml。

③ 贵州省医疗保障局：《2020 年 12 月贵州省医疗、生育保险运行情况》，http://
ylbzj.guizhou.gov.cn/zwgk/xxgkml/zdlyxx/tjxx/202101/t20210114_66150827.html。

④ 云南省医疗保障局：《2019 年云南省医疗保障事业发展统计公报》，http://xsbn.
gov.cn/143.news.detail.dhtml?news_id=78930。

⑤ 云南省统计局、国家统计局云南调查总队：《云南省 2020 年国民经济和社会
发展统计公报》，http://stats.yn.gov.cn/tjsj/tjgb/202103/t20210326_1048207.html。

⑥ 西藏自治区统计局、国家统计局西藏调查总队：《2019 年西藏自治区国
民经济和社会发展统计公报》，http://tjj.xizang.gov.cn/xxgk/tjxx/tjgb/202004/
t20200413_137062.html。

比上年末增加 0.56 万人。① 宁夏回族自治区 2019 年末参加城乡居民基本医疗保险人数 492.63 万人，比上年末减少 1.69 万人。② 新疆维吾尔自治区新农合参合农牧民从 2010 年的 1019.03 万人增加至 2014 年的 1118.12 万人，参合率达到 99％，贫困人口参合率达 100％。2021 年 1 月，新疆维吾尔自治区参加城乡居民基本医疗保险人数 1542.18 万人；城乡居民基本医疗保险基金收入 12.28 亿元，基金支出 6.77 亿元。③

在新农合的实施过程中，除了有医药费的补贴和报销外，也包括丰富的医疗服务内容。例如，在医疗保险转移接续方面，提供异地就医直接结算服务，以方便城乡居民异地就医。在城乡居民医疗保险管理服务方面，不断对医疗保险经办机构作出调整，使广大参合群众享受到高效、高质的医疗保险服务。在医院建设方面，"流动医院"服务范围不断扩大。2006 年，中国医药卫生事业发展基金会曾赴内蒙古进行调研，与内蒙古自治区政府探讨后决定创建中国首批"健康中国流动医院"，于 2007 年正式捐赠给内蒙古自治区，自此内蒙古自治区成为全国首先设立"流动医

---

① 青海省统计局、国家统计局青海调查总队：《青海省 2020 年国民经济和社会发展统计公报》，http://tjj.qinghai.gov.cn/tjData/yearBulletin/202103/t20210304_71860.html。

② 宁夏回族自治区统计局、国家统计局宁夏调查总队：《宁夏回族自治区 2019 年国民经济和社会发展统计公报》，http://tj.nx.gov.cn/tjsj_htr/tjgb_htr/202004/t20200430_2054423.html。

③ 新疆维吾尔自治区医疗保障局：《2021 年 1 月医疗保险和生育保险主要指标》，http://ylbzj.xinjiang.gov.cn/ylbzj/mlgksjtj/202102/ca61d66df43549768eb83de1cfa38ea4.shtml。

院"的省区。① 在内蒙古运行两年多后，"健康中国流动医院"经过提升推广到青海、新疆、西藏、云南等其他西部偏远省区。据统计，这些"流动医院"月均行程 1000 公里，月均诊疗人数达 2000 余人次。② 在医务人员供给方面，医务人员也不断向基层流动。1983 年，内蒙古自治区赤峰市阿鲁科尔沁旗卫生局就成立敖特尔医疗队，这支医疗服务队由一批技术、业务水平较高的医务人员组成，每年的 5 月至 10 月，医疗队追随游牧人员随时变换服务地点，为周围游牧的牧民提供基本医疗服务，尤其对于紧急外伤、常见疾病等，医疗队都可以以最快速度到达居民身边进行服务。③ 新疆组建流动医疗队，采取"医师 + 护师 + 医保经办人员"模式，深入社区、乡镇，为困难群众上门服务。患者可先用药后付费，还可以咨询医保政策；有救护车跟随，如果遇到急需入院的患者，可以及时转运；由专家带队，结合患者病情选配各科精兵强将，保证诊疗效果。④

第三节　农村最低生活保障制度及服务

为保障农村居民的基本生存需求，1992 年，国家开始在山

---

① 王瑞芳：《内蒙古自治区卫生厅和中国医药卫生事业发展基金会召开流动医院座谈会议》，http://www.jkb.com.cn/news/industryNews/2009/0615/271639.html。

② 梁晋：《福田欧 V 化身流动医院　爱心遍洒内蒙古自治区》，《驾驶园》2008 年第 10 期。

③ 李品毅：《流动医疗队为牧民服务 30 年》，《内蒙古晨报》2013 年 7 月 18 日。

④ 《新疆组建千余支流动医疗队上门诊疗》，《人民日报》2020 年 5 月 12 日。

西省试点实行农村最低生活保障制度。1996 年，民政部出台了《农村社会保障体系建设指导方案》《关于加快农村社会保障体系建设的意见》，将最低生活保障制度列入农村社会保障重点建设项目。1996—1997 年，吉林、广西、甘肃、河南、青海等省份陆续开始实行农村最低生活保障制度。2007 年，国家在《关于进一步规范农村最低生活保障工作的指导意见》中具体规定了农村最低生活保障制度的实施对象，并根据各地经济水平确定最低生活保障指标。①

农村最低生活保障制度是保障农村居民最低生活水平的社会救助制度，具体来讲，就是当家庭人均收入低于"低保线"时，国家和政府对该家庭给予一定的经济补助、生活补贴、实物补给以及照料服务等，目的是为满足困难家庭的最低生活需求。最低生活保障线因各地经济发展水平不同而有所不同，因此，各地认定低保对象的标准不尽相同。对于符合条件的低保人员，国家予以现金、实物以及服务等方面的救助，尽量使低保人员过上正常生活。

自该制度实施以来，取得了良好的政策效果，有效保障了农村低保人员的基本生活，仍以民族八省区为例，2020 年第 4 季度，内蒙古自治区农村牧区低保人数 133.4 万人，保障标准达到 6307元 / 人·年，资金支出 471970.2 万元。② 截至 2019 年底，广西

---

① 《国务院关于在全国建立农村最低生活保障制度的通知》，中国政府网，http://www.gov.cn/zwgk/2007-08/14/content_716621.htm。

② 内蒙古自治区民政厅社会救助处：《2020 年第 4 季度政务公开社会救助数据统计表》，http://mzt.nmg.gov.cn/nscs/shjz_235/tzgg_241/202102/t20210220_47472.html。

壮族自治区有农村低保对象 83.9 万户、246.9 万人；全年各级财政共支出农村低保资金 55.9 亿元，占总支出的 38.9%；农村低保平均标准 4473 元 / 人·年，比上年提高 659 元，增长 17%。① 截至 2020 年 12 月底，贵州省农村最低生活保障人数 210.96 万人，比 2020 年 3 季度增长 4.70%，比上年同期同比增长 1.67%；农村最低生活保障户数 86.79 万户，比 2020 年 3 季度增长 3.58%，比上年同期同比下降 2.30%。② 截至 2020 年 12 月底，云南省共有农村低保对象 244.9 万人，全省平均保障标准 4594 元 / 人·年，平均补助水平 3096 元 / 人·年。③ 2020 年，西藏自治区农村最低生活保障户数 37991 户、人数 127683 人，全区农村低保平均标准 4713 元 / 人·年。④ 2020 年 11 月，青海省救助农村低保对象 99621 户、304515 人，共发放低保金 10639.98 万元。⑤ 2020 年第 4 季度，宁夏回族自治区农村最低生活保障人数 359267 万人、户数 247263 户，累计支出 41470.25 万元，当月人均补助水平 349.47 元。⑥ 2020 年，

---

① 广西壮族自治区民政厅：《广西壮族自治区 2019 年民政事业发展统计公报》，http://mzt.gxzf.gov.cn/xxgk/tjxx/t6761654.shtml。

② 贵州省民政厅：《贵州省 2020 年第四季度民政事业统计季报分析》，http://mzt.guizhou.gov.cn/xxgk/xxgkml/tjsj/jdtjsjjfx/202102/t20210205_66690019.html。

③ 云南省民政厅社会救助处：《2020 年 12 月社会救助工作进展情况》，http://ynmz.yn.gov.cn/preview/article/16563.jhtml。

④ 《西藏：抓实社会救助保障提高群众满意度》，《西藏日报》2021 年 2 月 18 日。

⑤ 青海省民政厅社会救助处：《青海省农村低保信息公示（2020 年 11 月）》，http://mzt.qinghai.gov.cn:8088/html/show-8484.html。

⑥ 宁夏回族自治区民政厅：《宁夏社会救助情况公示（2020 年第四季度）》，http://mca.nx.gov.cn/xwzx/tzgg/202101/t20210104_2550189.html。

新疆维吾尔自治区共有 146.45 万人享受农村最低生活保障,[①] 农村低保标准由每人每年 3732 元提高到 4100 元。[②]

　　农村最低生活保障制度除了提供现金补贴外,也积极提供各种形式的生活服务,采取多样的服务供给方式,以提升受保对象待遇和服务的可及性与可得性。现金救助方面,当前绝大部分地方的低保金发放一改传统的统一领取方式,转为政府部门派专人定期上门发放,一方面节约了村民领取低保金的时间、交通成本;另一方面,也提高了行政效率,推动了服务型政府的建设。救助服务方面,边疆民族地区有流动救助车、流动救助站和流动救助队等具体流动服务。譬如,内蒙古自治区通辽市的流动救助站,当地将其命名为"暖冬救人"专项救助活动,自进入冬天以来,通辽市政府安排相关工作人员每日在城乡交融地带进行排查、巡视、救助,并开通全天候救助服务热线,方便居民有需求随时解决,形成了多角度、多方式、全区域的"主动救助网"。[③] 从制度支持方面来看,基层社会救助经办服务能力不断增强。2016 年,国家出台相关政策,要求探索建立村级社会救助协理员制度,这其实就是运用公共服务的理念,通过政府购买的形式,大力开发社会力量,结合当地的具体实际需求,聘用相关

①　新疆维吾尔自治区统计局、国家统计局新疆调查总队:《新疆维吾尔自治区 2020 年国民经济和社会发展统计公报》,http://tjj.xinjiang.gov.cn/tjj/tjgn/202103/334c407a3fb24e2db85ac10b16df5ac3.shtml。

②　《新疆上调城乡低保标准今年 1 月 1 日起执行惠及 190 万人》,《新疆日报》2020 年 8 月 1 日。

③　《通辽市救助管理站开启"暖冬行动"》,《潇湘晨报》2020 年 1 月 14 日。

工作人员来提供服务，切实做好低保制度的各项服务。[①] 以贵州省为例，截至 2017 年 9 月底，贵州省毕节市已有 3033 名社会救助协理员登记备案，实现了村级社会救助协理员全覆盖，进一步夯实了基层民政工作力量。[②]

第四节　农村医疗救助制度及服务

农村医疗救助是我国社会救助体系中的一项重要内容，是通过政府拨款和社会各界自愿捐助等多渠道筹资，对患大病农村五保户和贫困农民家庭实行医疗救助的制度。[③] 农村医疗救助制度开始于 2002 年，救助人员范围主要包括农村"五保"供养者和其他家庭经济困难的人员。具体救助形式主要有两种：一是资助参加基本医疗保险；二是门诊和住院医疗救助。医疗救助制度自实施以来，救助对象和救助范围几经变革。2012 年，国家对医疗救助的对象进一步细化，规定凡是五保户、低收入老年人、重度残疾人和符合政府规定的贫困户，在遭遇重大疾病时均可获得医疗救助。[④]

---

① 民政部、国务院扶贫办、中央农办、财政部、国家统计局、中国残联：《关于做好农村最低生活保障制度与扶贫开发政策有效衔接的指导意见》，http://www.gov.cn/xinwen/2016-09/27/content_5112716.htm。

② 《毕节市村级社会救助协理员实现全覆盖》，《贵阳晚报》2017 年 10 月 15 日。

③ 《民政部、卫生部、财政部关于实施农村医疗救助的意见》，中国政府网，http://www.gov.cn/gongbao/content/2004/content_62870.htm。

④ 民政部、财政部、人力资源和社会保障部、卫生部：《关于开展重特大疾病医疗救助试点工作的意见》，http://law.esnai.com/do.aspx?action=show&controller=home&lawid=115320。

民族地区医疗救助制度的积极推进，有效缓解了困难群众"看病难""看病贵"问题。例如，桂林率先在广西推行"一站式"医疗救助服务。2012 年 9 月 1 日起，桂林在广西率先推行民政医疗救助经费即时结算信息系统，全市城市低保对象、农村五保对象、农村低保对象等困难群众在桂林 6 家医院看病，无需奔波往返和垫付资金，便可在诊疗医院结算窗口享受"一站式"医疗救助服务。①2020 年，内蒙古自治区医疗保障局、内蒙古自治区民政厅、内蒙古自治区财政厅印发了《内蒙古自治区关于推进城乡医疗救助制度盟市级统筹的工作方案》，要求推动自治区医疗救助与基本医疗保险的统筹层次衔接。按照政策标准、基金收支、经办服务、信息系统"四统一"的原则，实现医疗救助基金盟市级统筹，提高医疗救助基金使用效率。② 不断完善城乡医疗救助的服务供给方式、统筹机制和基金管理等，提高了困难群众医疗救助服务的可及性、可得性。

医疗救助惠及人群也不断增多，切实满足了困难群众的基本医疗服务需求。2019 年，民族八省区资助参加基本医疗保险人数 2415.2 万人次，实施门诊和住院医疗救助人数 826.3 万人次，资助参加基本医疗保险资金数 365494.7 万元，门诊和住院医

---

① 新华社：《桂林率先在广西推行"一站式"医疗救助服务》，http://www.gov.cn/jrzg/2012-09/01/content_2214968.htm。

② 内蒙古自治区医疗保障局：《内蒙古自治区关于推进城乡医疗救助制度盟市级统筹的工作方案的通知》，http://ylbzj.nmg.gov.cn/xwzx/tzgg/202008/t20200825_373518.html。

疗救助资金数 593322.9 万元，较 2015 年分别增加 796.1 万人次、471.2 万人次、253650.2 万元和 185978.5 万元。① 以西藏自治区为例，2012 年，西藏实施医疗救助 28244 人次，救助金额 5254.69 万元，其中资助城乡低保对象、五保对象、重度残疾人和城乡低收入家庭等参加城乡居民基本医疗保险 7170 人次，资助资金 14.62 万元；② 2016 年上半年，西藏自治区支出城乡医疗救助资金 3.06 亿元对 277.71 万人次困难群众进行了救助。与历年同期相比，支出医疗救助资金最多，困难群众受益人数最多；③ 截至 2018 年上半年，医疗救助累计共救助近 5.83 万人次，医疗救助资金累计支出 1 亿元以上。④ 2019 年，西藏自治区资助参加基本医疗保险人数 22.5 万人次，实施门诊和住院医疗救助人数 4 万人次，资助参加基本医疗保险资金数 1094.1 万元，门诊和住院医疗救助资金数 20194.9 万元。⑤

---

① 国家统计局社会科技和文化产业统计司编：《中国社会统计年鉴 2020》，中国统计出版社 2020 年版。

② 《西藏近年来医疗卫生水平不断提高》，中国西藏新闻网，http://www.scio.gov.cn/m/zhzc/8/1/Document/1334125/1334125.htm。

③ 《西藏上半年 277 万人次受益医疗救助》，亚心网，http://csgy.rmzxb.com.cn/c/2016-08-10/969175.shtml。

④ 《上半年西藏医疗救助资金累计支出 1 亿元以上》，中国西藏新闻网，http://www.tibet.cn/cn/index/medicine/201808/t20180801_6138285.html。

⑤ 国家统计局社会科技和文化产业统计司编：《中国社会统计年鉴 2020》，中国统计出版社 2020 年版。

表 2-1　民族地区 2014 年和 2018 年医疗救助情况对比表

地区	2014 年				2018 年			
	资助参加基本医疗保险人数（万人次）	门诊和住院医疗救助人数（万人次）	资助参加基本医疗保险资金数（万元）	门诊和住院医疗救助资金数（万元）	资助参加基本医疗保险人数（万人次）	门诊和住院医疗救助人数（万人次）	资助参加基本医疗保险资金数（万元）	门诊和住院医疗救助资金数（万元）
内蒙古	170	30.2	11396.9	60320.8	131.9	66	13773.8	83545.5
广西	275.3	42.3	14759.6	79795.7	184.2	33.2	23699.3	51230.5
贵州	353.2	30.2	15873.7	69201.2	305	54.7	18811.6	82173.3
云南	560.1	82.2	37574.1	67424.7	666.6	185.6	64910.9	98821.9
西藏	4.9	3.9	828.3	12348.8	12.8	6.5	283	21284.9
青海	66.6	28.6	4120.3	28168	55.8	16.6	13260	36087.8
宁夏	41.8	33.1	2597.5	25087.6	80.7	44.3	6772	21097
新疆	216.6	112.2	15456	66682.8	370.6	41.8	66165.7	90300.7

资料来源：《中国社会统计年鉴 2015》《中国社会统计年鉴 2019》。

说明：2016 年起，将资助参加合作医疗保险合并到资助参加基本医疗保险统计；

2018 年起，直接医疗救助修改为门诊和住院医疗救助，统计口径不变。

民族地区医疗救助服务发展至今，根据实际情况服务形式也不断变化。一方面，全面推行"一站式"医疗救助服务。以内蒙古自治区为例，2013 年，内蒙古自治区全面实施"一站式"即时结算服务，普通疾病门诊治疗由救助对象凭门诊医疗救助卡和基本医疗保险参合参保凭证在定点医疗机构直接享受救助，重特大疾病凭民政部门出具的住院医疗通知单享受"一站式"医疗服务，缴纳个人应负担医疗费用后出院。[①] 另一方面，随着科技的发展，一些新型医疗救助服务得以实施，如"流动社区卫生服务站""互联网＋医疗"等，医疗救助服务向着方便、快捷、现代化的方向逐渐转变。以青海省玉树"4·14"地震救援为例，地震发生后，不仅有当地武警玉树支队的第一时间紧急搜救救援，也有来自全国各地的医疗救援队、卫生防疫队，积极配合当地救援安排开展救治、转运工作。[②]

---

① 《内蒙古全面启动重特大疾病医疗救助"一站式"服务》，内蒙古自治区人民政府网站，http://www.gov.cn/gzdt/2013-09/26/content_2495311.htm。

② 车玉明、朱立毅：《大爱满人间——海内外救助青海玉树地震灾区纪实》，http://www.gov.cn/jrzg/2010-04/21/content_1588552.htm。

第 三 章

流动型社会保障服务的理论基础

作为公共管理的经典理论，无缝隙政府理论、新公共服务理论以及社会公平理论为开展流动型社会保障服务提供了坚实的理论基础。本章通过梳理三种经典理论的理论渊源与概念内涵，探究其与流动型社会保障服务的契合性，以期为构建流动型社会保障服务提供理论支撑。

第一节　无缝隙政府理论

一、概念阐述

作为无缝隙政府理论的创始人，Russell M. Linden 首先提出了无缝隙组织的概念，他认为："无缝隙组织是指可以用流动的、灵活的、弹性的、完整的、透明的、连贯的等词语来形容的组织形态。"[①] 而能够提供上述特征服务的政府就被称为"无缝隙政府"。与以往的政府组织机构相比，无缝隙政府采取的是"一站式"服务模式，其不再是一个孤立封闭的管理机构，而是一个开放完整的服务组织，居民（或顾客）可以更为直观地获取完整的信息与

①　［美］拉塞尔·M. 林登：《无缝隙政府——公共部门再造指南》，汪大海、吴群芳等译，中国人民大学出版社 2002 年版。

服务。具体而言，无缝隙政府遵循透明、高效、灵活、便捷的服务宗旨，目的在于缩减部门之间的"横向缝隙"和层级之间的"纵向缝隙"，从而达到减少行政成本、提高办公效率的效果。

二、理论渊源

"无缝隙政府"这一理论的提出主要是师法企业管理学中的"无界限组织"理论。"无界限组织"由美国通用电气公司前任董事会主席杰克·韦尔奇提出，他主张取消公司内部的横向和纵向边界，并打破公司与客户和供应商之间存在的外部边界障碍。在今天动态的外部环境下，组织为了实现运营的高效化，就必须打破结构边界，保持灵活性。为此，无边界组织力图取消指挥链，保持合适的管理幅度，改变传统政府办公模式，以一种高效、灵活的行政模式来提供服务。

传统的科层制政府有自身独特的优点，它符合当时的社会需求，符合当时等级分明的组织体系恰好适应集权的需要。但随着社会的发展，尤其是到20世纪60年代左右，其忽视顾客需求、寻租贪腐、效率低下、本位主义等弊端日益凸显，已经严重影响到执政能力与行政效率，寻求公共管理的变革之路势在必行。20世纪70年代后期，西方掀起了"再造政府""政府重建"等一系列"新公共管理"改革热潮，在此背景下，无缝隙政府理论逐渐被政府所接纳，部分国家开始基于无缝隙政府理论对传统公共部门进行重建。

三、理论内涵

无缝隙政府理论认为，对传统政府的改革，不是基于现有框架进行简单的改良创新，而是需要对政府整体结构进行"再造"（Reengineering），即抛弃原有的思维方式和组织构架，对整个行政组织体系重新构架。这一改革并不是对原来机构的职能进行扩充和完善，而是在充分考虑顾客意愿的基础上，更加注重竞争和结果导向，具体而言：

第一，顾客导向。对于政府而言，顾客既是公共产品和公共服务的生产参与者，又是公共产品和公共服务的利益既得者。政府无论作出何种决策，都要以顾客的利益为出发点，必须在充分了解顾客的需求上进行决议。无论是制度的修订，还是管理方式的转变，都要及时准确地了解顾客的意愿，并按照顾客的意愿开展工作，这种转变既能满足顾客的需求，又提高了群众满意度，实现了政府与顾客的双赢。我们可以把顾客导向型政府服务模式称为"逆流程"政府管理模式，处于流程开端的是顾客，处于流程末端的是政府，也就是说，政府的种种行为都要以顾客为中心，围绕顾客开展制度设计、组织机构设计、服务供给等。必须把服务对象的利益放在首位，全心全意为顾客服务。

第二，竞争导向。运用无缝隙组织的架构来对政府进行改造，不仅是简化机构、精减人员，而且是要彻底推翻以往的组织架构，打破传统政府管理格局，构建一种全新的服务模式与管理体系。随着市场经济的快速发展，为充分发挥市场的主导性作用，在政府部门引入竞争机制是推动公共服务市场化的必然选择，为了提高顾客满意度，机构之间、部门之间的良性竞争可以提升公共服务质量，提高公共服务效率。

第三，结果导向。以往机构只注重机构本身可以做哪些事情、如何最大限度地发挥本机构的作用，却一直忽略了服务结果如何，是否令顾客满意。传统机构看似井井有条，但也许并不能真正解决顾客所需，政策效果往往事倍功半。基于此，无缝隙政府理论要求官僚机构改变只关注过程而不强调结果的错误导向，认为结果的好坏与否才是评价政府服务效能的最佳标准。而实现结果导向，要建立扁平化的官僚体制，缩减组织机构层级，以顾客的反馈作为衡量标准，构建结果导向型的政务服务体系。

第二节　新公共服务理论

一、主要内容

新公共服务理论最早可追溯至 20 世纪 70 年代末兴起的新公共管理运动。新公共管理运动的信奉和践行者主要以英国、新西兰、法国、日本等国为代表，主旨思想可归纳为三个方面：一是强化政府职能，协调好政府与市场之间的关系，使政府重新变成"划桨者"，而不是仅做一个"掌舵者"，也就是要充分发挥政府的服务职能；二是发挥市场力量，充分利用市场资源来提供公共产品和服务，减少政府的直接参与，可以采取购买的方式为公众提供服务，从而既缓解政府的行政负担，又促进市场经济的发展；三是对国家机构进行改革，在政府管理中运用"竞争"理念，从而提高公共产品和服务的质量和效率，进一步满足民众需要。

新公共服务理论的提出者是 Robert B. Denhart，他认为"新公共服务"具有以下特点：第一，政府是公共服务的"划桨者"而非"掌舵者"。政府应该在充分了解群众意志和意愿的基础上，提供质量好、效率高、方便快捷的公共服务和公共产品，以期满足群众或顾客的需求。第二，要把满足集体需求放在首位，要具备大局意识、民主意识和全局意识。政府管理者必须以集体利益作为价值追求，并提供公共产品和服务，而不能以个人利益或个人偏好作为出发点，最终要达到大众共享利益的目标。第三，准确定位服务对象。顾客与私人利益相对应，而公民与公共利益相对应，公共利益的实现并非简单的个人好处的累积就可以兑现，而是在实现个人利益的同时要注重政府与群众之间的和谐维系，公共利益的实现就是要在公民与政府之间建立良好的合作关系，以个人利益的达成带动集体利益的实现。第四，要承担多方责任。公务员的责任具有多方性，需要同时注意到行政职业法规、公众价值取向、社会方向动态、基本行为准则、市场总体动态等，综合各种利益关系来提供服务。第五，以谋求公共利益为出发点。公共部门的公共性要求政府机构及个人应以实现公共利益、维护公共权益、满足公共需求为出发点，同时，政府也兼具引导普通民众、维护公共利益的责任。①

简言之，新公共服务理论是在汲取传统公共行政和新公共管

---

① ［美］罗伯特·B. 丹哈特、［美］珍妮特·V. 丹哈特、刘俊生：《新公共服务：服务而非掌舵》，《中国行政管理》2002 年第 10 期。

理之精华，并对其充分发扬的基础上发展而来的，它认为政府职责应该放权于普通民众，强调大众第一位，而不是单纯地纠结于"划桨"还是"掌舵"，致力于建立一个契合社会发展的、顺应时代潮流的现代政府。

二、理论的优越性

与传统公共行政以及新公共管理理论相比，新公共服务理论在政策目标的实现机制、组织架构、行政裁量权等方面都有独特的优越性。通过对三种理论进行对比分析，有利于构建符合中国国情的公共管理政策体系。具体而言：

传统公共行政也就是官僚制，是各国通常采用的政府组织形态，它主要有以下三个组织形态特征：一是分部—分层，二是集权—统一，三是指挥—服从。通过官僚制的组织形态考察，我们可以看到它具有很强的等级性、严密性，也具有一定的合理性。官僚制要求人们必须遵循固有的制度和准则，按照规定办事。提供公共产品和公共服务时并不怎么考虑公民的意愿，仅仅被看作是完成本部门的职责。官僚制等级明显，这也使得办事程序烦琐，部门之间推诿扯皮现象丛生。由此可见，官僚制是一个缺少变通的体制，体制内部的机构和人员处于僵化状态，只会按章办事，不懂灵活调整，导致政府效率低下、官僚主义频现等，也使得政府机构不断扩张，大大增加了财政负担，最终的结果就是恶化公众与政府组织之间的关系，引发信任危机，降低了政府的公共服务供给效率。

新公共管理理论主张政府部门向企业学习，因此又称为企业家政府理论。该理论主要是通过分析学习优秀企业的成功之举，总结出一些适合政府改革的有益经验，并结合政府实际，将这些经验运用于政府管理中，从而提升政府的行政效率。新公共管理改革适应了当时的发展需要，简化了行政手续，抛却了以往的繁文缛节，更加注重"顾客"的需要，顺应市场经济发展，在管理中引入竞争机制，从单纯的政令指导变为市场和政令相互作用。它主张政府是"掌舵"而不是"划桨"，要充分发挥市场的作用，政府不必事事亲力亲为，在把控好大方向的基础上起到调节与控制作用即可。

新公共服务理论是随着社会的发展进步顺势而生的一种理论，旨在规避传统公共行政理论与新公共管理理论的弊端，继承与摒弃并举，在前两个理论的基础上又增添了符合社会发展的新内容。其优越性在于十分重视公民权利，旨在建设与公民良性沟通、平等互利的现代化政府，这是和以往新公共管理和传统公共行政的不同之处，这也是现代社会发展的新需要。新时期，政府的管理和治理要从群众的需要出发，公共服务的提供要契合民众的诉求，对于新时期建设服务型政府起到重要的指导意义，这一理论也为优化公共服务能力与水平提供了理论指导。

第三节　社会公平理论[①]

社会公平理论是指政府通过制定相关制度政策，利用合理合法的手段达到资源配置的最佳效果，从而创造一个起点公平、机会公平、规则公平的客观环境，使社会成员可以在相对公平的环境下生产生活。社会公平理论的最终目标就是实现社会成员收入平等且保持较高水平。这一理论主要有如下三个特征：

第一，社会公平是多变且具体的。社会公平不是永恒不变的，它是特定社会经济关系的具体表现，会随着社会环境的变化而变化。在不同的历史时期以及不同的社会环境下，社会公平的含义不尽相同，它随着历史的演变而不断发展变化，不断抛弃旧内容，更新社会公平的内涵特征。同时，社会公平也是具体的，不是抽象的，是可遵循可发现的，它体现在生产生活的方方面面，与我们的生活息息相关。

第二，社会公平是相对的。一方面，我们要承认社会的不公平现象，承认公平的相对性。一味地追求绝对公平是平均主义的表现，这种错误的做法只会阻碍经济发展和社会进步，并不能真正实现社会公平。相对公平才是满足人民群众幸福感的根本选择，它会在一定程度上尽量缩小社会成员之间的差距，为全体社会成员所接受。另一方面，我们也可以通过社会再分配将这种不公平降到最低限度，尽量实现相对公平的标准。

---

① 李珍主编：《社会保障理论》，中国劳动社会保障出版社 2007 年版。

第三，社会公平不是平均主义。换言之，公平并不是平均主义，公平仍然是有差距的，但这个差距是合理均衡的。这里需要强调公平不等于平均，在很多人的意识里，公平就代表平均，但这其实是错误的。平均是无原则、无条件的均等，而公平是根据客观情况满足不同需要而确定的，经济学中的公平是指经济成果在社会成员中公平分配的特性，即收入公平。因此，将收入差距控制在合理范围内具有一定的积极作用，可以激励社会成员之间的良性竞争，进而促进社会整体发展。

从以上理论梳理可见，无缝隙政府理论、新公共服务理论、社会公平理论中均有关于政府在提供公共服务时应如何更好地反映民众诉求，如何提供高效、价廉质优的公共服务阐述，它们也都从政府组织建设、公共职能履行、公共价值追求角度，对公共服务供给进行了深刻论述，这对流动公共服务，以及流动型社会保障服务提供了恰当的理论启示和理论支持，也从另一方面说明了流动型社会保障服务的理论创新与实践价值。

第四章

流动型社会保障服务的供给现状

边疆民族地区具有独特的政治、经济、社会、人文、地理、生态环境，对公共服务的供给与需求都具有独特的要求，特别是农村地区经济结构单一且收益较低，公共基础设施差，社会保障项目不完善。这些特殊因素导致边疆民族地区农村社会保障水平滞后于其他地区，居民难以共享到经济社会发展的成果。① 在这种情况下，向我国边疆民族地区提供固定的社会保障服务存在着许多不确定性和困难，加之我国社会保障制度建设长期倾斜于城镇，走了一条"先城市，后农村"的发展道路，导致边疆民族地区农村在社会保障领域存在着不同程度的缺口。边疆民族地区的特殊性，决定了社会保障服务供给的特殊需求，政府需因地制宜，不断改进和创新社会保障服务方式和服务手段。

当前存在的流动型社会保障主要包括以下内容：流动型社会救助服务、流动型社会保险服务、流动型社会福利服务、流动型社会优抚服务、流动型文化服务、流动型医疗服务以及流动型社会管理服务等。通过供给主体的流动来满足基层群众的社会保障需要，将灵活高效、方便快捷的公共服务送到边疆民族地区农牧

---

① 李名丽：《民族地区农村社会保障研究——传统、现状与建构》，云南财经大学硕士学位论文，2010年。

民身边的社会保障供给模式，不仅是服务方式的转变，更是治理理念的转变，这种转变对推动边疆民族地区建设服务型政府也起到了至关重要的作用。

第一节 流动型社会救助服务

我国边疆民族地区农村社会救助体系已基本建成，但是救助水平整体偏低，救助形式比较单一，难以满足贫困群体的救助需要，制约着边疆民族地区的整体发展。流动型社会救助服务的提供，变被动的"坐等"服务为主动的上门服务，有效满足了基层群众的救助需求，是社会救助形式的大胆创新和有益探索。流动型社会救助服务主要体现为：

一、流动低保救助

流动低保救助服务是针对边疆民族地区交通不便的农村或行动不便的低保对象而实施的一种上门服务。以流动的方式提供低保救助上门服务，不仅改变了农村低保金社会化发放方式，也改变了之前低保对象必须亲自去相关机构领取低保金的做法，通过上门发放低保金，让低保对象节约了往返时间，也避免路途奔波，从而高效、便利地获取自己的低保权益。[1] 例如，新疆巴音郭楞蒙古自治州和硕县民政局为确保贫困户能尽早、尽快领到低

---

[1] 白维军、刘银喜：《流动型社会保障服务：内涵界定、要素分析与路径选择》，《中国行政管理》2014 年第 9 期。

保金，在乃仁克尔乡乌勒泽特村派驻工作队协助村干部进行低保金发放工作，工作队首先要核实每位低保户的相关信息并让低保户当面签字和按手印，然后第一时间将补贴资金精准地发放至每一名低保户的手中，[①]这既方便了村民领取低保金，又分担了村干部的工作压力，把党和政府的惠民政策落到实处，打通了公共服务的"最后一公里"。

流动低保救助反映在救助服务工作的方方面面，例如入户核查、入户走访等。以流动服务的形式深入基层，既可以真实了解基层群众的社会救助需求，也可以准确掌握社会救助服务中存在的问题与不足，有助于社会救助服务工作的有效开展。例如，2020年，内蒙古自治区鄂尔多斯市乌审旗认真开展建档立卡贫困人口和边缘户享受社会救助兜底保障政策大排查大整治工作，对全旗349户846人建档立卡贫困人口、边缘户和返贫风险监测户逐一进行入户排查，将16户30人纳入了农村低保范围，1人纳入了特困供养范围；对不再符合低保条件，但尚未稳定脱贫的2户5人给予"渐退期"保障；对大病、残疾的无劳动能力贫困人口及家庭成员中有刚性支出的176人给予了临时救助，共发放临时救助金23.96万元。旗民政局联合残联康复机构、苏木镇中心卫生院、社区卫生服务站专业技术人员，各苏木镇民政工作人员组成特困人员生活自理能力评估小组，采取集中与上门两种方式，对全旗在册的329名特困供养对象生活自理能力进行评估，

---

① 田红英：《新疆和硕县工作队及时向低保户发放低保金》，http://news.ifeng.com/a/20171127/53632441_0.shtml。

全面完成了年度复核任务，认定具备生活自理能力 154 人，部分丧失生活自理能力 96 人，完全丧失生活自理能力 79 人。[①]

为进一步做好 2021 年低保核查工作，贵州省毕节市黔西县甘棠镇结合实际，对居住在辖区的群众进行全面入户核实，切实做到"公开、公平、公正"和"应保尽保""应退尽退"。各村（社区）低保核查工作人员深入农户家中调查走访，了解低保对象家庭成员的身体状况、就业能力、收入来源、开支情况及其贫困原因等，按照低保政策对每个低保户家庭进行调查摸底，确保经济转好的家庭退出低保家庭行列，给生活真正困难、急需帮助的家庭提供帮助。对有子女大学毕业的低保户家庭和已就业且收入超标的低保户家庭，按照国家标准对低保金进行了下调或报停，并向这些家庭解释国家低保的政策。通过主动上门的入户核查，既提高了当地最低生活保障工作的规范化管理水平，又加强了城乡低保动态管理，让困难群众真正感受到党和政府的温暖。[②]

2020 年新冠肺炎疫情防控期间，青海省西宁市城中区民政局救助工作不按"暂停键"，认真落实社会救助"六个一"活动，坚持民政对象关心关爱不放松，暂停疫情期间民政保障对象动态调整机制，做到只进不出。他们采用三级联动机制，联合各镇（街道），电话询问、入户走访困难家庭，认真摸排疫情防控期

---

① 《2020 年乌审旗社会救助工作有效落实》，鄂尔多斯市人民政府网，http://www.ordos.gov.cn/gk_128120/shjz/mzjz/202012/t20201228_2828146.html。

② 《甘棠镇开展低保核查工作确保精准救助》，天眼新闻，https://baijiahao.baidu.com/s?id=1695915170743881058&wfr=spider&for=pc。

间困难群众生活状况，详细掌握困难群众生活需求，确定救助对象，做好疫情防控期间社会救助工作，坚决杜绝"漏保""漏救"问题，疫情期间新增低保对象8户9人，特困供养5户5人。[①]

我们看到，管理部门走出办公室，走到田间地头，深入群众中间，这既可以看作是工作作风的改变，也是工作理念的转变，管理者逐渐走出"管理"思维，体现出更多的"服务"意识，并将这种服务意识转化成现实的流动型服务，对低保救助工作起到了很好的推动作用，也切实发挥了低保制度"保民生、兜底线"的功能。

二、流动救助服务站服务

流动救助服务站是指政府组建专门的流动救助服务队，参照城市救助服务站的做法，在农村设置更为灵活的流动救助服务站。其以农村流浪乞讨的未成年人、走失的老人、危重病人、精神病人以及其他情况求助者为救助对象，以"自愿受助，无偿救助"为原则，为他们提供及时、便捷的救助服务，从而在一定程度上减少甚至消除流浪乞讨行为，并以此推动农村社会救助的常态化。

流动救助服务站分为以帐篷为载体、相对固定的救助点和以流动救助车为载体开进农村的流动站两种。相对固定的流动救助服务站是在农村流浪乞讨者等需要救助的人员相对集中的地方，

---

① 《西宁市城中区疫情期间把救助服务送上门》，人民网—青海频道，http://qh.people.com.cn/GB/n2/2020/0309/c374501-33861749.html。

设置以帐篷为站点的、设施完善且服务规范的临时救助站，设置明显标识，以便求助者能够便捷地得到救助。多数情况下，流动救助服务站主要是通过巡回驾驶有明显标志的流动救助车开展救助服务的。车内备有饮食、衣物、棉被、担架、药品等救助物资，同时，也对被救助者进行教育劝导，告诉他们不要扰乱社会治安和破坏公共秩序。

大多数流动救助服务站也会利用车载播音系统和 LED 显示屏进行有关救助政策法规的宣传，使更多人了解流动救助服务，提高大众的认知度。例如，内蒙古通辽市通过流动救助服务站开展"暖冬救人"专项救助活动，为保障流浪乞讨人员安全过冬，2020 年 11 月 18 日起，通辽市救助管理站开始开启"暖冬行动"，对流浪乞讨人员经常聚集处，如银行 ATM 机房间、无人居住房屋等进行巡查，及时发现流浪乞讨人员，并给予必要帮助，为不愿进站接受救助者发放棉衣、棉被以及食物。截至 2021 年 1 月14 日，已妥善安置救助流浪乞讨人员 33 人次。①

为切实保障生活无着流浪乞讨人员基本生存权益，帮助其安全过冬，云南省腾冲市救助管理站积极组织开展"寒冬送温暖"专项救助行动。救助管理站成立了冬季流浪乞讨人员救助领导小组和两支街头巡查救助服务工作队，保障专项救助行动有序开展。救助站内备足棉衣棉被等御寒物品和方便食品等，确保街头生活无着人员不挨饿、不受冻，杜绝流浪乞讨人员冻死、冻伤

---

① 《通辽市救助管理站开启"暖冬行动"》，通辽文明网，http://nmgtl.wenming.cn/zyfw/202101/t20210114_6908884.html。

现象发生。救助站加大街面巡查力度，实施积极主动救助，全站所有人员均参与街面巡查工作，全天候进行拉网式巡查，不留死角，救助车辆昼夜在车站、主要街道、繁华地区、地下通道、桥梁涵洞等流浪乞讨人员集中活动和露宿区来回巡查救助，对流浪乞讨人员采取规劝、引导或送棉衣棉被、食品等方式实施救助。[1]

2020年冬，为确保居无定所、流落街头的困难群众及时得到救助服务，阿拉善盟救助服务站把"冬季送温暖，关爱流浪乞讨人员"专项救助行动列为重点工作进行安排部署，对辖区内的生活无着流浪、乞讨人员进行不间断拉网式排查和倾情救助，保障流浪、乞讨人员顺利过冬。救助人员强化主动救助，加大巡查力度。建立街头巡查长效机制，实行每天不间断式全面巡查救助，以巴彦浩特镇城区主要街道为轴线辐射周边次干道、重点区域，采取定人、定点流动排查，发现流浪乞讨人员，尽力劝说引导其接受救助。[2]

三、流动灾害救助服务

灾害救助服务是在灾害事故发生时，由政府、军队、志愿者等对受灾群众进行生命救助、医疗救治、基本生活救助以及灾后

---

[1] 《腾冲市救助管理站扎实开展"寒冬送温暖"专项行动》，云南文明网，http://yn.wenming.cn/gzdt/zhoushifengcai/bs/201912/t20191212_5350010.shtml。

[2] 《阿盟救助服务站多举措开展"冬季送温暖，关爱流浪乞讨人员"专项救助行动》，阿拉善盟行政公署网站，http://www.als.gov.cn/art/2020/12/1/art_6_343050.html。

心理疏导等提供救助服务的一种社会保障活动。灾害救助服务形式多样，有些是固定形式的，也有些是流动形式的。例如，青海玉树地震发生后，武警玉树支队第一时间赶往灾区进行震后搜救，来自全国不同地方的医疗队、卫生防疫队等卫生部门及其医务人员随后赶来，并在玉树集中安置点开展当地救援和转运救治。当地民政部也建立流动救助站来安置灾区群众和进行临时生活救助，并配合财政、粮食部门将救济金和救济粮及时、足额地发放到救助对象手中。① 再如，内蒙古锡林郭勒盟、兴安盟、通辽市等地公安机关每年开展"暖冬行动"以应对暴雪寒潮自然灾害，他们深入农村牧区，以流动的上门服务方式，全力救助受灾群众、转移被困牲畜、疏通受阻车辆以及缓和社会心理危机，得到了当地党委政府和各族群众的高度赞誉和充分肯定。②

2018 年 7 月，包头市大部分地区出现强降雨气象过程，暴雨导致部分旗县区发生严重的洪涝灾害。灾情发生后，包头市各级民政干部全部赶赴一线，深入受灾基层，挨家挨户冒雨转移受灾群众，确保群众生命安全。工作人员购买大量面包、方便面、矿泉水等，主动为灾民上门服务，并送去帐篷 222 顶，棉被 540 条，折叠床 170 张，雨鞋、雨衣、铁锹各 300 套（把），确保灾害发生后的第一时间救灾物资落实到位。③ 此类流动救助服务站

① 车玉明、朱立毅、何宗渝：《大爱满人间——海内外救助青海玉树地震灾区纪实》，http://www.gov.cn/jrzg/2010-04/21/content_1588552.htm。

② 陶炜：《内蒙古："暖冬行动"带来平安和温暖》，《人民公安报》2011 年 2 月 22 日。

③ 《我市启动自然灾害救助四级响应》，《包头日报》2018 年 7 月 24 日。

虽然具有临时性特点，但能及时地解决受灾地区所面临的问题，帮助灾区群众平稳地度过灾难期。

四、流动扶贫服务

流动扶贫是指政府让资金、畜群、信息等资源，在贫困户之间不断流动，利用有限的资源持续为贫困农户增收，帮助他们摆脱贫困的一种扶贫方式。例如，内蒙古鄂尔多斯市鄂托克前旗通过国家补贴、集体帮助、群众互助的方式实行"流动扶贫"，即由村委组织或村民自发集资，或将村集体土地承包出去获取盈利作为扶贫基金，或筹集资金和生产资料作为扶贫基金，在春耕备耕前分发给村民大会选出的贫困户，待该户脱贫后，收回扶贫基金再"流动"到下一个贫困户。这种"流动扶贫"的方式不仅能够帮助贫困户解决基本的生存问题，还是一种先扶助、后发展的方式，能够取得很好的扶贫效果。

再如，内蒙古东乌珠穆沁旗乌里雅斯太镇哈拉盖图嘎查就实行过"流动畜群"的扶贫方法，这也是"流动扶贫"的一种形式，即政府和贫困户签订养殖发展协议书，把基础母畜分给他们饲养，产出的羊绒羊毛和子畜归贫困户所有，但是基础母畜到了养殖年限要全数收回，再分配给其他的贫困户饲养。[①] 贫困户在得到帮助的同时又受到了一定的约束，从主客观两方面都调动了他们的生产积极性。而且，畜群在贫困户之间不断流动，让有限的

① 《"流动畜群"帮贫困牧民脱贫》，http://www.nmgshfp.com/index.php?cid=59&id=1094&v=show。

资源持续为贫困户增收，是一种投资少、周期短、增值快、效益高、生命力强的可取之策，[1]这一创新性做法得到了民政部和内蒙古自治区党委、政府的高度肯定，并在全区乃至全国范围内进行宣传和推广。随后锡林郭勒盟、乌兰浩特市、扎鲁特旗等地区也采用这一方法带领农村贫困户实现脱贫致富。"流动畜群"也被广大基层民政干部誉为"羊背上的活银行"。

云南省普洱市的流动招聘就业帮扶也是"流动扶贫"的一种形式。普洱市墨江县公共就业人才服务中心为了落实就业扶贫政策，在龙坝镇枒木村创新开展村级流动招聘会，他们将"招聘车"开到贫困村中，将岗位信息和求职登记表送到每个贫困户的手里，让贫困劳动力在家门口就能找到工作，最终达到让农民群众通过自己的力量实现脱贫致富的目的。[2]新疆维吾尔自治区伽师总场本着扶贫必先"扶智""扶志"的原则，开展"巾帼扶贫行动"，对农村妇女进行技能培训，采取多种举措促进妇女创业就业，这也是"流动扶贫"的一种表现形式。

另外一种流动扶贫的形式是开设流动银行，助力金融扶贫。各大银行为了助力偏远地区脱贫攻坚，采用流动金融服务车下乡的方式，为贫困地区普及金融扶贫知识、政策并提供一系列金融产品和服务，以此来加快脱贫速度。例如，在内蒙古，中国工商

---

[1]　张隽锁：《救灾扶贫社会福利流动畜群的现状及发展》，《社会工作研究》1995年第 2 期。

[2]　《就业扶贫"拔穷根"精准施策助脱贫》，墨江发布，http://www.mojiang.gov.cn/info/1015/27383.htm。

银行和中国农业银行内蒙古分行借助乌兰牧骑来助力金融扶贫。工行内蒙古分行启动乌兰牧骑助力金融扶贫，根据统一安排，开展工银"乌兰牧骑"金融扶贫活动。活动分为三个阶段进行，一是启动阶段。按照国贫、区贫旗县分布情况，结合地区的机构设置，确定首批5家工银"乌兰牧骑"试点支行，以点带面，循序推进。二是试点阶段。结合当地扶贫工作安排，深入了解贫困地区金融需求，合理确定工作目标，细化工作方案，常态化开展金融扶贫活动。三是推广阶段。实现对辖区贫困地区的全覆盖，逐步加大周边贫困地区辐射半径，触及周边每一个乡、镇、苏木、嘎查，不断巩固金融扶贫成果，将工银"乌兰牧骑"建设成机制完善、效果显著、常态持续的金融扶贫工作模式，助力打赢打好农牧区金融扶贫攻坚战。[①]

2019年，农行内蒙古分行也组建了308支乌兰牧骑式草原金融服务轻骑兵，开展"千乡千队万村百亿"金融支持脱贫攻坚专项行动。金融服务轻骑兵是农行与农村牧区基层党组织共同组建的队伍，每一支队就是一个流动银行，带着金融设备上门服务，流动作业，现场登录客户信息、办卡放贷，将金融产品送到千家万户，使广大农牧民足不出村即可享受农行信贷服务。[②]

相比之下，近年来，农行西藏分行采用的金融扶贫模式更为

---

① 《工行内蒙古分行启动工银"乌兰牧骑"活动助力金融扶贫》，内蒙古财经网，http://www.nmgcaijing.com/yinxing/r-3948.html。

② 王海超：《草原上奔驰着一支支乌兰牧骑式金融服务轻骑兵——农行内蒙古分行支持脱贫攻坚流动服务党员先锋队侧记》，《内蒙古日报》2020年1月16日。

全方位、系统化，它将所有可用的资源相互衔接以助力脱贫，采用五位一体的金融扶贫服务模式，全力打造"物理网点＋自助设备＋互联网金融服务平台＋'三农'金融服务点＋流动金融服务"，把服务触角延伸至每个村，使农牧民足不出户便可享受现代金融服务。同时，为做好偏远艰苦地区金融扶贫工作，农行西藏分行还建立"3+2"流动服务机制，在基层乡镇营业机构开展"三天坐班、两天走村入户"流动金融服务，利用"马背银行"、"摩托车银行"、"帐篷银行"和"流动服务车银行"将金融服务输送到基层乡村末梢。① 金融助力脱贫攻坚，为农民提供一系列金融产品，帮助农民在摆脱贫困过程中，因为资金不足问题所导致的不能扩大发展的困境。在资金上帮助农民，鼓励农民尝试自主创业，缓解就业压力，推动产业振兴，加快脱贫攻坚步伐。

　　流动型法律援助也是一种助推精准扶贫的流动扶贫服务形式。即为帮助贫困地区精准扶贫的顺利推进，司法工作人员走进农村，为贫困村的村民提供必要的法律咨询、法律援助等，并宣传相关法律援助政策，助力脱贫攻坚。例如，2019 年青海省司法厅、省扶贫局联合出台《关于开展法律援助助推精准扶贫工作意见》，要求在全省范围开展法律援助助推精准扶贫工作，并制定了多项便民服务措施。其中包括：设立扶贫村公共法律服务室，开设法律援助服务窗口；协调律师事务所与扶贫村签订法治扶贫协议，落实"一村一法律顾问"制度，定期到村开展法律服

---

① 朱隽：《农行西藏分行——流动银行进村　金融扶贫精准》，《人民日报》2019 年 12 月 25 日。

务工作，引导困难群众寻求法律帮助等。[①] 贵州省务川自治县司法局组建法律服务工作队，深入镇、村、组开展法律服务工作。工作队为人民群众提供精准法律服务，努力化解各类矛盾纠纷。突出抓住重要群体进行普法，深入开展法治扶贫工作，有效地遏制了扰乱脱贫攻坚工作的现象，为脱贫攻坚提供了法律保障，群众满意度也得到了有效提升。[②] 法律援助农村精准扶贫，可以缓解在扶贫过程中出现的矛盾激化问题，为群众在脱贫中出现的纠纷提供必要的法律援助，促进脱贫攻坚进程的稳定推行。

第二节　流动型社会保险服务

随着我国市场经济的发展以及城镇化、工业化、农业现代化水平的不断提高，边疆民族地区农村的家庭保障和土地保障功能逐渐弱化，社会保险已然成为农村居民一项重要的保障制度。但是，对于边疆民族地区农村来说，农民享受社会保险待遇面临着两个难题：一是边疆民族地区农村经济结构单一且收益率较低，人均纯收入水平低，一般家庭的支出用于维持日常生活后所剩无几，参加社会保险的能力十分有限，即使有参加保险的想法，受现实条件限制难以参保，即使投保也会选取最低档次进行缴费，

---

① 《法律援助助推精准扶贫出实招　我省出台法律援助助推精准扶贫工作相关意见》，《青海日报》2019 年 1 月 15 日。

② 贵州省司法厅：《务川自治县司法局"四举措"开展法治宣传助力脱贫攻坚》，http://sft.guizhou.gov.cn/xwzx_97/sxdt/201905/t20190521_2572546.html。

社会保险的保障能力极低。二是边疆民族地区农村人口稀少、居住分散，公共服务半径较大，加之交通不便和道路崎岖带来的安全隐患等问题，农牧民参加社会保险和享受社会保险待遇受到了极大限制，他们带着户口簿、身份证等材料到乡镇办理社会保险缴费以及领取待遇是一件比较艰难的事情。因此，针对边疆民族地区的特殊情况以及农牧民对社会保险服务的特殊需求，创新性地提出流动型社会保险服务，是贯彻落实以人民为中心的重大举措，流动型社会保障服务切切实实地把服务送到了农民身边。

调研表明，有些边疆民族地区已经实行了流动型社会保险服务，以方便农牧民参加社会保险和享受社会保险待遇。例如，西藏自治区响应人社部 2014 年《关于实施"全民参保登记计划"的通知》的号召，让养老保险在参保环节流动起来，扎实推进山区和边境地区的全民参保登记工作。2017 年 4 月，驻村工作队在珠穆朗玛峰脚下的拉木堆村开展全民参保登记工作，讲解全民参保计划的内容和意义，组织村民现场填写参保登记表并签字确认，顺利完成拉木堆村全民参保登记工作的同时，也减少了村民的奔波之苦和安全隐患。[1]2018 年，西藏自治区山南市社保工作人员按照城乡居民养老保险"四不出村"的要求，将服务之手延伸至隆子县玉麦乡玉麦村的参保人员身边，入户提供参保登记、

---

[1]　宋改霞、许震宇:《西藏职院驻拉木堆村工作队开展全民参保登记工作》，https://mp.weixin.qq.com/s?__biz=MzIwMjcwNTYxNA % 3D % 3D&idx=2&mid=2247484004&sn=ebf644884218f9a20191cc4aba132bec。

征缴查询、待遇领取和稽核认证服务，并补充登记边境农民的社会保险信息，实现人人参保、应保尽保的全民参保目标。[①] 贵州省望谟县让养老保险在政策宣传上流动了起来，望谟县社保工作人员入户与村民面对面宣传养老保险政策，采用村民常用的语言回答他们不清楚的问题，在岜便村岜便组和营盘村营盘组进行政策宣讲，收到农户自愿交来养老保险费 2.6 万元，极大地推动了当地城乡居民社会保险工作。[②]

为有效推进城乡居民社会养老保险制度，宁夏石嘴山市平罗县城关镇新利社区全面启用了手机 APP 养老保险待遇领取资格线上认证，这原本是一项便民举措，但很多老人却为此犯愁，他们有的不会用智能手机，有的没有智能手机，给养老保险待遇资格认证带来了困扰。为方便老人顺利办理认证，社区工作人员通过前期宣传，提前预约，上门为老人办理了认证。通过上门认证，既进一步掌握了辖区居民的真实现状，又帮助行动不便的老人解决了认证难题，将为民服务贯穿于日常工作中，切实打通了服务群众的"最后一公里"，真正做到让群众少跑腿、不跑腿。让群众见到实效，得到实惠，受到辖区老人一致好评。[③]

云南省人社厅着眼提升服务保障民生质效，坚持"破常规、

---

① 新华社：《西藏：扎实推进边境地区全民参保登记工作》，http://www.gov.cn/xin-wen/2018-05/25/content_5293663.htm#1。

② 王成旭：《望谟县边饶镇进村入户开展养老保险政策宣传效果良好》，http://www.xyzc.cn/article-29064-1.html。

③ 《养老认证上门服务暖人心》，宁夏新闻网，https://www.nxnews.net/zt/2018/dcpl/plzw/202103/t20210302_7052574.html。

转作风，让企业少跑路、让群众少跑腿"，主动走出机关，走进企业，上门服务，受到了企业和群众的高度赞扬。在服务企业方面，打出"社保经办"进企业、"政策法规"进企业等一系列"暖心招"。开展"减税降费"宣传月活动，"一对一"为企业提供就业创业、社会保险、人事人才、劳动关系等方面的人社政策咨询服务。社保经办部门主动上门送服务，解决企业办理社保业务"来回跑"的问题，6 月以来，先后进入云锡公司、云南冶金集团等 4 家大型企业现场审理档案 1800 余份。同时，在全省人社系统开展人社政策宣传进社区、进乡村、进企业、进学校、进家庭"五进"活动，提升服务能力、转变服务作风、提高服务质量，着力疏通便民"堵点"。①

第三节　流动型社会福利服务

我国农村现有的社会福利服务主要有两种，一种是福利机构服务，另一种是农村社区服务。但这两种福利服务基本都是固定型的，即农牧民若想获取服务，必须主动到这些福利机构去索取，这对于那些地处偏远的边疆民族地区农牧民来说是非常不方便的。为建设服务型政府，推动城乡公共服务均等化，必须转变政府的福利服务提供方式，变固定福利服务为流动福利服务，提升边疆民族地区居民对社会福利的享有度。作为社会福利的重要

---

① 《云南省人社厅"破常规、转作风"走进企业上门服务》，云南网，http://society.yunnan.cn/system/2019/10/11/030396246.shtml。

内容，流动扶贫超市和流动福利机构的存在，就极大地改善了特殊地区和特殊困难群体的福利享有状况。

一、流动扶贫超市

流动扶贫超市是指政府工作人员携带筹集到的民政物资，主动走到农村，以免费或者低价售卖的形式，为有需要的贫困者发放生活物品，满足他们的生活所需。农村的低保户、五保户等困难群体，可凭政府发放的"领物券""代金券"到流动扶贫点免费领取或补差价领取。流动扶贫超市以政府供给为依托，或充分整合社会帮扶资源，有效解决了困难村民的生活难题。当然这种流动扶贫超市也不局限于农村，城市社区也有积极的作为空间。流动扶贫超市在实现社会福利服务经常化，健全社会福利服务机制方面具有重要意义，其在发挥政府引领的同时，也有效地弘扬了社会成员互帮互助的价值理念。

实践中的流动扶贫超市彰显着积极的社会福利效应，例如，内蒙古自治区赤峰市林西县林西镇依靠社会捐助成立扶贫爱心超市，实行"用积分兑换商品"的管理模式和"以奖代补、多劳多得"的奖励机制，扶贫爱心超市每月向贫困户发放一张"爱心积分卡"，引导他们通过自己的努力去挣取可以兑换相应物品的积分。林西镇扶贫爱心超市设立于河沿村，为方便其他村受助村民兑换积分，驻村工作队把提前根据受助村民需求登记和拣选过的流动扶贫爱心超市，以货车的形式"开进"其他村镇，方便其他村镇受助村民前来用积分兑换挑选物品，通过流动的方式让更多贫困村民切实得到帮助。①

在牧区，新疆塔城地区裕民县慈善协会启动"流动慈善超市进牧区计划"，为当地牧民送去了 2000 余件衣物，让出行困难、交通不便的牧民能在家门口自行挑选需要的衣物。② 广西壮族自治区百色市凌云县泗城镇在大吴村、胡陈村等有扶贫任务的 13 个村居建立了扶贫爱心超市，有效整合社会资源，采取"以社会、政府捐赠为渠道，以超市运作为载体，以助力扶贫为牵引"的帮扶模式，让工作人员将商品配送到老弱病残的贫困户家中，"固定超市"和"流动超市"并行，开展扶贫捐赠和发放活动。③ 为确保脱贫项目实施精准，资金投入切实发挥效益，新疆莎车县阿扎特巴格镇党委和政府为每户贫困户量身定制脱贫致富套餐，确保脱得了贫、能致富。例如，镇政府为贫困户购买了 82 辆流动超市车，让一辆辆满载着小商品的三轮电动车穿梭在乡村的大街小巷、田间地头，直接把村民所需的日常用品以及各种小吃送到家门口，不仅受到了村民们的好评，还让一部分贫困户实现了就业增收，过上了好日子。④

流动扶贫超市帮助贫困村民切实地解决了生活困难，受到困

---

① 于丽丽：《林西县林西镇"爱心超市"成为乡风文明新引擎》，http://www.nmwom-en.org.cn/index.php?a=show&c=index&catid=19&id=22056&m=content。

② 闫喜文：《裕民县"慈善流动超市"情暖牧民》，http://www.cuncunle.com/village-101-775519-article-1221464441317466-1.html。

③ 尹红：《泗城镇大吴村爱心扶贫超市》，http://www.sixian.cc/read-htm-tid-149600.html。

④ 《"流动超市"激发贫困群众脱贫动力》，网易新闻，https://www.163.com/dy/article/FC1K52H50514R9L4.html。

难群众的广泛认可，其也开辟了奉献爱心的渠道，动员社会各界热心人士为贫困群众捐款捐物。

二、流动福利机构

流动福利机构是指具有专业水平的社会福利机构主动延伸服务到基层，为农村和城市社区的留守儿童、留守老人、残疾人、妇女等困难群体提供福利服务。流动福利机构的福利服务具有流动性、公益性、补缺性等特点，在为基层群众提供灵活多样福利服务的同时，也大大促进了我国社会福利机构的成长和社会福利服务事业的发展。例如，2015 年，宁夏回族自治区政府出资购买专业社工服务，选拔 30 位具备专业资质的一线社会工作人员组成"流动社会福利机构"，到彭阳、西吉等 10 个贫困地区的 24 个福利机构和社区，为当地农村贫病老弱者、身心残障者和其他不幸者提供各种服务。这种通过专业流动社会福利机构来预防和解决贫困地区各种社会福利问题的方式，有助于人与社会的和谐发展。[1]

作为社会福利工作的重要内容，残疾人社会福利事业一直都是被高度重视和大力实施的。残疾人作为社会弱势群体的一部分，生产生活受到很大程度的限制，尤其是边远地区的残疾人，因自身和环境条件的限制，很难享受到残疾人应该享有的福利待遇。为解决此困境，让残疾人也能得到正常的生活服务和优质的

---

[1]　徐丽萍：《宁夏启动首批"三区"社会工作专业人才支持计划》，http://news. ifeng.com/gundong/detail_2013_05/30/25879865_0.shtml。

康复服务，在了解了残疾人的实际需求后，相关组织和机构便使用流动服务车，为残疾人群体提供必要的福利服务。例如，青海省残联与海东市科技局联合在乐都区峰堆乡上二村开展了"走村入户进万家助残服务零距离"活动，活动以流动服务车的形式，为残疾人现场适配各类辅助器具，实现了对残疾人的上门、"零距离"精准服务。同时，海东市残联积极开展残疾人慰问活动，对 8 户建档立卡贫困户进行慰问，与建档立卡贫困户残疾人面对面、心贴心地交流，详细了解他们的身体、生活状况，询问生产、生活中存在的困难等情况。此外，海东市残联、海东市科技局还为残疾人发放了宣传品，提高群众对残疾人政策的认知度，解决了残疾人家庭的切实需求，得到了残疾人的好评。①

残疾人就业也是政府一直关注的民生问题，残疾人通过技能培训实现就业，不仅能提高残疾人的生活水平，也可以为经济社会发展作出贡献，并减轻国家的负担，而以流动的方式提供残疾人服务，可以有效促成残疾人顺利就业。例如，宁夏回族自治区中卫市把残疾人就业作为促进重点群体多渠道就业创业的重要工作，坚持"帮扶为导向，就业为核心"的思路，让残疾人在就业道路上不掉队。采取的主要措施有，在全市范围内开展"春风行动""就业援助月""四送下乡"等现场招聘活动，以流动服务和主动上门服务的方式，为残疾人群体搭建求职平台。工作人员主动走进基层社区，将处于法定劳动年龄内、有劳动能力和就业愿

① 《海东市残联、海东市科技局联合开展"走村入户进万家助残服务零距离活动"》，海东残联，http://www.qhhdcl.com/cate4_detail4181.html。

望的登记失业残疾人作为就业援助重点对象，将公益性岗位作为解决残疾人就业的重要渠道，把不低于10%的公益性岗位指标优先安排给就业困难的残疾人。2019年，全市建档立卡贫困劳动力公益性岗位安置94名残疾人。[1]

随着中国经济社会的快速发展，女性在社会生活中扮演的角色越来越重要，作为弱势群体的一部分，妇女权益保护成为一项重要的社会公共事务。以流动方式为广大女性提供多种服务，是党和政府关爱女性，维护妇女权益的一项重要举措。例如，"母亲健康快车"就是为积极贯彻党和政府关于加大西部扶贫力度精神，配合《中国妇女发展纲要（2001—2010年)》的实施，进一步改善贫困地区缺医少药现状、维护妇女健康权益，而由全国妇联、国务院妇儿工委办共同主办，中国妇女发展基金会承办的大型公益项目。"母亲健康快车"活动的推广普及，尤其为偏远地区妇女送去了便捷的健康服务，体现了流动社会福利服务的宝贵价值。2019年2月13日，中国建设银行向中国妇女发展基金会捐赠"母亲健康快车"53辆，分别开往陕西、甘肃、宁夏等10省区的贫困县乡，为当地妇女的健康检查、疾病救治、孕产妇卫生保健提供上门服务。不仅如此，建行将积极践行"三带一融合"公益发展理念，带动更多的爱心人士参与到公益这项崇高而伟大的事业中来，参与到"母亲健康快车"公益项目中来，使快车覆盖面更广，受益人群更多，让更多群众享受到专业、便利的医疗

---

[1] 《中卫市多措施助力残疾人就业创业》，宁夏回族自治区人民政府网，http://www.nx.gov.cn/ztsj/zt/msss/msxw/201911/t20191106_1839790.html。

救助服务。[①]

为推动妇女儿童公益事业发展，宁夏启动实施 2019 年母亲系列公益项目，改善贫困妇女生产生活条件。当今社会，女性在工作和生活中承担着极为重要的作用，为了满足新时代妇女儿童的健康需求，宁夏妇女儿童发展基金会先后开展了"两癌"筛查、关爱、"母亲创业循环金"、农村妇女"双培"、"加油木兰"等项目，全方位提升贫困女性生活质量，其中"两癌"筛查、关爱项目使得 200 万人次的农村妇女接受了乳腺癌、宫颈癌免费筛查，有效缓解宁夏"两癌"患病妇女因病致贫、因病返贫的问题。[②]"母亲健康快车"这种流动型社会服务的实施，维护了偏远地区妇女儿童的正当利益，体现了政府对弱势群体的关心，是一种积极的公共服务创新形式。

第四节　流动型社会优抚服务

社会优抚是指国家和社会对有特殊贡献的人及其家属提供的物质或精神方面的特殊待遇，以保障其生活不低于当地一般生活水平，或在某些方面享有特殊的优待。社会优抚主要是针对军人及其家属所建立的社会保障制度，待遇主要包括优待、抚恤、养

---

① 《53 辆"母亲健康快车"携爱启程》，光明网，https://news.gmw.cn/2019-12/13/content_33401105.htm?s=gmwreco2。

② 《宁夏实施母亲系列公益项目提升贫困女性生活质量》，中国新闻网，http://www.chinanews.com/sh/2019/12-05/9025900.shtml。

老、就业安置等。边疆民族地区的特殊环境，使得军人及其家属在享受优抚服务时遇到种种困难，以流动的方式提供社会优抚服务，能很好地保障军人及其家属的服务待遇。

为给军人军属、退役军人优抚对象提供更好的医疗服务，内蒙古开展了流动医疗服务。2019年7月16日，巴彦淖尔市医院与巴彦淖尔市退役军人事务局签署拥军优抚协议，探索新时期社会化拥军优抚工作的新模式、新路子。签署协议后，巴彦淖尔市医院利用康复医学中心、健康管理中心的优质资源，办好优抚医院，设立专门窗口，开通绿色通道，为全市军人军属、退役军人优抚对象提供伤残鉴定、康复治疗、健康体检、医疗巡诊、健康指导等一系列医疗保障，让退役军人和其他优抚对象享受到优先、优质、优惠的医疗服务。与此同时，市医院充分发扬乌兰牧骑精神，利用"流动医院"组织专家开展常态化的巡诊服务，深入乌拉特后旗、乌拉特中旗等边境线，为驻守在边境线上的军人及家属提供健康诊查、健康管理等优质医疗服务，以保障他们的健康安全。[1] 对有特殊贡献的军人开展流动优抚服务，不仅让退役军人得到社会的关注与尊重，也维护了军人的合法利益，推进军民融合深度发展，有利于吸引优秀人才投身国防军队建设，对实现强军梦、强国梦具有重大意义。

自退役军人事务部门成立以来，云南省祥云县扎实开展"大走访、大排查、送温暖"活动，为全县优抚对象送上温暖，让尊

---

[1] 《巴彦淖尔市医院与市退役军人事务局签署拥军优抚协议》，搜狐网，http://www.sohu.com/a/328615875_201317。

崇之光照耀从军之旅，让关爱之情温暖退役之路。活动采取分层走访形式，县级部门着重走访慰问五类重点优抚对象；辖区内其他退役军人和优抚对象由乡镇、村（社区）采取定期与不定期相结合的方式进行走访，确保大走访工作高效率、全覆盖进行。活动认真摸排服务对象中的先进典型、存在的特殊困难，家庭基本情况、愿望诉求、思想行为动态、对退役军人工作的意见建议等。活动还赠送了慰问品，让他们从精神和物质上感受到政府的关心和关怀，激发其荣誉感、自豪感。走访活动捕捉了第一线信息，掌握了第一手资料，准确了解了走访对象所思、所忧、所盼。然后将走访对象按"一人一档"标准规范建档，研究分析遭遇重大变故或遇到重大困难的走访对象的解困帮扶措施；加大先进典型的发掘宣传力度；通过走访对象的意见建议，及时改进退役军人服务保障工作。①

第五节　流动型文化服务

为地域辽阔、人口分散的边疆民族地区提供文化服务有着特殊困难的地方，当地农牧民能够享受到的文化服务与其多样化的精神文化需求也有着较大的差距。因此，为边疆民族地区居民上门提供流动文化服务，不仅符合边疆民族地区的实际情况，也有利于扩大文化服务的覆盖面，扩大文化传播范围，合理分配文化

---

① 《让关爱持续升温云南祥云县扎实开展"大走访、大排查、送温暖"活动》，网易新闻，https://www.163.com/dy/article/G58FQPGU0514R9NO.html。

成果。我国边疆民族地区在 20 世纪 50 年代就出现了乌兰牧骑这样的流动文化服务组织，随着时代的发展和社会的进步，又不断涌现出诸如流动文化车、流动电影院、流动图书馆、流动科技馆等形式多样的流动型文化服务。

例如，内蒙古鄂尔多斯市乌审旗嘎鲁图镇以建设新时代文明实践站为抓手，广泛开展形式多样的"送思想、送服务、送文明、送欢乐、送和谐"新时代文明实践志愿服务活动，大力培育文明乡风，为乡村振兴注入强劲动力，让新时代文明实践浸润百姓生活。新时代文明实践"流动宣传队"、乡贤人士、道德模范志愿服务队通过基层讲堂、流动讲习、有奖参学等形式多样、内涵丰富的志愿服务活动向群众传递时代新风，用最朴实的语言，宣传党的方针政策，解读社保参保、生存认证、医疗救助、残疾人关爱、禁牧及乡风文明建设等政策，为大家带去具有传播力、感染力的"理论大餐"，让文明实践"飞入寻常百姓家"。①

一、乌兰牧骑

1957 年，首支乌兰牧骑成立于内蒙古自治区锡林郭勒盟苏尼特右旗。《乌兰牧骑工作条例》中强调乌兰牧骑是政府设立为牧区广大群众进行文化巡回服务与辅导活动的综合性基层文化事业机构。乌兰牧骑以演出、宣传、辅导、服务作为基本职能，坚持深入农牧区基层提供流动文化服务，保障牧区少数民族文化权

---

① 《鄂尔多斯市嘎鲁图镇：让新时代文明实践浸润百姓生活》，《鄂尔多斯日报》2020 年 1 月 16 日。

利，受到农牧民群众的热烈欢迎，也得到中央的高度肯定和重视。2017 年 11 月，习近平总书记回信勉励乌兰牧骑队员，要永远做草原上的"红色文艺轻骑兵"。

截至 2020 年，内蒙古的乌兰牧骑已从最初的 9 个人、两辆勒勒车、四件乐器，发展成为 75 支 3000 多名队员的综合性文艺服务队伍。[①] 乌兰牧骑发展至今仍具有强大的生命力，主要归结于其独特的组织运行方式和与时俱进的发展理念。

首先，文艺创作走进基层、贴近群众现实生活。乌兰牧骑注重根据牧区具体情况和乌兰牧骑本身特点进行文艺创作，在表现内容和表现形式上都符合农牧民群体等基层百姓的需要。他们从人民群众现实生活中汲取素材，从文化传统中汲取营养，自编自导自演通俗化、大众化的特色文艺作品，为农牧民群众送去艺术和欢乐。在排演节目上也坚持小型多样的原则，采用小歌剧、小话剧、小演唱、舞蹈、器乐演奏、好来宝、笑嗑亚热等短小活泼的文艺形式，便于流动、及时编写和演出，也易于推广。

其次，勇于创新、无私奉献。内蒙古自治区赤峰市翁牛特旗在实行家庭联产承包责任制后，当地乌兰牧骑队员根据农牧区的新情况，在演出之余分散到各家各户"上门干活"，采取集中演出、分散服务的活动方式，帮助农牧民解决日常生活中的难题。而且，乌兰牧骑为几百人能演，也能为一个人翻山越岭去演。除文艺演出外，乌兰牧骑还帮助培训当地文艺骨干、讲解科学知识

---

① 《内蒙古乌兰牧骑：扎根生活沃土一切为了人民》，央视网，http://tv.people.com.cn/n1/2020/0621/c141029-31754354.html。

和致富经验、宣传党中央及内蒙古党委政府出台的各种利民政策以及当时当地的先进人物、先进事迹，向百姓传递党的关怀，在农牧区有着扎实的群众基础。

最后，紧扣时代脉搏，适应当代特征。随着时代的发展，乌兰牧骑更好地肩负起历史使命，不断提高队员的表演和创作水平，采用互联网、新媒体等科技手段，传播更具现代化和艺术品质的内容，传播对象也从农牧民群体扩展到了城乡结合部的居民。正是这种勇于贴近现实、贴近生活、贴近群众的做法使得乌兰牧骑不断发展，成为推动边疆民族地区农村文化服务可持续发展的有益形式。

2018 年，内蒙古自治区党委宣传部、政法委等 11 个厅局联合主办"草原综合服务轻骑兵"基层新型活动，决定在 2019 年年初组建 200 多个"草原综合服务轻骑兵"小分队，以"乌兰牧骑+"的方式，为偏远农牧区提供文艺演出、文化辅导、卫生医疗、种植养殖、科技法律、民族事务、电子商务、扶贫开发、政策宣讲、咨询解答等服务项目。①"草原综合服务轻骑兵"这种送服务上门的流动型文化服务方式，可以满足偏远基层民众的文化服务需求，丰富其精神文化生活，也有利于提高社会保障服务效率，促进社会公平公正。为传承和弘扬乌兰牧骑精神，发挥乌兰牧骑红色文艺轻骑兵作用，促进乌兰牧骑事业全面持续健康发展，内蒙古自治区政府于 2019 年颁布了《内蒙古自治区乌兰牧

---

① 新华社：《内蒙古组建"草原综合服务轻骑兵"服务偏远农牧区》，http://www.gov.cn/xinwen/2018-11/14/content_5340246.htm。

骑条例》，从性质定位、职能发挥、组织保障多方面对乌兰牧骑工作进行了规范和推动。①

二、流动文化车

流动文化车是指以机动车为载体，带着知识、图片、展品、技术、资料、小型文艺演出队、文体娱乐设施等到边疆民族地区农村巡回开展丰富多彩的文化活动，为农牧民送去知识和娱乐的一种公共文化服务形式。

例如，内蒙古自治区鄂尔多斯市的农牧民住户一般距离乡（苏木）文化站有上百里路程，距离村（嘎查）文化室也有几十里路程，这些固定文化服务站有限的服务范围和辐射能力，让农牧民缺少享受公共文化服务的机会与途径。1978 年，鄂尔多斯市政府选择伊金霍洛旗伊金霍洛苏木作为试点，试行流动文化车服务，80 年代，鄂尔多斯市推广流动文化车并决定为每个乡（苏木）的文化站配备一辆，以定点、定时、定线、过文化日的方式去偏远地区提供流动文化服务。② 流动文化车有着丰富农牧民精神生活、传播科学文化知识的积极作用，具备向全国推广的可行性。1987 年，文化部在鄂尔多斯市召开流动文化车现场会，向全国推荐鄂尔多斯市开展流动文化车活动的先进经验。③

① 《内蒙古自治区乌兰牧骑条例》，《内蒙古日报》2019 年 10 月 15 日。
② 中华人民共和国文化部：《鄂尔多斯市精心构建五级文化网络，大力开展流动文化服务》，http://www.xmlib.net/ztxx/ggwhfw/cjdt/qtdq/201512/t20151231_110158.htm。
③ 张发：《流动文化服务及其制度设计研究》，《中国文化报》2012 年 4 月 17 日。

2015 年，云南省文化厅安排 6 支省级"文化大篷车·千乡万里行"演出队伍，乘坐流动文化车走遍云南所有乡镇，及时根据观众的观赏习惯创作了大量饱含思想和艺术的演出节目，让广大农民在田间地头就能免费欣赏到以前只能在大城市剧场才能看到的京剧、话剧、小品、杂技、声乐、舞蹈等文艺表演。[①] 流动文化车也随着时代的发展不断更新设备和技术，2018 年 4 月，国家文化部、财政部给云南省 43 个国家级贫困县文化馆各配发一辆配备投影仪、卫星电视、影音系统等设备的流动文化车，可以提供特别的文化信息数字资源服务，还可以培训贫困地区的基层文化单位提供流动文化服务，有效缓解了农民文化活动单调、文化设施简陋和文化信息不畅的状况。[②] 宁夏回族自治区的文化"大篷车"是宁夏话剧团下乡表演的载体，从 1984 年至 2019 年，宁夏话剧团文化"大篷车"行驶百万公里，流动演出超过 8000 场，600 多万群众看过戏，以老百姓看得懂、听得懂的方式，把精神食粮送到千家万户。[③]

在提供流动型文化服务时，要充分结合地方特色，集聚这些有特点的文化产业，形成独特的文化事业。文化事业的蓬勃发展不仅有利于提高当地居民的文化素养，还有利于吸引外商投资，

[①] 云南省文化厅：《2015 年"文化大篷车·千乡万里行"惠民演出会召开》，http://www.whyn.gov.cn/list/view/1/3354。

[②] 刘亚旭：《点赞！流动文化车来了》，http://www.dehong.gov.cn/news/dh/content-16-40725-1.html。

[③] 王志洪：《文化"大篷车"永远在路上（中国道路中国梦）》，http://xj.people.com.cn/n2/2019/1031/c186332-33492418.html。

缓解财政压力。以贵州省丹寨县为例，自"云上丹寨，百姓舞台"举办以来，受到广大市民的大力支持和关注，成为了丹寨县文化事业的一个品牌。"云上丹寨，百姓舞台"从不同角度满足了广大市民的精神文化需求，并且有效地带动了丹寨县文化事业的蓬勃发展和崛起。丹寨在依托文化事业品牌快速发展的基础上，为当地群众提供多样化的流动文化服务。2016 年，丹寨县科协积极与县文体广电旅游局协作，利用每周五晚上"云上丹寨，百姓舞台"平台开展"科普进万家"活动，在锦鸡广场开展丹寨县 2016 年春节民俗文化活动中启动"云上丹寨，百姓大舞台＋科普进万家"活动。① 2019 年 8 月 16 日，丹寨县石桥村迎来一年一度最为隆重的"吃新节"，其间举办了诸如斗牛大赛、斗鸡大赛、篮球大赛、山歌大赛、铜鼓舞大赛等一系列赛事，极大地丰富了当地群众的休闲娱乐生活。为庆祝新中国成立 70 周年华诞，给节日增添色彩，丹寨县文化馆、民族文工团组织演员赴石桥村开展了"我和我的祖国"主题宣传活动暨"送文艺下乡"活动和"云上丹寨，百姓舞台"文艺演出活动，精彩的文艺节目，丰富了当地村民的生活，吸引了众多村民，有助于满足当地村民的精神需求，提升村民素质。②

---

① 《丹寨县启动"云上丹寨百姓大舞台＋科普进万家"活动》，丹寨县人民政府网，http://www.qdndz.gov.cn/xwzx/bmdt/201704/t20170406_24077060.html。

② 《"云上丹寨百姓舞台"活动走进丹寨县石桥》，贵州文明网，http://gz.wenming.cn/huimingongcheng/201908/t20190820_5227234.shtml。

三、流动电影院

边疆民族地区农村相对落后的经济水平和欠发达的市场环境，使得这些地方绝大部分都没有电影院这样的公共文化基础设施，加之当地没有形成完善的交通运输网，广大农牧民很难在家门口看上一场电影，他们的文化需求无法得到有效满足，导致边疆民族地区城乡居民之间出现越来越大的"文化鸿沟"。为了丰富农村文化生活，繁荣农村电影事业，解决新时期广大农民看电影难的问题，1998 年文化部、国家广播电影电视总局提出了农村电影放映"2131"目标，即在 21 世纪初，在广大农村实现一村一月放映一场电影的目标。[①] 边疆民族地区地方政府响应国家号召，纷纷组建电影放映队，让电影流动起来走进农村，解决农民看电影难的问题。

例如，为贯彻执行国家"2131"农村电影工程，贵州省黔东南苗族侗族自治州成立了农村数字电影院线有限公司，管理和运营全州农村公益电影放映工作，同时提供业务培训、技术指导和设备维护等服务。全州共有 135 套数字流动放映设备，共有 102 个放映队，由当地党委宣传部管理。2014—2015 年院线公司利用折旧费对所有设备进行了更新，根据一村一月放映一场电影的要求，黔东南州 16 个县（市）2192 个行政村，每年放映任务 26304 场。流动电影院成为了宣传党政方针的重要阵地，架起了文化惠民连心桥，提升了农村群众的获得感，激活了农村发展新

[①] 李国东：《改革开放以来中国农村电影的变革及演进》，《华中人文论丛》2010 年第 1 期。

思路，增添了脱贫攻坚新动力。①2008 年起，内蒙古包头市组建流动电影放映队，走进农村放映电影，保持每年 8000 多场的放映频率，数字电影的放映覆盖率达到了 100%。包头市流动电影放映队的放映员们常常会把有关科学种田养殖、健康卫生、防病防灾、环保生活等内容作为电影片头来提高农牧民的科学知识水平和文化素质。另外，包头市流动电影放映队根据就近的录用原则招聘放映员，这样便于与农牧民交流和按需放映，使电影放映和文化传播更有实效。②

"流动影院"还包括许多专项放映活动，如广西钦州市灵山县为了广西壮族自治区成立 50 周年大庆期间消防安保工作的需要，共推出 20 场"消防流动电影院"活动进行社会化宣传，为消防安全构建坚固的"防火墙"。③广西北海市纪委根据发生在本市的真实案例，以"流动廉政影院"方式进村播放，让农民通过观看电影了解监督执纪问责工作，成为丰富和创新廉政文化宣传教育活动的新平台。④广西南宁市横县文明办、教育局开展"未成年人流动影院"活动，走进横县乡村学校放映爱国主义教育电影，充实了农村学生的精神生活，也进一步激发了未成年人的爱

---

① 王光黔：《保 2131 工程底线，谱文化服务项目篇章》，《中国电影报》2020 年 12 月 23 日。

② 贾慧珍、吕杰：《草原上的流动电影放映队》，http://news.cntv.cn/20111208/117293. shtml。

③ 新浪新闻中心：《"消防流动电影院"亮相广西灵山》，http://news.sina.com.cn/ c/2008-12-16/090614887592s.shtml。

④ 蔡德仁、曾云夏、北海：《"流动廉政影院"为群众播放电影 600 多场》，http:// www.gxjjw.gov.cn/staticpages/20171120/gxjjw5a1296cc-128552.shtml。

国热情。

2019年4月6日，第三届西藏芒康桃花节成功举办。此次桃花节不仅囊括了原始桃花风光、茶马古道大峡谷、文成公主庙以及千年古盐田等特色景点，也迎来了"互联网＋"思维下的新事物——移动电影院。包括《格桑梅朵》在内的一大批优秀电影通过手机APP，一秒直达海拔4317米的芒康地区，真正做到了把民族电影送到每个藏民的怀里。移动电影院是我国电影放映领域的创新尝试，通过搭载移动端的平台优势和技术优势，推出了手机观影APP。这避免了实体影院覆盖盲区的尴尬，让以往未能进入实体影院的消费者也能享受到良好的观影体验。这打破了观影的空间和时间限制，在全球电影行业里也是领先的模式。"电影＋互联网"新模式落地西藏地区的首发启动，目的是将兼具现实意义和艺术水准的优秀电影送到西藏芒康的十万群众怀里，使藏区群众从电影中收获情感共鸣和文化自信。①

四、流动图书馆

流动图书馆是指边疆民族地区政府及文化部门为解决农牧民特别是青少年看书难问题，在充分考量当地地理环境、经济水平、历史文化等实际情况后，以机动车装载图书、报刊、信息技术资料等文化要素，在区域之间、城乡之间传送流动的一种文化服务方式。在流动图书馆服务之前，边疆民族地区农村居民因距

---

① 《移动电影院为西藏文化生活带来无限想象》，北国网，http://www.ce.cn/culture/gd/201904/12/t20190412_31844021.shtml。

离固定图书馆路途遥远，再加上经济收入限制，农牧民看书和买书是一件十分不易的事情，文化活动也比较单一。实行"流动图书馆"后，农牧民可以通过流动图书车看书、借书，有助于统筹优质文化资源和消除图书馆服务的"盲区"。从长远来看，流动图书馆还有通过知识改变生产方式和促进经济发展的价值。

例如，2014 年，青海省文化新闻出版厅向文化部、财政部申请资金 475 万元，为青海省 19 个县的县级公共图书馆各配发一辆流动图书车，用于流动借阅服务活动。车上装有能放置超过400 本书的不锈钢书架和读书椅、能接受科技类信息的数字接收器以及能实时播放相关视频的外置显示屏，农牧民朋友只要通过身份登记，就能在家门口轻松地享受纸质和数字信息服务，缩短农牧民的"阅读距离"，降低阅读成本，满足阅读需求。[①]

为探索分馆制，青海省图书馆开拓图书流动服务点，与市、州、县各级多家不同单位建立通借通还关系，积极探索分馆制建设。至 2021 年，青海省图书馆共建立 135 个流动图书服务点，1辆流动图书车，1 家马背流动图书馆。值得一提的是，青海省图书馆在祁连县自然保护区油葫芦沟连续三年开展马背图书流动服务。2020 年投入资金 2 万元，为牧民群众骑马送书 40 余次，图书流动 750 余册，期刊流动 1000 余册，内容涵盖政论、党建、历史、文化、教育、科技和法制等方面的藏、汉两种版本图书，真正实现了文化惠民全方位服务社会、服务大众的"最后一公

---

① 李欣：《投入资金 475 万元青海 19 个县有了流动图书馆》，http://www.qh.gov.cn/zwgk/system/2014/06/17/010120741.shtml。

里"。①2007 年，我国开始在全国范围实施"农家书屋"工程，这一工程在内蒙古被称为"草原书屋"。工程伊始主要是在行政村或草原上固定建设，2011 年，内蒙古兴安盟科尔沁右翼前旗满族屯满族乡白音乌拉嘎查让"草原书屋"流动了起来，使其成为"流动图书馆"的一种形式。白音乌拉嘎查在 40 平方米的大棚车内建造"草原流动书屋"，有各种刊物 1093 种、各类图书 1200多册、还有 30 多套光碟，其中有 500 多种蒙文出版的图书，报刊架、阅读桌椅也一应俱全，为白音乌拉嘎查 106 户牧民送去了知识和致富的信息。草原流动书屋根据牧民的需要随时流动，牧民们闲暇之余经常去书屋学习剪羊毛、洗羊、防疫等关于科学饲养牲畜和科学种养的知识，也了解到一些农牧区的政策法规和市场信息，嘎查牧民们的精神风貌和观念意识都有了较大的转变，越来越多的牧民重科技、学技术，通过科学饲养实现科技致富，他们知政策、懂法律，让文明充斥草原，带给牧民无限安康。②

　　云南省昆明市将"农家书屋"和"流动图书馆"这两种政府惠农工程创造性地结合起来，昆明市图书馆和农家书屋分别在两个终端，为昆明各县区的农家书屋管理员在昆明市图书馆挑选图书，图书馆再在其已选书目的基础上根据不同类型的读者、不断变化的需求随时调整服务方向和增加服务内容，然后由"流动图书馆"统一配备至"农家书屋流动书箱"，使其在各县区辖区内

---

① 《我省建成 135 个流动图书服务点》，《西宁晚报》2021 年 1 月 27 日。

② 高佳、马丽侠：《草原流动书屋：牧民致富的摇钱树》，http://roll.sohu.com/20120330/n339390264.shtml。

的农家书屋里实施周期为 3 个月的流动借阅，从而让图书在各个村寨之间流动，减少因服务对象交叉而造成的图书重叠与资源浪费。[1]

2019 年 4 月，为给广大市民提供便利的图书阅览服务，呼和浩特市图书馆启动流动服务车"公交服务"模式。流动图书服务车装载各类新书 2000 余册，功能齐全，设施先进，车内装备自助借还机、自动化遮阳棚、电视及书架、坐席等，堪比一座流动的图书馆。[2]

流动服务车采用开架借阅的方式，为读者现场提供办理借书证、信息咨询等服务，读者既可在车上借还图书，也可在车上阅览，随着设施的不断完善，还将提供数字阅览、数字读报、数字资源查阅等与总馆相匹配的公共文化服务，满足读者的不同阅读需求。流动服务车设专人负责，定期更新图书种类，按公交化管理，将定时定点开进指定服务网点，有效缓解距离图书馆较远的读者"看书难"的问题，让市民畅享文化惠民工程带来的便利。

2020 年 10 月，贵州省余庆县图书馆流动图书车驶进余庆县中关小学，给当地的学生和群众送去精神文化食粮。从 2019 年开始，贵州省余庆县利用流动图书车开展图书流动服务进社区、进乡村、进学校活动，让广大群众坐在家门口就能阅读书报。[3]

---

① 朱小旅：《"流动图书"让农家书屋活起来》，http://news.163.com/14/0425/01/9QL19CUQ00014AED.html。

② 杨永刚：《呼和浩特市图书馆流动服务车开启"公交服务"模式》，《呼和浩特日报》2019 年 4 月 8 日。

③ 《流动图书车进社区贵州余庆打通全民阅读"最后一公里"》，新华网，https://baijiahao.baidu.com/s?id=1681886602848220304&wfr=spider&for=pc。

2020 年 12 月，一辆载满青少年读物的"流动图书车"开进贵州省遵义市汇川区松林镇松林中学。车子停稳后，工作人员搬下凳子、桌子和图书，刚把"书摊子"铺开，就被前来看书的孩子们围得满满实实。二楼、三楼的学生见状也纷纷跑到流动图书车旁挑选喜欢的书籍。据工作人员介绍，一辆流动图书车能装载 1200 册左右的图书，都是党员干部捐资购买的，开展这样的活动是希望通过"流动图书车"加强党群共建，让群众有更多读书机会，丰富他们的阅读世界。"流动图书车"是遵义市汇川区图书馆与遵义新知图书城联合启动的一项加强党群共建、助推"全民阅读"和促进城市文明发展的便民服务，为方便偏远山区或行动不便的孩子读书，通过"送阅读上门"的方式，缓解偏远地区群众阅读难问题。2020 年累计开展"流动图书车"活动 30 余场，服务乡镇学校、易地扶贫搬迁点和社区居民读者 1.2 万人次。①

五、流动学校

流动学校是政府邀请专家学者、教师、大学生村官和志愿者，到边疆民族地区农村进行现场授课、巡回指导、流动宣传的一种公共文化服务。流动学校将学校搬到农牧民身边，让农牧民在家门口接受农牧业科学知识、法律及家庭教育等方面的培训，能有效延伸服务触角，不断扩大服务范围，目的在于一定程度上提升农牧民法律常识、提高农牧民收入。

---

① 《贵州遵义汇川区："流动图书车"：流淌的书香飘进乡》，中国日报网，https://www.163.com/dy/article/FUI3C9220514R9KE.html。

　　例如，2019 年 7 月 25 日下午，"关爱启蒙者—流动课堂"（以下简称"流动课堂"）走进内蒙幼儿园园长及骨干教师培训班开班仪式在太仆寺旗青少年活动中心隆重举行。中国下一代教育基金会理事长王萍介绍，"流动课堂"是中国下一代教育基金会的品牌项目，于 2012 年启动，旨在通过邀请学前教育权威专家有针对性地对老少边等欠发达地区的幼儿园园长和骨干教师进行培训，进一步促进当地幼教水平和园所管理能力的提升。7 年来，该项目已在全国各地举办了 19 期幼儿园园长及骨干教师培训班，培训学前教育工作者近万人，辐射和覆盖人群逾 30 万人次，取得了良好的社会效果。2018 年，"流动课堂"荣获第十届"中华慈善奖"。本次培训班是第 20 期流动课堂幼儿园园长及骨干教师培训班，也是首次走进内蒙古地区。此次"流动课堂"将创新培训模式，在锡林郭勒盟的其他 12 个旗县市区设立分会场，采用互联网多媒体直播平台的"空中课堂"形式完成互动教学，突破内蒙古地域广阔不利于集中现场教学的限制，让分会场的学员就地通过直播平台与幼教专家实现互动，及时分享高质量的送教活动。① 为宣讲党的十九大精神，新疆乌鲁木齐市天山区盐化社区"访惠聚"工作队联合社区银龄志愿者开办"十九大流动学校"，成员们或组织居民开展集中学习，或入户送学，将十九大精神送到居民当中。②

　　为深入推进"不忘初心、牢记使命"主题教育工作，进一步

---

① 《"关爱启蒙者—流动课堂"首次走进内蒙古　培训学员近千名》，搜狐网，https://www.sohu.com/a/329476458_425343。

② 《"流动学校"开课了》，新疆网，https://news.ifeng.com/c/7faEVXme0lC。

推动全市信息技术、实验教学均衡发展，内蒙古鄂尔多斯市电化教育馆在杭锦旗举办了全市信息技术、实验教学送教下乡教研活动。市电化教育馆在活动前于全市范围内遴选了参与活动的8位骨干教师。在此次活动中，授课骨干教师在物理、化学、生物、小学科学、信息技术、动漫、创客教育、机器人教育等课程开展了示范教学活动，分学科进行了公开课展示，展现了新课标理念下的学科教学特色。课后，主讲人就课程设计、课堂教学等方面分享了各自的教学经验，市电化教育馆组织活动现场及线上参与活动的教研员、学科教师开展了教学交流和研讨。同时，市电化教育馆相关负责人作了关于《鄂尔多斯市中小学创客教育发展策略》的专题讲座，对鄂尔多斯市中小学发展创客教育的总体规划、实施路径、推进策略等内容进行了讲解。市电化教育馆实验教研室科学教研员针对中小学实验教学档案管理工作相关案例、管理规范、存在问题等内容进行了解读和剖析。送教下乡活动旨在提升全市信息技术、实验教学教师队伍的整体素养，促进全市信息技术和实验教学水平的不断提升。鄂尔多斯市杭锦旗、乌审旗、鄂托克旗、鄂托克前旗的195名相关学科教研员、教师现场参与活动，全市其他旗区的1000余名教师通过"同频互动"方式参与活动。[1] 在教育资源不足的地区开展流动学校活动，既可以丰富孩子们的生活，增加学生的知识储备，也有利于加强地方之间教育资源的流动，弥补教育资源城乡不平衡的现状。

---

[1] 《鄂尔多斯市电化教育馆举办全市信息技术、实验教学送教下乡教研活动》，中国教育装备网，http://www.ceiea.com/html/201910/201910301024197719.shtm。

六、流动科技馆

流动科技馆是指以固定科技馆为基础，在尚未建立科技馆或科技馆无法覆盖的地区，利用当地已经建成的公共设施为场地，建立临时科技展览馆，或通过科普大篷车，巡回展出观众可参与的互动性公益科普展览基础设施，达到普及科学技术和发挥科学活动展教功能的目的。①边疆民族地区流动科技馆的实践活动，有效缓解了农村由于经费紧张无法建设科技馆的困境，也在一定程度上解决了由于政府难以承受其费用支出而导致科普设施不足和科普资源匮乏的问题。

2001 年 1 月，中国科学技术协会把全国第一辆科普大篷车交给云南省昆明市石林彝族自治县用于开展科普活动，这成为流动科技馆的首次实践。中国科学技术协会于 2010 年启动"中国流动科技馆"项目开发工作，并于 2011 年在贵州、云南、青海、宁夏、新疆 5 个边疆民族省区在内的 9 个省区展开试点工作。中国流动科技馆项目以"广覆盖、系列化、可持续"为指导方针，以巡回展出的方式，将涵盖了基础科学、生命科学、人体健康等内容的基础互动产品、3D 打印技术、虚拟现实技术、智能机器人等高新科技展项送到尚未建设科技馆的县市。②这个项目特别将农村地区作为重点对象，在云南最边远的高黎贡山、怒江大峡

---

① 束为主编：《科技馆研究报告集（2006—2015）》（上册），科学普及出版社 2017 年版。

② 新浪科技：《中国流动科技馆第二轮全国巡展启动仪式》，http://tech.sina.com.cn/d/2017-09-06/doc-ifykpysa3696399.shtml。

谷、中缅边境的文山以及新疆阿勒泰市阿苇滩镇阿克阿热勒村等少数民族群众聚居的地区，我们都能看到科普大篷车的身影，这有效弥补了边疆民族地区农村基层科技教育资源的匮乏，实现流动科技馆"科普惠疆"。2013 年，中国流动科技馆项目在全国范围内展开，也逐渐走进了牧区，2015 年 9 月，内蒙古通辽市扎鲁特旗科学技术协会到北部牧区的巴雅尔图胡硕学校进行流动科技馆展教活动。[①]2017 年 9 月，青海省巡展克服万难赴海拔 3628 米的久治县进行长达 10 天的展览活动。[②]

2020 年 11 月 9 日，"中国流动科技馆"云南第三轮巡展昭通镇雄杉树站正式启动。镇雄县科协在杉树村开展走访工作的全体干部职工和杉树中学、中心小学全体师生及周边群众代表共1000 余人参加了启动仪式。启动仪式结束后，在省科技馆巡展工作队辅导老师的引导下，与会人员有序进馆参观体验，真切感受 3D 打印机、科普影视、机器人表演等互动科普展示。此次流动科技馆展出时间为期两个月，巡展活动集科学性、知识性、趣味性于一体，活动内容丰富，科普展品互动性强，展区含声光体验、电磁探秘、运动旋律、数字魅力、健康生活、安全生活、数字生活、科学表演、科普影视等 10 个主题展览内容 50 件展品。巡展旨在用科技助力脱贫攻坚，丰富基层科普展教资源，提高科

---

① 魏莉：《通辽流动科技馆走进牧区》，http://inews.nmgnews.com.cn/system/2015/09/15/011770813.shtml。

② 央秀达珍：《流动科技馆让农牧民群众体验科技魅力》，http://www.sohu.com/a/193819469_267106。

普资源利用率，有效带动边远落后地区科普活动的开展，推动促进最基层科普事业的发展，提升基层公民科学素质，为广大基层群众提供互动体验模式的"科普盛宴"，让青少年学生在体验中思考，在思考中启迪智慧，感受科学魅力，激发科学兴趣，学到课堂上学不到的知识，养成积极探索科学奥秘，勇攀科学高峰的奋发有为精神。[1]

2020 年 12 月 1 日，中国流动科技馆区域常态化巡展宁夏站正式拉开帷幕。此次宁夏巡展站点共 7 个，分别为：平罗县、同心县、中宁县、海原县、西吉县、隆德县和固原市，巡展资源共 7 套，区域巡展的每个站点展出半年，一年巡展两个站点；三年半为一个巡展周期，共巡展 49 站，预计参观人员 200 万人次，巡展主题丰富，内容广泛，对提升公民科学素质具有重要意义。[2]

中国流动科技馆项目在我国边疆民族地区农牧区的实践，有利于当地群众接触并感受科技的魅力、提升科学素质和文明素养，特别是激发当地青少年对科技的兴趣和科学实践能力，从而有助于在治贫扶智、有效阻断贫困代际转移的精准扶贫工作中起到巨大作用。

---

[1] 《云南省第三轮"中国流动科技馆"巡展亮相杉树乡》，镇雄县人民政府网，http://www.zx.gov.cn/contents/21/34931.html。

[2] 《开启科普服务新模式撬动科普事业高质量发展——中国流动科技馆区域常态化巡展宁夏站正式启动》，宁夏科技馆网，http://www.nxkjg.com/museum/show-3925.aspx。

七、流动博物馆

流动博物馆是指让博物馆文物以传统展板或流动数字媒体的方式流动到农牧民身边，旨在让观众有所见、有所闻、有所学，在家门口就能享受到博物馆的文物盛宴。

例如，新疆博物馆在 2010 年推出流动博物馆活动，主要是以传统展板的方式进行流动巡回展览。2017 年，新疆昌吉回族自治州呼图壁县开展为期 20 天的流动博物馆进乡村社区活动，围绕 5 个主题在全县各乡镇社区进行巡回展览。[1]2018 年 9 月，流动博物馆在新疆巴音郭楞蒙古自治州库尔勒市哈拉玉宫乡和新疆昌吉州奇台县举办了主题巡展活动，乡县里的党员干部群众通过参观巡展的文物展板，感受悠久历史文化、丰富精神文化生活。[2]随着社会的发展、科技的进步，流动博物馆逐渐从传统的展板升级为以数字多媒体为互动方式的"流动数字博物馆"。

2017 年，内蒙古博物院建立了全国首家流动数字博物馆，使用三维数字演示系统和数字触控系统将文物进行 360 度扫描并将数据信息录入存档，制作成一个能通过文字、图片、声音、视频等形式展现的完整的 3D 高清数字影像，再通过触摸屏技术、AR 增强现实技术等高科技手段全方位、多角度、立体式地展示

---

[1]　蒋雪娇、聂晓娇：《新疆呼图壁县开展"流动博物馆"进乡村（社区）活动》，https://item.btime.com/0309clfv6lcvom60cvhhas9puc9。

[2]　巴州报社：《"流动博物馆"主题巡展让文物"说话"》，http://www.xjbz.gov.cn/print.aspx?id=138761。

内蒙古博物院馆藏珍品及其所承载的历史文化。[①] 内蒙古博物院通过全数字化、高集成度的巡展车，将流动博物馆开到巴彦淖尔市乌拉特中旗、巴彦淖尔市磴口县、鄂尔多斯市杭锦旗锡尼镇、乌兰察布市卓资县等地的农村地区，让农民在家门口就能感受到立体式的文物原貌展现，这种先进的文化传播形式，有助于满足农民精神文化需求，保障其基本的文化权益，也能提高广大群众的文物保护意识和鉴赏水平。

2017 年 9 月 27 日，宁夏地质局地质博物馆本着科普服务基层的原则，联合宁夏科技馆科普大篷车积极开展助力科普展览活动。科普大篷车走进宁夏中宁县徐套乡，将科普知识带给贫困山区的孩子们。此次活动，将流动科技馆"体验式教育"的科技元素与地质博物馆标本展示、讲解融为一体，全方位独特地展示了各类珍贵、稀有矿物岩石、古生物标本。同时，科普人员还向同学们发放了地质博物馆宣传手册及折页 400 余份，受众达 500 多人。[②]

为普及文化遗产知识，增强人民群众依法保护文物古迹意识，贵州省三穗县于 2019 年 5 月 17 日至 19 日，在全县开展了流动博物馆巡展活动，让文物"动"起来、"活"起来。活动中，县文体广电旅游局精心制作了《中华人民共和国公共文化服务保障法》《中华人民共和国文物保护法》《博物馆条例》《古建筑消

---

① 张景阳:《内蒙古农村有了流动数字博物馆》，http://www.xinhuanet.com/info/2017-11/01/c_136719263.htm。

② 《自治区地质局地质博物馆举行科普下乡活动》，宁夏回族自治区人民政府网，http://www.nx.gov.cn/zwxx_11337/zwdt/20170909/t20170927_497830.html。

防管理条例》等宣传展板，并在将军广场、大跃进遗存博物馆、杨至成故居等地方以悬挂宣传横幅、展陈流动展板的方式，向学生、群众宣传三穗历史、文化遗产等，让学生、群众更多地了解三穗。①

为充分发挥博物馆的教育功能及平台窗口作用，深入推进青海省民族团结进步创建活动，大力宣传党的民族工作方针政策、文物保护法等法律法规及民族团结进步创建知识，青海省博物馆于 2020 年 10 月 16 日走进黄河路小学开展"流动博物馆进校园"之"走进彩虹部落"主题活动。活动以展示青海独有的少数民族——土族的历史文化知识为核心内容，通过课堂互动、多媒体播放等方式，向大家介绍了青海的六个世居民族，并强调青海自古以来就是少数民族的聚居地，汉、藏、回、土、撒拉、蒙古六个民族世世代代生活在这片土地上，共同谱写了各民族团结一心、勇于拼搏的华丽乐章。②

第六节　流动型医疗服务

边疆民族地区自然环境较为恶劣，农牧民往往面临更多的疾病风险，对医疗服务有着强烈的需求。但是，上述农村地区医疗

---

① 《三穗开展流动博物馆巡展活动让文物"动"起来"活"起来》，贵州网，http://news.gzw.net/2019/0521/1369787.shtml。

② 青海省博物馆：《青海省博物馆开展流动博物馆进校园之"走进彩虹部落"主题活动》，https://www.sohu.com/a/426370812_120381663。

点数量不足，医护人员水平有限，医疗资源欠缺，再加上政府对医疗服务财政投入不足，导致边疆民族地区农牧区医疗服务供需差距较大，看病难、看病贵问题非常突出。在这些地方，患者去医院寻求医疗服务的传统方式面临诸多困难，而流动型医疗服务则改变了农牧民享受医疗服务的困局，由医疗机构主动上门提供医疗服务，便捷地满足了他们对医疗卫生服务的基本需求。

一、流动医院

流动医院就是以"流动医疗车"的形式，将医院搬到农民家门口，让基层群众享受到基本的医疗服务。实践操作中，医疗机构按照医疗卫生标准，将车辆分别改造成诊疗室、药房以及后勤保障车，每次出诊都由各科室的专家流动组成，把专家义诊变成常态的医疗服务。流动医疗车上一般设有数字 X 光机、彩超、全自动生化设备、血样尿样化验、血压测量、心电图机、手术床等医疗设备，并配有简易病床，能开展十余项身体健康检查，为医生精确诊断提供了很大帮助。流动医院也会随车配备低价或免费药物，为经济困难的村民解决燃眉之急。而且，车上还提供审核和出纳服务，参加新农合的村民可以现场取药，报销医药费，为村民免除了挂号费、诊疗费，缩短了报销费用的时间。在边疆民族地区，流动医院被誉为"车轮上的医院"，为农民提供了及时、多样的医疗服务，不仅扩大了医疗覆盖人群，提高了农民的健康水平，还能让服务对象体会到医生出诊的辛苦，大大缓解了紧张的医患关系。

流动医疗车包括采血车、体检车、救护车和手术车，其中流动体检车是满足常规体检、治疗、应急医疗救援等功能的专用车辆，车上配装 X 光机、心电超声检查、电测听室等先进医疗仪器设备，可以做胸透、心电、B 超、生化检验等测试。[①] 以流动体检车为依托的流动型医疗服务，已经在边疆民族地区得到了很好的实践。以新疆维吾尔自治区为例，2018 年全民健康体检工作启动以后，新疆沙湾县全县各乡镇（场）卫生院有序开展了全民健康体检工作。针对交通不便、体检设备不足的偏远山区，沙湾县财政出资购置了巡回流动健康体检车，并在沙湾县西戈壁镇首次投入使用。巡回流动健康体检车内配置有心电图、B 超、数字化 X 胸片、全自动血压仪、静脉采血器、体重秤等多种检查项目，让各族群众受益，能够便捷、快速进行体检，确保全民免费体检的惠民政策落到实处。[②]

内蒙古自治区作为全国首先设立流动医院的地方，它的实践经验更加丰富，对其他地区有很强的借鉴意义。[③]2006 年，中国医药卫生事业发展基金会在深入内蒙古调研后，与当地政府商定创建"健康中国流动医院"公益项目，首批 6 所"健康中国流动

---

① 《关于流动医疗车和体检车的区别是什么？》，快资讯，https://www.360kuai.com/pc/97398bcef57e9f8f1?cota=4&kuai_so=1&tj_url=so_rec&sign=360_da20e874&refer_scene=so_3。

② 艾克瑞：《沙湾县多措并举与流动健康体检车全力推进全民健康体检工作》，http://www.hxray.com/TradeNews/659.html。

③ 王瑞芳：《内蒙古自治区卫生厅和中国医药卫生事业发展基金会召开流动医院座谈会议》，http://www.jkb.com.cn/news/industryNews/2009/0615/271639.html。

医院"于2007年捐赠给内蒙古自治区，次年追加捐赠流动医院专用车14辆。每所流动医院专用车上配备心电图机、数字X线机、B超、自动生化分析仪等，体检、治疗、一般性手术、接生均可顺利实施，还专门把问诊区、常规检查区和透视拍片区区隔开以保护患者隐私，其装备和功能相当于一所县级医院，基本上能满足牧区和高原地区人民医疗保健的需要，可以为农牧民进行便捷、及时的义诊和健康宣传，也为农牧区的大型活动提供意外急救保障。①

在深化医疗体制改革背景下，内蒙古的流动医院也积极贯彻落实相关政策，不断创新工作思路，改进工作方法，将医疗扶贫、医疗护疆纳入医改发展之中，加大医联体建设的推进力度。2019年1月，巴彦淖尔市精心打造了"流动医院"，投入300余万元对健康体检车进行医疗设备添加，扩增功能，建立了一所装备轻便、人员精专、便于流动的小型医院。该流动医院分为预检分诊区、急诊区、心电图区、超声区、X光区、生化区6个检查区域，可以满足基本的诊查需求，同时组建起"肾内科、心内科、神经内科、内分泌科、风湿免疫科"五科联动的专家诊疗团队，根据基层群众的实际需求，调整专家和诊疗时间，及时把最好的诊疗服务送到最基层、最需要的老百姓身边，解决偏远地区老百姓的就医难问题，让农村居民享受到了最基本、最便捷的医疗卫生服务。

---

① 闫丽新：《"健康中国流动医院"惠及众多农牧民》，http://www.jkb.com.cn/news/industryNews/2010/0412/165713.html。

2019 年 1 月，巴彦淖尔市流动医院在阴山南麓的乌拉特后旗、乌拉特中旗边境线上提供医疗服务，专家义诊团队深入偏远牧区、厂矿，发扬乌兰牧骑精神，用优良的技术将三级医院的优质医疗资源送到边区农牧民、厂矿企业工人身边。第一站，巴彦淖尔市流动医院载着市医院医疗专家组一行 26 人到乌拉特中旗甘其毛都口岸，医院专家组专门配备了蒙古族医务人员，方便与患者交流病情。此次义诊共接诊当地牧民患者 29 人，检验检查 37 人次，排查出需要手术的患者 1 名，同时进行了健康宣教。第二站，巴彦淖尔市医院 16 名医护人员跟随流动医院深入乌拉特后旗巴音宝力格镇，为内蒙古东升庙矿业有限责任公司 274 名职工做健康体检，将医疗服务延伸至边远地区的厂矿企业。同时，市医院与东矿公司共同签署医疗机构服务合作协议，成为东矿公司定点合作医院，承担该公司员工的职业病体检、入职体检、日常健康体检、医疗保健、受伤救治等工作。

巴彦淖尔市以流动医院的方式，在深化医改中不断改进服务，完善设备，力求让偏远地区群众与城市居民享受同等优质的医疗服务。① 流动医院满足了偏远地区居民的基本医疗需求，提高了地区群众的身体健康水平，为推动医联体建设作出了积极贡献。

2020 年 9 月，为进一步解决牧民就医难问题，有效提升群众的获得感，锡林郭勒盟中心医院将"流动医院"搬到额尔敦塔

① 《弘扬乌兰牧骑精神——巴彦淖尔市把流动医院开到群众最需要的地方去》，内蒙古新闻网，https://economy.nmgnews.com.cn/system/2019/01/28/012644293.shtm。

拉嘎查党群服务中心内，在家门口为广大牧民开展义诊。锡林郭勒盟中心医院共派出骨科、心内科、内分泌科、老年保健科、外科、神经内科等多个科室的 10 余名资深医师，为大家提供现场诊疗的同时，还利用随行的流动医疗车为有需要的患者提供心电图、彩超、X 光等辅助检查。锡林郭勒盟中心医院将根据各苏木、嘎查实际需求，不断完善基层流动医疗服务项目机制建设，深化服务内涵，努力做到常态化运作、规范化开展，真正把健康送到老百姓身边，让广大牧民都能享受到便捷、高效的医疗卫生健康服务。[①] 流动医院除了提供基础性服务外，还包括一些特殊医疗服务。例如，1995 年，亚洲防盲基金会启动"复明扶贫"中国流动眼科手术车项目，在 2004 年至 2009 年间深入边疆民族地区提供眼科服务，助力当地的防盲治盲工作。2008 年，亚洲防盲基金会向广西捐赠了一辆"中国流动眼科手术车复明 18 号"，"复明 18 号"先后赴广西贫困地区为 2 万多名贫困白内障患者成功实施复明手术。"复明 18 号"不仅减免了贫困患者的大部分手术费用，还通过手术示范和现场讲解的形式培训当地基层眼科医护人员，向广西贫困地区群众宣传防盲治盲知识，提高其眼保健意识。[②]

二、流动医疗队

流动医疗队是指由医务人员组成医疗队伍，定期或不定期，

---

① 《"流动医院"来到牧民家门口》，《锡林郭勒日报》（汉）2020 年 9 月 16 日。
② 宋瑶：《"复明 18 号"项目助广西 2 万余名白内障患者重见光明》，http://www.gxnews.com.cn/staticpages/20171026/newgx59f1cc6a-16623921.shtml。

定点或不定点地深入农牧区进行巡回医疗。流动医疗队除送医送药上门给群众治病外，还提供医疗体检，开展生殖保健，禁毒防艾等多项卫生宣传和预防工作，让人民群众足不出户就能享受免费的医疗服务。

例如，1983 年，内蒙古自治区赤峰市阿鲁科尔沁旗卫生局抽派技术业务水平较高的医务人员成立敖特尔医疗队，在每年的5 月至 10 月为周围游牧的牧民提供基本医疗服务，医疗活动地点随着游牧地点的变化而变化，对于外伤、常见疾病甚至是突发性事件，医疗队员都可以随叫随到。①

为让边远贫困地区群众能够在家门口看得上病、看得好病、防得住病，保证贫困人口健康有人管，患病有人治，内蒙古自治区国际蒙医医院于 2018 年 10 月成立了"乌兰牧骑——走基层巡诊医疗队"，医疗队将义诊关口前移至贫困地区、边远地区、少数民族聚居区等群众最需要的地方。根据巡诊地区群众对医疗服务需求的差异，医院有针对性地选派医疗专家，利用蒙医药安全、有效、方便、价廉的优势，持续深入偏远贫困地区，开展健康扶贫巡诊工作，受到了百姓的热烈欢迎。"乌兰牧骑——走基层巡诊医疗队"配有医疗车 1 辆，车上载有数字化厢式 X 线机、双能量 X 线骨密度仪、超声诊断仪、全自动生化分析仪、心电图仪等多种检查检验设备，被农牧民称为"车轮上的小医院"。至 2021 年 3 月，医院先后从 45 个科室抽调 217 人次组成专家队，

_____

① 李品毅：《流动医疗队为牧民服务 30 年》，http://news.163.com/13/0718/12/942L65 JV00014Q4P.html。

先后 19 次深入蒙古国和内蒙古自治区 7 盟市的 40 个贫困地区义诊，里程 18500 多公里，诊治患者 7820 人次，赠送价值 30.5 万元的蒙药及耗材；巡诊活动减少了患者因往返医院而产生的挂号、检查、治疗、药品、交通、食宿等直接费用近 300 万元，减轻了患者的经济负担。①

听闻新疆伊犁哈萨克自治州尼勒克县乌拉斯台乡仍有一些牧民留在牧场放牧，乡卫生院的 40 多名医护人员轮流组成"马背医疗队"，带着体检仪器设备和药品，骑马进入大山深处挨家挨户到访巡诊体检，保障大山深处每一位牧民的健康。②2020 年新冠肺炎疫情防控期间，为减少患者流动，解决基层特殊患者、慢性病患者就医困难问题，新疆采取"医师＋护师＋医保工作人员"模式，共组建 1368 支流动医疗队，主动上门送医送药送医保，累计服务群众 66.9 万余人次。各流动医疗队针对各自特点，奔走在各大社区，为老、弱、病、孤寡等居民解决了就医不便的烦心事。利用信息平台，开通了网上诊疗，大力推行非急诊预约挂号、预约检查，引导患者分时段就诊，减少人群聚集。流动医疗队重点服务对象为行动不便、到定点医疗机构就诊确有困难的群众。此外，充分发挥"小喇叭"作用，在乡村、街道流动宣传过程中，将新冠肺炎预防知识及健康防病

---

① 《草原上有了"行走的医疗队"——内蒙古自治区国际蒙医医院开展健康扶贫工作纪实》，中宏网，https://www.zhonghongwang.com/show-258-198808-1.html。

② 《新疆：马背医疗队巡诊治病保牧民健康》，央视网，http://health.szonline.net/news2016/5982.html。

知识作为重点，实现"小分队"流动到哪儿，预防健康知识就宣传到哪儿，引导群众养成良好的生活习惯，增强群众对新冠肺炎的防范意识。[1]外省援疆工作队对提升边疆流动型医疗服务的质量，也发挥了积极作用。例如，2018 年 10 月，由广东省第八批援藏工作队察隅县工作组、察隅县卫计委、察隅县卫生服务中心及深圳市宝安人民医院人员组成的援藏医疗队一行 12人，深入西藏林芝市察隅县古玉乡次龙村，开展组团式医疗精准扶贫，送医、送药、送知识下乡爱心义诊活动。义诊活动历时 2 天，共为 300 余名农牧民和僧尼进行了免费诊治，共开展针对性的超声检查 150 余人次，心电图检查 80 余人次，血糖检测 160 余人次。援藏医疗队员及医护人员在检查过程中详细了解患者病史，并进行具体的体格检查，在作出诊断后累计发放价值 16000 余元的药品。同时，医护人员还向农牧民进行了疾病知识宣讲，普及多发病、常见病基本常识。援藏医护人员为当地农牧民提供的义诊服务，取得了良好的社会效益，将发达的东部地区医疗资源通过援藏义诊活动向农牧区倾斜流动，加强了东西部之间的交流，弥补了西部边疆地区医疗服务质量不高与资源不足的漏洞。[2]

---

[1] 吴铎思：《新疆 1368 支流动医疗队送医送药进社区》，《工人日报》2020 年 4月 11 日。

[2] 《察隅县援藏医疗队开展下乡义诊活动》，察隅县人民政府网，http://www.xzcy.gov.cn/pacg_2517/201810/t20181025_2416243.html。

三、流动小药箱

流动小药箱是由政府免费发放给偏远地区农牧民家庭的一种医疗服务设备，每个小药箱按需购置与每个家庭健康状况相匹配的药品，小药箱内置有发放登记表，记录着药品的有效期、发放日期和清理日期，医护人员每年上门服务 1—2 次，指导农牧民合理用药，并帮助农牧民管理小药箱、体检和建立健康档案等。

例如，新疆昌吉州阿克达拉村驻村工作队为了保障务农群众的身体健康，防止中暑、蚊虫叮咬等疾病，工作队队长李政带领村卫生室的医务人员走进田间地头为群众送医送药送清凉。工作队队员为群众送上藿香正气丸等常备药品和西瓜，并告诉群众药品正确的服用方法，还为群众讲解了高温下作业需要注意的事项，以及夏季容易出现的急性肠胃炎、中暑、感冒发烧、蚊虫叮咬等疾病的防治知识，受到了群众的一致好评。①

内蒙古呼伦贝尔市新左旗在健康扶贫工作中，按照"不漏嘎查、不漏户、不漏人"的工作要求，为建档立卡贫困户免费发放"小药箱"，实现了全覆盖。家庭医生服务团队优先与辖区内贫困人口签约服务，使每个贫困人口都有了自己的家庭医生。该旗 2018 年开展"送医、送药、送健康"活动，行驶里程 4.2 万公里，服务人数 3820 人次，免费送药 14.5 万元。家庭责任医生针对贫困人口免费体检筛查出的重大疾病患者按照"分类救治逐级转诊制度"，第一时间与上级医院协调实施救治，使贫困患者能

---

① 《流动小药箱送药到田间》，木垒县人民政府网，http://www.mlx.gov.cn/kzw/yw/860231.htm。

够及时得到救助。家庭医生成为贫困人口全生命周期的健康管理者，在因病致贫、因病返贫人口脱贫道路上发挥了极为重要的作用。[1] 小药箱不仅缓解了当地居民看病难、用药难的医疗困境，提高了牧民的自我保健意识，还在一定程度上缓解了农牧民对医疗服务的迫切需求。比如，长期在寒冷条件下从事牧业生产的牧民，很多都患有慢性疾病，冬季大雪封路不能出去求医时，就需要"小药箱"来暂时缓解病症。有些地区的流动小药箱还配备有牲畜药物，避免牲畜死亡带来的经济损失。

2020 年，自新型冠状病毒肺炎疫情发生以来，新疆维吾尔自治区昌吉回族自治州木垒哈萨克自治县英格堡乡党委政府就实行封闭式管理后村民不便出行就医看病买药的问题，及时采取了"流动药箱"上门服务的便民措施，让村民们不用出门照样可以得到医疗服务保障。具体做法是，各村以村组片区为单位，全部实行网格化管理，每个片区都有专人负责，辖区里的村民谁家需要看病买药啥的先告诉片区负责人，集中汇总后由乡卫生院提供流动上门服务，这样可以在方便群众的同时，更大程度地避免疫情的二次交叉感染风险。据统计，全乡"流动药箱"共上门服务200 余次，发放各类药品 60 多种，给村民免费看病 300 多人次，免费测量血压 200 多人次，赢得了村民们的一致好评。[2]

---

[1] 《小药箱＋流动服务车＋家庭责任医生新左旗健康扶贫暖人心》，《呼伦贝尔日报》2019 年 1 月 30 日。

[2] 《木垒英格堡乡"流动药箱"暖民心》，中新网，http://www.xj.chinanews.com/dizhou/2020-02-18/detail-ifztrass1788830.shtml。

第七节　流动型社会管理服务

边疆民族地区农村社会管理是建设中国特色社会主义社会管理体系中富有特色的重要组成部分，其理念、制度、手段和方法在很大程度上影响着我国边疆民族地区农牧区的和谐稳定。但是边疆民族地区城乡发展失衡，社会文化特殊，面临着民生风险、稳定风险、认同风险和治理风险等各式社会风险，社会矛盾较为尖锐复杂，当地农牧民处于一种高风险生活状态之中，[①]这就对边疆民族地区社会管理提出了更高的要求。流动型社会管理服务的理念和实践创新，充分体现了维护社会稳定的重要功能，不仅排除了很多社会隐患，也有力地保障了边疆民族地区居民的生命财产安全。

一、"草原110"

20世纪90年代末，内蒙古边境牧区的不和谐、不稳定因素较多，一方面是我国开始逐步开放北部边境使得违法犯罪活动猖獗，另一方面，由于牧民居住分散和通信、交通的落后，造成牧民描述位置困难、民警不能快速赶到现场进行管理，一些得不到及时解决的一般性矛盾容易上升为刑事案件。[②]为维护内蒙古牧区治安秩序稳定，1997年，内蒙古自治区锡林郭勒盟边防支队

---

① 白维军：《民族地区社会风险与社会管理创新研究》，《贵州民族研究》2013年第2期。

② 《阿旗：以规范整顿草原110建设为抓手，推动牧区社会管理创新》，《锡林郭勒日报》（汉）2012年11月2日。

在东乌珠穆沁旗进行"草原110"试点，1998年试点地区增加呼伦贝尔和阿拉善两地，2003年开始在全内蒙古自治区推广，逐渐形成了以报警点为基础，以公安边防派出所为平台，以警务室为依托，以群众防护力量为辅助，以通信技术为支持，集管理、防范、打击、服务等多种职能于一体的新型边境社会管理警务工作模式。[①]

运行之初，"草原110"给牧民和军警民联合执勤点无偿配发手持对讲机，配备160兆超短波民用网、350兆超短波警用网、通信铁塔和ETS定位电话，警务系统组建超短波转信台来畅通牧民和固定或流动警务室中公安边防部队、解放军边防部队的联系，以便快速地解决群众遇到的危险和困难。[②]后来随着科技的发展，锡林郭勒盟"草原110"由对讲机更换为数字电话，平均每个嘎查配置五到六部，一般选择靠近路边、交通方便的牧户，每部电话覆盖附近十来户牧民，电话可以上网和接收服务平台发来的各种信息。同时，"草原110"也扩展出其他职能，承担起火警119、急救120、电话查询114和邮局等社会责任，也为牧民群众处理教育就业、扶贫救助、住房医疗等方面的咨询和办理诉求。

随着信息化建设的日益成熟，4G信号覆盖了内蒙古所有牧

---

① 内蒙古党委宣传部课题组：《构建和谐内蒙古边疆的有益探索——内蒙古实施"草原110"警务模式的调查与思考》，《实践》2008年第1期。

② 内蒙古党委宣传部课题组：《构建和谐内蒙古边疆的有益探索——内蒙古实施"草原110"警务模式的调查与思考》，《实践》2008年第1期。

场，内蒙古自治区锡林郭勒盟公安局成功开发"草原110"APP报警系统，牧民在手机上下载APP进行报警或求助时，既可以对现场进行拍照和录像后上传至接处警管理平台，也可以在情况紧急时选择一键快速精准报警。"草原110"APP报警系统的特色之一是精准定位，这对于少有参照物、难以描述位置的大草原十分重要，能够及时定位身处危险的牧民和冬天在"白毛风"中迷路而求助的牧民；特色之二是多户联防，APP会自动向报警牧民周边同样装有APP的牧民发出求助信息，为赶赴现场的民警争取时间；特色之三是APP可以向某一部分人统一推送重要信息，以便于牧民为可能到来的危险或自然灾害做出相应准备。[①]面对新形势、新变化，"草原110"也在不断升级和改进，在筑牢祖国北大门、打击边疆违法犯罪、维护牧区治安稳定、提高边疆治安效率等方面发挥了重要作用，得到了党中央领导、自治区各级党委政府和边疆民族地区人民群众的高度评价和一致拥护。

"草原110"是一个集边境治安治理、边疆社会建设、为民公共服务等多种职能于一体的社会管理和社会服务模式。"草原110"的工作内容包括两大类：一是维护边境治安安全，构建和谐稳定的边疆秩序。"草原110"通过流动和固定警务室和报警点的设置，便捷畅通的通信联系渠道，以及公安边防部队快速的反应行动，及时保障农牧民的生命财产不受侵犯，维护边境地区社会安全，同时，提供方便快捷的治安服务。二是提供各类社

---

① 易成晨：《精准定位快速响应，草原110报警系统让警民沟通零延迟》，http://news.cri.cn/20170720/efc69071-153f-e07d-3b2c-f9d1d2a4c2b1.html。

会服务。"草原110"工作模式开启以来，逐渐突破了一般"110"单一的社会治安功能，开始为边境农牧民提供扶危救困、民事调解、知识宣传、抢险救助等综合社会服务，社会职能大大扩展，成为农牧民身边的保护神、救助队、"和谐器"。调研中我们经常能听到牧民说"草原110"队员为他们的孩子辅导功课，为他们寻找走失的羊群，教给他们如何使用电脑，向他们进行边境政策法规宣讲，为他们开展义诊等排忧解难的"上门服务"，赢得了当地群众的拥护与爱戴。

就社会治理效果来看，"草原110"开展工作十多年来，内蒙古边防总队利用"草原110"破获刑事案件927起，查处治安案件2041起；破案率达到95%以上，治安案件处理率达到100%；服务群众20670余次，救助遇险、病重边民560余人次，为群众找回失散牲畜14600余头，及时扑救草原火灾66起，为牧民群众挽回直接经济损失1030余万元。近年来，"草原110"更是积极活跃在祖国北疆4000多公里的边境线上，筑牢了维护祖国北疆安全稳定的屏障。"草原110"这种流动式的社会治理创新模式，在交通不便、流动性强、公共服务半径大的草原牧区显示出强大的生命力，无论在社会安全治理还是公共服务提供方面，都是一种有益的探索和创新，中央综合治理委员会称这是我国"社会治安防范工作和国防建设的创新之举"。2010年，"草原110"项目获得"第五届中国地方政府创新奖"，得到了社会的广泛认可。①

① 白维军：《流动公共服务与边疆民族地区社会治理》，《民族研究》2017年第3期。

"南有枫桥经验，北有草原110"。"草原110"已从一个单一的报警求助系统，发展为集综治、应急、公共服务等多种职能于一体的立体化边境防控体系；从一个边境派出所的军警民探索首创，到党政军警民五位一体合力稳边固防的全国政法系统先进典型；从一个行业的标杆，到获"中国地方政府创新奖"；从2005年首次入选"内蒙古十大法制事件"，到2010年12月1日再次获此殊荣。"草原110"，走过了一段不平凡的历程。到2019年，历经22年创新发展，"草原110"成为内蒙古出入境边防检查总站全体移民管理警察与边疆各族干部群众守望相助、团结奋斗，筑牢祖国北疆安全稳定屏障、打造祖国北疆亮丽风景线的重要纽带，构筑起共建共治共享平安北疆的"钢铁长城"。[①]

二、流动法庭

流动法庭是以配置有庭审装备硬件设施在内的流动法庭专用车为基本载体，以民商事案件审理和纠纷解决为主要工作职能的派出巡回办案人民法庭。[②]流动法庭的办事流程一般是人民群众电话预约立案，法务人员主动上门就地审理案件，或者在流动审理中随时接案，这样可以节约当事人的诉讼成本，也能提高法院工作效率和灵活性。流动法庭在就地审理案件中，通过召开座谈

---

① 《草原110，护佑平安北疆》，人民网，http://nm.people.com.cn/GB/n2/2020/0110/
　　c346107-33707307.html。

② 沈长月、杜龙敏：《西藏车载流动法庭巡回办案与民俗习惯问题研究》，《法制与社会》2014年第17期。

会的方式来征求干部群众意见和看法，保证审理过程公开透明、处理结果公平公正，能够有效防止当事人规避法律责任，提升法院公信力。

例如，内蒙古扎鲁特旗巴雅尔图胡硕镇法庭辖 1 个工业园区、3 个林牧场、4 个苏木镇、56 个嘎查，占全旗总土地面积的近一半，共有 4 万余人居住在总面积 8000 多平方公里的土地上，南北距离达 100 多公里。由于辖区人口居住分散，且山路崎岖、交通不便，冬季时常有暴风雪、"白毛风"等恶劣天气，给法官们审理案件、送达文书带来许多困难。在车辆无法到达的偏远牧区，法官们为了方便群众诉讼，让群众少跑腿，或骑马、或步行，身背国徽走进基层，深入农村牧区，在田间地头、百姓家中开展巡回审判。随着智慧法院建设的不断深入和审判环境的不断优化，巴雅尔图胡硕法庭不仅将法庭安在了马背上，同样将法庭搬到车轮上。2016 年，扎旗人民法院配置了一辆集诉讼服务、巡回审判为一体的巡回审判车，在路况允许的情况下，把"马背上的法庭"升级为"车轮上的法庭"，来到农牧民的家门口，不仅极大地方便了农牧民群众诉讼，更提高了办案效率。2017 年以来，该法庭共受理案件 1267 件，结案 1201 件。其中，调撤结案 879 件，调撤率达到 73.19%。①

例如，内蒙古锡林郭勒盟苏尼特左旗人民法院考虑到当地地广人稀，牧区案件审理需求的实际，"因地制宜"设立了"巡回

①《从"马背法庭"到"车载法庭"》，《通辽日报》2020 年 6 月 13 日。

审判"这一草原上的流动法庭，使牧民不必打官司跑法院去，而是哪里有案情，法官就到哪里设立法庭，在牧民家门口为民开庭。他们以巡回审判车为载体，搭载着法官们走进草原、走进牧区、走到牧民的家门口为其开庭断案。从 2017 年至 2020 年，苏尼特左旗人民法院共受理巡回审判案件 773 件，结案 757 件，结案率达到 97.93%，有效地解决了法院服务群众的"最后一公里"问题，真正让草原上的流动法庭走进了牧民的心坎儿里。①

初春的乌拉特草原上仍然北风不断，一辆印有"巡回审判"字样的面包车奔波在崎岖颠簸的戈壁荒原上，留下尘土的孤痕随风飘散，这就是内蒙古自治区乌拉特中旗人民法院的流动法庭。乌拉特中旗地处我国与蒙古国边界，地广人稀，而且山区多路况差。但是，不管春季风沙还是冬季下雪，流动法庭车一直奔波在这片草原上，平均每年深入牧区 150 多次，流动法庭受理案件达 300 件。流动法庭工作人员为当地牧民送法律读本，给他们宣传宪法，普及草牧场承包等相关法律知识，让依法治国的精神不因偏远而丢失；流动法庭工作人员到牧民家门口解决纠纷，给他们调解各种矛盾，让和谐稳定深入到边境牧民的心中。②

2009 年，西藏自治区高级人民法院启动"车载流动法庭"民生工程，给各基层法院配发流动法庭专用车，一台车就是一个

---

① 《草原上的流动法庭：内蒙古为牧民打通诉讼服务"最后一公里"》，中国新闻网，https://baijiahao.baidu.com/s?id=1656333721474493252&wfr=spider&for=pc。

② 《草原上的流动法庭》，新华网，https://baijiahao.baidu.com/s?id=1596590939299467853&wfr=spider&for=pc。

"法庭"，各基层法院采用"巡回到点、集中受理、就地开庭、及时结案"的工作方式，通过"上门立案、上门审判、上门执行"三位一体工作模式进行巡回审判，把法庭开到农牧民家门口，解决农牧民诉讼难的问题，加大司法救助力度，减轻涉案人员的经济负担。[①] 西藏"车载流动法庭"发展至今，让广大农牧民获得处理迅速、成本低廉、方式便捷的全方位司法服务，让人民更加信任和依赖法律，从过去的不知道去哪里打官司、害怕打官司发展为今天的拨打电话"遥控"法庭。流动法庭是法院系统在农牧区坚持司法为民、推进司法改革的重大举措，将纠纷解决在基层，控制不稳定因素以防止事态进一步扩大。

高原一夜风。太阳出来后，风止了，天更蓝了，拉姆曲珍和洛桑曲珍穿上法官制服，别好法徽，开上挂着国徽的车，向草原进发。这辆车，再加上这两位西藏那曲市尼玛县人民法院法官，组成了羌塘草原上亮眼的"流动法庭"。尼玛县地处羌塘草原腹地，高寒缺氧，平均海拔 5000 米以上。由于牧民居住分散，出行不便，"流动法庭"便派上了大用场。西藏"流动法庭"在平均海拔超过 4700 米的羌塘草原上流动，满足了人们的司法需求，也让法治的思维一点一滴渗入牧民的心里。那曲市中级人民法院办公室负责人介绍，"十三五"期间，那曲市 40 余辆车载流动法庭行驶里程达

---

① 张永和：《"车载流动法庭"方便少数民族群众诉讼》，《光明日报》2016 年 10月 1 日。

110 余万公里，现场答疑 3300 余人次，化解矛盾纠纷 2300 余件，现场开庭 160 余次，开展法治宣传 430 余次。"十年前'马背法庭'活跃在羌塘草原上，马背上驮着审理案件所需的法官袍、文案、法槌，书记员跟法官跟在马后面跑。如今，'马背上的法庭'已经变为'车轮上的法庭'，但司法为民的真谛，一直在传承。"①

三、流动警务室

流动警务室是以警务车为载体，以流动形式履行警务室职责和任务为基本要求的一种新型警务机构。② 流动警务室是可以实现群众参警议警、警务协商、民主监督的一个新平台。流动警务室内一般装配联网计算机、液晶显示器、录像机、打印机、无线电话等办公设备；智能监控摄像头、语音指挥系统、警灯警报器、约束带、警戒带、指挥棒、防刺背心等警用设施和单警装备；有些还配备有微波炉、饮水机、医药箱等便民利民设施和车载 3G 无线网络实时传输系统等高科技硬件设施。③

在边疆民族地区农村，有时流动警务室的设施可能没有这么完备，甚至可能是由马车、牛车代替警务车，但依旧可以实现流

---

① 《"流动法庭"闪亮羌塘草原》，新华网，http://tibet.news.cn/ywjj/2021-02/11/c_139737765.htm。

② 申智军等：《创新"服务型"农村警务的实践——山西寿阳"流动警务室"调研报告》，《山西警官高等专科学校学报》2008 年第 3 期。

③ 许有军：《流动警务室的造型与结构设计》，《中国新技术新产品》2011 年第 23 期。

动执勤和监控，使发生的各类警情和突发事件能快速地得到处理，在治安防控、巡逻监查、维稳处突等警务活动中起到重要的作用，构建起警民之间沟通与服务的桥梁，可以及时对群众提出的诉求做出反馈，促进警民和谐相处。流动警务室也具有传统固定警务室所没有的优点，它可以将发生的各类警情和突发事件快速处理，在维持社会稳定上起到重要作用。同时，流动警务室还可以利用自身优势开展消防、安全防范和技防设施等宣传。

例如，2020年，在全国上下抗击新冠肺炎疫情的特殊时期，青海省门源县公安局青石嘴中心派出所在扎实开展新冠肺炎疫情防控工作的同时，根据辖区点多线长面广的治安实际，及时推出"流动警务室"，做到报警接警前移下沉，矛盾纠纷就地化解，证件办理代办送办，在疫情肆虐的特殊时期，给广大人民带去一份暖心的服务。他们在开展巡防工作过程中，及时受理群众报警求助，化解矛盾纠纷，维护好社会治安秩序。①

2020年，云南省曲靖市罗平县公安局深入开展创建"枫桥式公安派出所"工作，把"服务不缺位"的要求抓紧抓实，在全局13个派出所推出流动警务室"地摊警务"，直接把服务送上门、送到群众心坎上，打通服务群众"最后一公里"，零距离服务群众，深受群众的欢迎和喜爱。民警带齐设备，以"赶集"的方式，直接把警务室搬到集市，就地开展户籍、车驾管业务，真正为群众"减负"；就地开展安全宣传，提升群众安全防范意识；就地开展入

---

① 《流动警务室服务"宅家"人》，澎湃新闻网，https://www.thepaper.cn/newsDetail_forward_5992156。

户访查，掌握社情民意；就地开展巡逻防范，守护群众安全；就地开展交通整治，维护良好交通秩序，护航社会经济发展。①

内蒙古磴口县依托矛盾纠纷多元化解指挥中心，积极整合司法、公安等部门力量，对矛盾纠纷实行统一受理、归口分流、集中督办，形成多方参与、联防联调工作格局，司法局聘请6名专职人民调解员，调解道路交通事故、医疗和物业等专业性、行业性纠纷，法院、公安局等组建"移动法庭""流动警务室"，应群众诉求在第一时间赶赴纠纷地调处矛盾，让司法、执法工作深入一线流动作业，化解社会纷争。②

流动警务室除了维护社会秩序外，还承担着宣传法制知识的职能。例如，2013年8月，云南省曲靖市会泽县者海镇者海派出所"流动警务室"民警深入者海老街、五里牌等5个村委会进行消防、交通、禁毒、烟花爆竹燃放等公共安全法律法规宣传。③2015年9月，贵州省黔西南州望谟县公安局交警大队组织民警深入蔗香、麻山、新屯等有集市场坝的场所及村寨，搭建"集市流动警务室"开展普法活动，旨在提高贵州边远乡民道路交通安全法律意识和交通安全意识。④

---

① 《流动警务室"地摊警务"服务群众零距离》，曲靖文明网，http://qj.wenming.cn/wmcj/wmdw/202008/t20200812_6637952.html。

② 唐永刚：《磴口县政法委创新多元化社会矛盾纠纷化解机制》，《巴彦淖尔日报》（汉）2019年8月20日。

③ 胡旺疆：《"流动警务室"驶进村，安全知识抵家门》，http://www.cuncunle.com/village-101-728274-article-1011427710080947-1.html。

④ 王永芳：《贵州省黔西南州望谟交警"集市流动警务室"乡村场坝普法送安全》，http://www.rtsac.org/Html/2015_11_26/2_1987_2015_11_26_66138.html。

四、流动车管所

流动车管所是集交通安全宣传、车驾管业务办理、交通违章查询等服务项目为一体，针对偏远地区提供的一种流动性车管服务，是深化"放管服"改革的一项重要举措。流动车管所的服务内容包括：公安局现场为群众办理补换机动车行驶证、驾驶证；提交驾驶人身体证明，查询交通违章信息，变更机动车所有人联系方式，变更机动车驾驶证信息与降级业务以及安排医护人员随行，为驾驶人提供体检服务等。

例如，2018年4月，新疆新和县公安局交通管理大队流动车管所先后前往依其艾日克镇托玛村、乌尊阔恰村、帕依斯村，为400余名村民办理了电动车、摩托车上牌业务。此次流动服务使群众感受到了家门口"办证"的便捷，解决了群众路途遥远、办事不便的实际困难。在此次活动之前，依其艾日克镇各驻村工作队对群众"办证"所需材料进行广泛宣传，争取让群众"最多跑一次"。活动中，交警在为村民办理相关手续的同时，向排队等待的村民发放《新疆维吾尔自治区电动自行车管理办法》、电动车安全出行等宣传单，讲解交通安全法律法规常识和电动车相关知识，提高当地群众对交通安全法的认知，促进当地群众严格遵守交通法律法规。①

2018年8月24日上午，一辆写有流动车管所的车辆停到呼和浩特市赛罕区金河镇毫沁营村交通安全劝导站门口，引来了不

————————————————

① 《"流动车管所"下乡，村民"办证""农忙"两不误》，新和县人民政府网，http://www.xjxinhe.gov.cn/zdxx/cgg/fgf/20180605/i251887.html。

少村民驻足观看，村民们纷纷议论什么是流动车管所。待车管所工作人员和赛罕交管大队金河中队民警向大家解释宣传后，得知流动车管所是推进车管业务"放管服"的一项便民举措，旨在将车管业务进一步便民化，让村民们足不出户便可以轻松快捷办理车辆及驾照业务。不一会儿，便有大批村民闻讯而来，向工作人员咨询各类车管业务，并现场办理补办证件、换领驾照、车辆六年免检等业务。工作人员热情快捷的服务，使得每一位办理完业务的村民都喜笑颜开，对"放管服"这项政策的实施赞不绝口，夸赞真是实实在在的为人民服务。①

云南省红河州泸西县金马镇新坝村，距离派出所 1 个小时路程，距离县公安局有十几公里，群众办理公共业务非常不方便。2019 年 5 月 24 日，泸西县公安局"便民服务直通车"到新坝村为需要办理户籍业务、机动车驾照业务的村民提供家庭办理服务。2021 年 1 月 30 日，新疆库尔勒市公安局交警大队车辆管理所首个"流动车管所"来到库尔勒市九州蓝湾小区，为群众办理车辆业务，让车管所"流动"起来，缩短了服务群众的半径，打通交通管理服务的"最后一公里"。"流动车管所"集车驾管业务办理、交通违章查询、交通安全宣传等服务项目为一体，现场就可以出证，让民众尽享"放管服"带来的红利，能最大限度地减少人民群众往返次数、缩短等候时长、减轻负担，实现人民群众

---

① 《流动车管所开进村儿》，内蒙古长安网，http://www.nmgzf.gov.cn/sfdt/ga/2018-08-28/21873.html。

在家门口就可办理车驾管相关业务。①

贵州省施秉县公安局交警大队不断优化服务举措，组织"流动车管所"下乡服务，把车管业务送到群众家门口。2020 年 8 月 28 日，交警大队"流动车管所"走进双井镇花山村，在群众家门口开展机动车登记、检验、投保交强险和驾驶证考试等业务。同时，开展交通安全宣传，提升群众文明交通意识，保障群众在生产生活中平安出行。通过不断开展车管下乡服务，加强农村道路交通安全源头管理，提高农村地区摩托车入户率、年检率和驾驶人持证率，减少无牌、无证驾驶的安全隐患。方便边远山区村民办理业务，促进群众提升交通安全水平，增强获得感、幸福感、安全感，努力为全面建成小康社会维护良好交通环境。②

为贯彻党中央一系列关心关爱医务人员的重要指示批示精神，解决抗疫一线医务人员的后顾之忧和实际困难，广西壮族自治区工人医院驾驶员体检部积极与南宁车管所联系，为医务人员及他们的家属提供优质贴心的车管流动服务。2020 年 3 月 21 日，南宁车管所将流动服务车开进广西工人医院，在中毒急救大楼前为医护人员办理驾驶证换证、六年免检车辆核发检验合格标志、处理交通违章等 28 项业务。南宁车管所还充满温度地推出援鄂"军警医"车管专享便利服务，协同广西接车侠网络科技有限公司和南宁市机动车检验协会，为援鄂单位及人员

---

① 《流动车管所》，《新疆日报》2021 年 2 月 3 日。

② 《贵州施秉：交警开展"流动车管所"下乡服务》，新华网，http://www.gz.xinhuanet.com/2020-08/31/c_1126434602.htm。

提供机动车年检免费上门接送车、免费车辆安检、全程绿色办理服务等。①

　　流动车管所用规范、便捷、高效、文明的服务，让偏远地区群众实现在家门口就能办理车驾管业务，解决了群众的实际困难，提高了群众对公安工作的满意度。

　　五、流动消防车

　　流动消防车是消防大队为提高居民消防意识，减少灾害发生数量所采取的一种创新、便利的宣传方式。例如，宁夏银川市开发区消防大队与银川市公交车公司协调，在车内显示屏播放消防宣传公益短片，将公交车变成流动的消防宣传车。银川市所有载有电视的公交车全部同时播放，全市 602 辆公交车和 68 辆 BRT公交车实现了流动宣传全覆盖。银川市通过公交车显示屏循环播放消防宣传片，使群众了解了更多消防宣传知识，提高了消防安全知识知晓率，让消防工作深入人心。

　　西藏自治区曲水县考虑到牧区消防基础设施薄弱、牧民居住分散，消防意识淡薄等问题，曲水县消防救援大队持续深入农牧户家中、开展消防宣传活动，加强牧区火灾防控能力。消防救援大队派遣懂藏语的队员，就家用火炉和电热毯、电暖器等存在的火灾隐患进行讲解，确保消防安全。消防救援大队主动上门以聊家常的形式，向农牧民宣传消防知识，既增强了他们对初期火灾的扑救能

① 广西壮族自治区工人医院：《"流动车管"进医院——南宁车管所到我院开展"情暖医护"流动服务活动》，http://www.gxzfy.cn/html/2020/zfdts_0323/1726.html。

力，又提高了农牧区群众的防火警惕性和自防自救能力。①

2020 年 3 月 16 日，贵州省铜仁市碧江区消防救援大队宣传人员把宣传大篷车开进瓦屋乡克兰寨传统村落，利用游客观赏油菜花时节开展消防安全知识宣传活动。活动现场气氛热烈，宣传人员将事先精心准备好的大量图文并茂的消防知识手册、消防宣传传单、购物袋、围裙等发放到村民手中，并深入浅出地为村民讲解了日常生活中用火用电用气注意事项、如何报警以及火场逃生自救方法等消防常识，播放了农村火灾警示宣传片。特别提醒群众使用家用电器、电取暖、柴草堆垛要注意的事项等，做好日常防火防灾工作。有效地强化了消防宣传在农村的渗透力和影响力，大大地激发了广大群众参与防火工作的热情。其间，消防宣传人员还实地深入到村民家中查看电气线路敷设，文物场所电改实施情况，张贴防火温馨提示牌，提示村民加强防火意识，及时更换老旧电气线路。现场对检查发现的问题提出整改意见和建议，确保村民生命财产安全。流动消防车将消防知识送到村民家门口，给村民提供了学习消防知识的好平台，同时也给村民敲响了防火的警钟。②

内蒙古包头市消防救援支队充分利用多种载体，采取感性、直观、流动的宣传方式，多领域抢占防火宣传主阵地，着力提升

---

① 《曲水县消防救援大队持续深入农牧户家中开展消防宣传活动》，曲水县人民政府网站，http://www.qushuixian.gov.cn/qsx/qsyw/202004/f3354dc24e86453699c0174f069bc569.shtml。
② 《碧江"消防流动课堂"进乡村》，http://www.bjq.gov.cn/xwzx/bmdt/202003/t20200318_55313000.html。

社会公众消防安全知晓率，全力构建消防安全宣传新格局。包头市消防救援支队在内蒙古自治区率先与滴滴公司联合进行消防安全知识普及工作，包头市 14500 辆滴滴单车、电车及 2000 辆滴滴网约车接通电源时进行消防安全提示的语音播报。当车辆连接启动时，便会播放"包头市消防联合滴滴温馨提醒您：不得占用、堵塞消防通道，养成安全用火、用电、用气习惯。消防安全有备才能无患"的消防安全提示，使广大市民在出行的同时，提高消防安全意识，学习消防安全常识。同时，利用户外视频、电子显示屏、灯箱广告、橱窗板报、广告牌等宣传平台，高频次、多点位刊播、张贴消防公益广告。在重点单位和居民小区电梯、疏散通道、安全出口等重要区域设置宣传栏。包头市各公交车、出租车 LED 滚动播出消防提示语。消防宣传车通过车载视频播放消防火灾事故案例、消防公益广告、消防主题电影，开展流动宣传，全天候在中心商圈、火车站、汽车站、交通主干道、农村、社区沿街进行宣传，切实在包头市形成处处可见、时时存在的消防宣传氛围。①

六、其他流动服务

边境牧区地域辽阔，牧户居住分散，党员集中开展组织活动比较难。针对这一状况，内蒙古党群流动综合服务队将巴音宝力格镇、潮格温都尔镇、获各琦苏木的 8 个服务站点串联起来，以

---

① 《内蒙古：包头消防创新思路做好新形势下消防宣传工作》，https://www.119.gov.cn/article/41Z26MLuFjK。

牧区每日便民配送服务为依托，形成了"连点成线、以线带面"的综合服务新格局。

例如，乌拉特后旗属于边疆少数民族聚居的边境旗，基层服务半径大，服务难以送达。获各琦苏木结合当地实际，开展了"一校一户一业一队一车"的"五个一"活动，即组建党员流动综合服务队，由基层党组织牵头，以党员为骨干，广泛吸收群众参与，多方位开展综合服务。服务队开通党群流动服务车，每日为牧民开展政策法规宣传，代买米面油盐、应季蔬菜、日常用药等生产生活资料，有效解决了牧民信息不畅、买菜难、购物难等问题；返程时还会将牧民生产的驼奶等产品捎回旗里代卖，既能为牧民解忧又能为牧民增收。同时，获各琦苏木设立"党员中心户"，针对边境牧区地广人稀、居住分散的实际，以 15 至 30 公里为半径，确定 1 个"党员中心户"，负责联络周边 10 户牧民，并开展多种服务。

为推动经济社会发展，当地政府依托苏木或嘎查的资源优势，以发展种植养殖业、"牧家乐"观光旅游、民族手工艺制品等特色产业为重点，以农牧业专业合作组织为纽带，推动地区产业化发展。打造党建带群建服务品牌，以党群流动综合服务队、巾帼志愿者服务队等群团载体为抓手，对留守儿童、孤寡老人等开展志愿服务，进一步发挥群团组织在联系群众、团结群众等方面的优势作用，推进党群一体化品牌的打造。①

---

① 图古斯毕力格、乌拉特后旗融媒体中心、贺晓敏：《活跃在边境草原的党群流动综合服务队》，《内蒙古日报》（汉）2020 年 8 月 13 日。

为提升服务水平，创新服务方式，云南省安宁市青龙街道着眼打通基层服务的"最后一公里"，充分发挥基层党组织战斗堡垒作用和党员先锋模范带头作用，深入推进"服务前移"机制，开展三项"流动服务"，不断提升群众获得感和满足感。"流动书包"建书香社会。为延伸"农家书屋"服务链条，促进基层文化阵地作用更好发挥，青龙党员依靠一只书包续写一段守初心、担使命的文化传承轨迹，定期将农家书屋的图书装进书包送到千家万户、田间地头，将农家书屋"搬"到群众身边，唤醒沉睡的书籍资源，满足群众阅读需求，"人人爱读书"成为青龙一道亮丽的风景线。"流动课堂"为健康护航。为推动健康文明新风尚蔚然成风，树牢群众"健康第一责任人"意识，青龙街道党工委与青龙卫生院党支部联动，为各村（社区）和学校派送"健康流动课"，针对不同群体日常生活中容易出现的安全隐患和疾病，开展急救知识、健康生活、疫情防控、饮食习惯等专题培训，不断提高辖区群众健康素养。"流动站点"展关心关怀。为让群众少跑腿，青龙街道为民服务中心主动靠前服务，在周末、节假日等时间节点，在集镇主要交通路口等人群密集处设置办理点，为群众安装"一部手机办事通"并介绍使用方法，有效提高安装使用率。聚焦村（社区）行动不便人员，街道党工委正着力推进为民服务"走千家访万户"，为群众办事提供更多便利，实现为民服务"零距离"。[①]

---

① 《安宁市青龙街道：党员聚力流动服务打通"最后一公里"》，云南网，http://gongyi.yunnan.cn/system/2021/03/05/031320461.shtml。

自贵州省黔东南苗族侗族自治州雷山县农信社开展财政涉农补贴"一卡通"配折、卡以来，网点工作人员多次深入到各偏远乡村，解决了众多客户办理业务路程远的难题，让更多的客户享受高效便捷的金融服务。乌勇村 60 岁的余凤明老人，因脑梗瘫痪在床未能自理，原存折密码已丢失，因急需资金抓药，家属在家心急如焚。雷山联社青年团员刚安装好设备，老人家属就赶紧跑来咨询怎么办理，雷山农信社工作人员向他解释了所需要的资料后，他立刻赶回家准备资料，在不到 5 分钟的时间便解决了积压在老人心中几个月的事。雷山农信社真正做到了急农民所急、想农民所想，流动服务站所到之处，就是农信社"服务百姓、普惠金融"的风景线，移动展业"移"到的位置，就是服务老百姓心灵的位置，雷山联社青年团员主动上门服务，得到了老百姓，特别是偏远山区农民的一致"青睐"和好评。①

① 《流动的服务　不变的真情》，当代先锋网，http://www.ddcpc.cn/detail/d_non-gxin/11515115551350.html。

第 五 章

流动型社会保障服务的流动性考察

边疆民族地区现有的多种流动型社会保障服务在一定程度上弥补了当地社会保障待遇水平较低、服务不到位、项目不健全等不足，缩小了与发达地区的社会保障服务差距，部分地满足了当地基层群众的社会保障服务需求，推动了边疆民族地区的经济发展与社会稳定。但是，由于流动型社会保障服务的社会认知度不高，边疆民族地区特殊的自然环境和人文环境、社会保障资源城乡配置不均衡等原因，流动型社会保障服务还存在着要素设置流动性不足、资金和人才保障不到位、服务设备和服务方式落后、法律制度不健全、管理机制不规范等问题，制约着流动型社会保障服务功能的有效发挥。

第一节　社会保障服务供给的流动性缺失

在偏远和边疆民族地区农村提供流动型社会保障服务，既可以弥补固定服务的不足，体现公共服务的全民性，也可以有效利用公共服务资源，推进公共服务均等化。但是，当前农村社会保障服务表现出明显的流动性要素缺失，制约着其积极作用的发挥。

（一）社会保障服务内容的流动性缺失

农村居民社会保障需求的多样性，决定了政府提供社会保障服务内容的多样性。针对偏远和边疆民族地区农村特殊的政策环境，为增强公共服务的可及性与可得性，政府也提供了一些独具特色的公共服务，例如"马背药箱""流动医疗室"等，这些流动服务在满足农村居民基本社会保障需求方面发挥了重要作用。但是，社会保障服务是一个庞杂的体系，涉及民生领域的各个方面，受资源和条件限制，政府很难在每一个领域都提供流动型公共服务，导致在某些领域流动型社会保障服务的严重缺失。

以文化福利服务提供为例，在精神文明高度发达的今天，文化福利已成为公民社会福利的一项重要内容，而公共文化服务设施作为公共文化服务的物质载体，在享有公共文化服务中起着至关重要的作用。针对偏远和边疆民族地区农村的特殊情况，打造一个流动的公共文化服务平台，就成为政府文化政策的必然选择。但是，目前这项公共服务内容明显缺失。以内蒙古农村牧区公共文化服务为例，内蒙古地广人稀、居住分散、交通不便，文艺团体的服务半径大，服务难度高，公共文化服务的质量和数量始终无法保证。但是，即使在如此特殊的情况下，仍存在着基层电影放映设备老化、片源短缺、新片租金补助少等问题，目前每个嘎查每月一场电影的放映要求都难以满足。①

---

① 　白维军、刘银喜：《流动型社会保障服务：内涵界定、要素分析与路径选择》，《中国行政管理》2014 年第 9 期。

（二）社会保障服务手段的流动性缺失

偏远和边疆民族地区农村社会保障服务的流动性特征，决定了对社会保障服务供给手段的流动性要求。以流动的方式提供社会保障服务，降低了基层民众享受社会保障服务的代价和成本，能使他们方便、快捷地享受到较高质量的公共服务。但是，受传统行政理念和实际操作难度的限制，当前农村社会保障服务手段单一、方式落后，表现出明显的流动性缺失。

例如，在"新农合"医药费报销环节中，目前大多数地方的做法是参合农民先自行垫付全部费用，待出院后携病历复印件、交费发票等，到乡镇一级政府的相关社保机构办理报销手续，然后通过领取现金或银行转账方式享受医疗保险待遇。这一过程中，如果参合农民距离乡镇政府较远且交通不便，在报销比例较低的情况下，完全可能因交通不便而放弃这次"获利不大"的舟车劳顿，从而丧失了自己享受医疗保险的权利。在"新农保"的待遇领取环节中，许多地方规定养老金待遇必须通过社会化的银行发放方式，参保农民需到距离遥远的县城领取低微的养老金，这一过程的不便与高昂的成本，大大降低了农民参保的积极性。在农村低保金的领取过程中，仍然存在类似于养老金领取时的远距离成本，政府未能提供定期上门发放低保金的便利。在低保资格的确定上，政府相关部门也没有走出办公室，亲自到农村社区核实申请者的收入支出情况，导致救助的偏颇和低效。

（三）社会保障服务机构的流动性缺失

为使偏远和边疆民族地区农村的居民能顺畅、公平地享受到基本公共服务，政府也曾设想通过"一站式服务"和"代理服务"创新公共服务理念，让农村居民享受到与城市居民大体相当的社会保障服务。但是，"一站式服务"仍然具有"坐等"性质，提供的是一种半主动服务，办事群众必须亲自前往"一站式服务"机构才能享受到这种社会保障服务。"代理服务"虽然增强了基层群众办事的便利性，但是这种代理服务不具有法律层面的合法性，代理服务人员也都是自愿的兼职服务，并不是一种制度化的机构安排。上述两种服务方式在偏远和边疆民族地区农村的"水土不服"，使其逐渐丧失了现实可行性，农村特殊地区的特殊公共服务供给严重不足。

偏远和边疆民族地区农村流动性服务机构设置的不足，直接导致社会保障服务供给的流动性缺失，农村居民享受社会保障服务的可及性被大大降低。因此，在大力建设服务型政府理念的推动下，政府应根据偏远和边疆民族地区农村社会保障服务的流动性特征，首先在服务机构方面设置一些可流动的服务机构，这些机构除了具有流动性外，还必须具有正式的机构编制，一切活动必须在法律规定的范围内严格执行。设置社会保障流动服务机构，是政府增强服务能力、农村居民享受便捷公共服务的组织保障，虽然会在一定程度上增加政府的行政成本，但这也是政府履行社会保障职责必须承担的费用。

第二节　社会保障服务供给要素的流动性分析

边疆民族地区公共服务供给和需求的特殊性，决定了流动型社会保障服务在上述地区的适应性和契合性，但是，实践中的流动型社会保障服务在供给方面还存在一些问题与不足。

一、服务主客体及手段的流动性不足

边疆民族地区现有的流动型社会保障服务基本都是采取供给主体主动"送服务"上门的方式，从而让基层群众在家门口就能轻松享受到各种社会保障服务。但是，在服务主体、服务内容和服务方式上依旧表现出流动性不足的问题，降低了社会保障服务的可得性和可及性。

（一）社会保障服务主体的流动性不足

在我国边疆民族地区，由于制度、资源、条件和配置资格等方面的限制，市场和社会组织提供的社会保障服务的流动性不足，原本设想的政府、市场、社会组织相互补充、相互协调的主体合作场景并没有充分体现，绝大多数流动型社会保障服务还是由政府单独提供，这种单一的流动型社会保障服务供给模式，既无法满足边疆民族地区农村日益变化的社会保障服务需求，也不利于社会保障服务供给效率的提高。具体而言：

首先，政府提供的社会保障服务的流动性不足。社会保障服务涵盖社会保险、社会救助、社会福利、社会优抚和补充保障等多种项目，覆盖范围十分广泛，所以，政府必须全面地提供各种

社会保障服务。但是，当前如社会保险领域的工伤保险、生育保险、失业保险，社会救助领域的住房救助、就业救助，社会福利领域的妇女福利、儿童福利，以及部分补充保障，鲜有政府大范围的流动型社会保障服务供给。以"新农合"为例，当前绝大多数"新农合"参保群众在领取补贴或费用报销时，仍然需要本人或家属带着相关医学证明和手续资料，去乡镇主管办公室或乡镇卫生院办理，这对于交通不便的边疆农牧民来说是一件十分困难的事情，行动不便的家庭甚至可能会放弃待遇的享受。生育保障服务亦是如此，当前鲜有针对农村生育妇女的保障服务，政府提供的流动型社会保障服务并没有覆盖到这一项目。

其次，市场提供的社会保障服务的流动性不足。虽然边疆民族地区农村的市场发育并不完善，但随着农民收入水平的提高和市场机制的逐渐健全，基层群众既有能力也有愿望通过市场途径购买社会保障服务。但是，当前市场主体为农村提供的商业性社会保障服务却十分有限，流动型社会保障服务更是鲜有作为。有些商业保险公司虽然在边疆民族地区开通了农村保险业务，但没有在乡镇设置办理点，参保群众必须到旗县甚至地级市进行参保办理。在办理商业保险的理赔业务或享受待遇时，同样需要基层群众克服交通困难并承担各种成本，去县城里的商业保险公司办理。当市场主体提供的商业性社会保障服务缺乏流动性时，许多交通不便或者行动不便的基层群众只能选择弃保，使得商业保险在边疆民族地区的发展更加滞后，市场主体也没有足够的动力为边疆民族地区的农村提供流动型商业保险服务，形成了恶性循环。

最后，社会组织提供的社会保障服务的流动性不足。随着社会组织的发展壮大，政府已经把部分公益性、服务性的社会保障服务让渡给具备条件的社会组织。例如，社会组织通过参与扶贫开发和灾害救助介入社会救助领域，通过养老服务、社区服务和就业服务介入社会福利领域，弥补政府和市场在这些领域的不足。但是，边疆民族地区整体上的合作组织、行业协会、消费者协会和慈善机构等社会组织发展的不足和缓慢，从根本上影响了其社会保障服务供给的能力和可能。农村社会保障制度建设的不完善，也使它们缺乏提供流动型社会保障服务的制度支持、资源支持和能力支撑，受条件限制，它们也只能提供一些固定的或者零星的养老服务、社区服务和就业服务，社会保障服务缺乏流动性。

（二）社会保障服务内容的流动性不足

虽然边疆民族地区的某些社会保障服务项目已经实现流动性供给，但总体来看还是存在流动性不足的问题，主要表现在以下几个方面：

第一，在提供流动型社会保障服务之前的"宣传"服务流动性不足。宣传服务流动性不足，一方面对基层群众的参保积极性带来很大影响。以流动型社会保险服务为例，边疆民族地区的基层群众往往对社会保险制度了解较少，如果供给主体只是办理当日到农村提供上门式的流动型社会保险服务，或者通过基层干部非专业地通过"喇叭式"喊话进行政策宣传，而没有形成制度化的流动、正式宣传工作机制，降低了他们生活风险的保障能力。

另一方面，宣传服务流动性不足也给不法分子行骗提供了机会。例如在流动低保救助服务中，边疆民族地区农村的基层群众也会通过宣传报道知晓政府会提供上门的流动服务，为他们享受低保待遇提供便利，但是他们并不清楚具体何时办理，由谁来办理，会不会有村干部跟随，需要些什么资料等，这就给一些不法分子行骗留下了机会，他们会抓住基层群众不清楚具体事宜却又急于享受待遇的心理，冒充工作人员，以办理低保之名上门行骗甚至公然抢夺。①

第二，在提供流动型社会保障服务时的"调查核实"流动性不足。例如，按政策规定，低保待遇必须是个人申请，机构调查核实，然后才能从村里逐级上报备案，最后享受低保待遇，在收入明显改善后，或达到退出条件时应主动退出。但是，有些地方的村干部却经常根据自己的观察，或者以腐败的手段自行确定低保户，在一些低保户的待遇得到改善后也不及时取消低保资格，造成了低保制度的病态运行。在这样不完善的低保认定机制和退出机制下，如果主管部门不能及时上门核实低保户的实际情况，很容易导致救助的偏颇。而且，如果没有相关部门进行流动型调查核实，基层群众的福利待遇也可能面临被挪用和被冒领的风险。边疆民族地区农村有些行动不便的残疾人和高龄老人的社会福利待遇经常是由村干部代领的，在信息不对称的情况下，这些人的合法权益很容易受到损害。上述种种情况，都需要有严格的

---

① 《骗子冒充工作人员办低保 12 位老人被骗》，中国网，http://henan.china.com.cn/special/zhf/201310/V34128W8WN.html。

流动型调查核实工作机制，否则受保群体的利益就会受到损害。

例如 2019 年 6 月，中央纪委国家监委牵头，对漠视侵害群众利益问题开展集中整治。其中，农村低保专项治理是重点，聚焦解决农村贫困老年人、残疾人、儿童等特殊困难群体"脱保""漏保"等问题。时任广西壮族自治区那坡县民政局城乡居民最低生活保障中心主任唐露霞，未能正确履行工作职责，对那坡县低保金发放工作监管不到位，导致那坡县百省乡那龙村那旺屯等 4 个屯出现全体村民平均分配该屯低保户低保金问题，累计金额 240792 元，这与相关部门没有及时开展流动型调查核实工作有极大的关系。

2019 年 6 月至 9 月，全国清退不再符合条件的低保对象 92.8 万户、185 万人，新纳入低保对象 96.5 万户、185.4 万人；排查重点对象 463.3 万户、914.4 万人。其中，新纳入低保对象 64.7 万户、120 万人，新纳入特困人员 7.9 万人，实施临时救助 76.9 万人。全国地方各级民政纪检监察机构共发现或收到移交问题线索 389 条，其中立案 160 件，问责干部 182 人。民政部党组、驻部纪检监察组联合通报 2 批 11 起典型案件。2018 年，广西壮族自治区港口区区纪委监委机关实行班子领导联系督导制度，深入联系镇（村）蹲点核查。2018 年 1—3 月，共开展监督检查 5 次，从督查通报、财政专项检查报告中形成问题清单，梳理出扶贫领域问题线索 8 条，初核 2 件，约谈提醒 9 人，重点对一些镇（街）、扶贫职能部门在扶贫资金拨付、使用缓慢问题进行集体约谈。强化直查快办，指导光坡镇、王府街道查办村（社区）干部在低保资金发放中优亲厚友问题两起。① 由此可见，在提供社会保障服务时，开展流动型调查核实是十分必要的。

第三，流动型社会保障服务后的"扫除盲区"和"检查回访"服务流动性不足。一方面，政府相关部门在提供流动型社会救助服务、流动型社会保险服务和流动医疗服务等项目之后立即退出，没有对流动型社会保障服务进行回顾总结，没有进一步检查是否存在服务对象故意隐藏情况或服务主体工作不力等问题，导致"漏保"现象经常发生；另一方面，政府相关部门在提供流动型社会保障服务项目后，不重视流动性的走动和回访，没有与当地基层群众进一步交流以修正和改善服务，或没有了解基层群众是否还有其他流动型社会保障服务需求，缺乏完善和优化当前的流动型社会保障服务的主观意识。

（三）社会保障服务方式的流动性不足

边疆民族地区农村社会保障服务供给大体存在三种服务方式，即固定型、代理型、流动型。固定型社会保障服务是一种被动的社会保障服务模式，其覆盖范围有限、供给能力较弱。代理型社会保障服务具有半主动性的特点，能够在一定程度上满足基层群众的部分需求。边疆民族地区农村特殊的生活环境，决定了这两类社会保障服务方式与边疆民族地区的农牧区的契合度较低，很难为边疆民族地区基层群众提供快捷、高效、便利的社会保障服务，但流动型社会保障服务很好地弥补了二者的不足。

① 赵丽、赵心怡：《185 万人不符低保条件被清退　严查微腐败净化基层政治生态》，《法制日报》2019 年 1 月 30 日。

流动型社会保障服务的本质就是流动性，也只有通过流动，才能体现出这种方式的价值。但是，由于工作成本和服务意识的影响，在具体提供服务时存在一定程度的主观意愿，并没有让这种流动型的服务"流动"起来。例如，在为边疆民族地区农村提供流动型社会保障服务时，比较缺乏前期调研，流动考察不够导致所提供的服务脱离了群众的实际需求。以流动文化服务为例，在为少数民族聚居较为集中的地区提供社会保障服务时，并没有深层次结合当地的文化传统、风俗习惯和民族特色，大多是一些普遍意义上的提供，细节体现得不到位。而且，流动性文化设施建设的随意性较大，没有综合考虑文化设施的实际辐射半径和附近居民的实际需求，让供给和需求之间出现断层，出现诸如"流动书屋"没有读者等现象。

除此之外，边疆民族地区农村流动型社会保障服务主要由地方政府组织开展，通过行政手段实施，并没有形成民主协商式的服务，使得流动型社会保障服务的供给决策缺乏科学可行性，政府设计的供给方案存在一定的不合理之处，影响流动型社会保障服务预期效果的实现。另外，边疆民族地区农村流动型社会保障服务大多是一个机构提供一两种自己业务范围内的服务，有时限于人力和财力的不足，也只针对个别地区进行巡回服务，这种方式不仅会造成服务供给主体的资源重复配置，服务对象也只能接受到单一的服务内容，无法满足基层群众多样化的服务需求。

以社会保险服务为例，社会保险是一项通过事先缴费形成基金，用以预防诸如养老、疾病、失业等风险的制度安排。政府作为农村社会保险制度的提供者和最终担保者，在规则制定中必须充分考虑到民族地区农村的实际情况，尽量提供方便、快捷的社会保障公共服务，以降低制度参与者享受权益的成本代价。所以，对于边疆民族地区农村来说，政府在制定社会保险的缴费方式、待遇发放、业务管理等政策时，要体现一定的流动性，以更好地适应参保农民的实际情况。

但是，当前民族地区农村社会保险公共服务供给存在着一定的流动性缺失。例如，在"新农合"医药费报销环节中，目前大多数地方的做法是参合农民先自行垫付全部费用，待出院后携诊断证明、交费发票等材料，到乡镇一级政府的相关社保机构办理报销手续，然后通过领取现金或银行转账方式享受医疗保险待遇。这一过程中，如果参合农民距离乡镇政府较远且交通不便，在报销比例较低的情况下，完全有可能因交通便利而放弃这次"获利不大"的舟车往返，从而无奈地丧失了自己享受医疗保险的权利。在"新农保"的待遇领取环节中，许多地方规定养老金待遇必须通过社会化的银行发放方式，参保农民需到距离遥远的县城领取低微的养老金，这一过程的不便与高昂的成本，大大降低了农民参保的积极性。这时，如果政府能在提供养老、医疗保险待遇时多一些灵活、流动的方式，变被动提供服务为主动上门服务，就能更好地保障参保农民的社会保险权益。

二、资金和人才保障不到位不充足

近年来，我国虽然对边疆民族地区的民生建设加大了资金和人才的支持力度，但是，总体来看，仍然存在资金和人才保障不足的问题，导致上述地区社会保障服务供给的短缺，流动型社会保障服务供给更是如此。这一方面是因为我国边疆民族地区地广人稀，流动型社会保障服务供给成本偏大。流动型社会保障服务供给不仅需要购买和维护流动性设备，还需要招聘和培训专业人才，这些都需要大量的资金作为保障。但是，我国中央政府对社会保障服务的财政投入不足，边疆民族地区地方财政又捉襟见肘，社会保障费征收作用有限，转移性收入也得不到充分保障，再加上边疆民族地区农村特殊的经济发展水平，造成招商引资困难、社会也不愿意来投资的局面，无法保证服务供给上的资金投入，结果必然导致流动型社会保障服务的缺乏和低效。

另一方面，边疆民族地区工作环境较差、薪资待遇偏低、晋升机会较少、人才管理体制不健全，农村流动型社会保障服务的人才不充足。很多基层工作人员对流动型社会保障服务奔波的工作状态和较大的工作负荷有畏难情绪，不愿意参加此类工作，再加上从业人员的学习交流和专业培训渠道狭窄，很多专业性强的服务缺乏科技知识人才和信息技术人才，导致在流动型社会保障服务供给上的人才投入无法保证。而现有的流动型社会保障服务工作人员整体素质偏低、业务水平不强，人才断层严重，无法形成常态化、专业化和规范化的人才保障机制，制约着边疆民族地区农村流动型社会保障服务的供给。

以宁夏回族自治区为例，截至 2018 年 12 月底，宁夏共有 27 个社保经办机构。其中副厅级单位 1 个，为自治区社保局，已参公管理；正处级单位 5 个（5 个设区的市），正科级单位 10 个（平罗县、同心县、盐池县、原州区、西吉县、隆德县、泾源县、彭阳县、海原县社保局，宁东基地社保中心），副科级单位 9 个（兴庆区、金凤区、西夏区、永宁县、贺兰县、灵武市、青铜峡市、红寺堡区、中宁县社保局），不定级别单位 2 个（大武口区、惠农区社保经办服务中心）。市县（区）有 26 个经办机构均未实行参公管理。全区社保经办机构人员编制数为 1006 名，实有工作人员 1028 人。2018 年，全区社保经办机构核定工作人员编制数为 1006 名，比 2017 年的 1049 名减少 43 名。其中年龄结构在 36—45 周岁的人较多，占所有人数的 41%；学历结构中大学本科毕业的居多，占比 72.2%；工作人员专业技术职称结构中有高级专业技术职称的仅有 97 人，占比 9.4%，无职称的有 533 人，占比 51.9%。由此可见，宁夏回族自治区从事社会保障服务人数较少，且存在一定程度的流失，高层次、专业性的人才较少，相关人才数量不足，人才培养能力和吸引能力不强，人才观念相对落后，各地区之间基础设施和人才存在差异。[1] 宁夏总体社会保障管理和服务人才的缺乏，必然导致提供流动型社会保障服务人力的缺乏。同时，边疆民族地区的"三支一扶"中的服务岗位主要为乡镇文化、劳动社保、农技服务、医疗卫生等急需人才的专业岗位，招募条件为 35 周岁以下、专科及以上学历、有志于从事农村基层工作的人员等。对于边疆民族地区来说，社会保障方

---

[1]　宁夏人力资源和社会保障厅：《宁夏社会保险发展年度报告 2018》，http://hrss. nx.gov.cn/zcfg/shbz/201912/P020191224351177324832.pdf。

面的高层次人才缺乏，是制约社会保障服务能力和水平的重要因素。

三、服务方式与现代化技术脱节

流动型社会保障服务的基本要求就是这种服务能"流动"起来，因此，必须配备有可流动的技术作为支撑。而且，我们正处于一个飞速发展的时代，在新技术蓬勃发展的当下，社会也具备了提供这种流动型社会保障服务的条件。但是，受地理环境和资金短缺的影响，边疆民族地区用于社会保障服务的设备老化严重，基础设施非常简陋，有些地区无力购买新设备和特殊设备，降低了流动型社会保障服务的效率和效果。

例如，有些地区的流动文化服务还在依靠小四轮拖拉机、改造废旧汽车等交通工具为基层群众传送，流动电影院使用老式帘幕，乌兰牧骑搭建简易舞台，流动救助站使用简易帐篷，地形复杂的地区需要工作人员走到大山深处为基层群众提供，这些方面都达不到流动型社会保障服务应有的供给效果。边疆民族地区农村的信息化建设也无法与互通互联的时代相匹配，不仅缺乏便携投影仪、舞美等现代化设备，还缺少多媒体、移动通信网络等现代化技术供给，更不用说流动数字图书馆、流动数字博物馆等数字技术供给了，与现代化技术始终存在较大的脱节，导致社会保障服务的流动性供给大打折扣，严重影响着服务的效率和水平。

以社会救助服务为例，作为政府主导的一项社会保障制度，社会救助主要是通过财政拨款，对陷入生活困境的社会成员予以生活救济，使其摆脱生存危机。目前，农村的社会救助项目主要包括低保制度、灾害救助和五保供养三种方式。虽然每一种方式对救助的要求各不相同，但就边疆民族地区农村的情况而言，提供流动性服务是它们对社会救助公共服务的共同要求。流动性社会救助不仅能降低生活困难群体在领取待遇时的成本代价，而且能够更及时地获得救助服务，更能使有限的救助资源发挥出最大的功效。

　　但是，当前民族地区农村社会救助公共服务供给存在着一定的流动性缺失。例如，在农村低保金的领取过程中，仍然存在类似于养老金领取时的远距离成本，有些地方政府仍未能提供定期上门发放低保金的便利，也没有利用现代科学技术，通过网络等渠道为受保群众及时提供低保金。在低保资格的确定上，有些政府部门既没有走出办公室，亲自到农村核实申请者的收入支出情况，也没有利用现代通信技术远程核实，还是以传统的"坐等"思维开展工作，导致救助的偏颇和低效。在灾害救助中，虽然政府的救灾资金能比较及时地发放到灾民手中，但一些用于灾后重建的物资服务，还是要求灾民必须亲赴县城等地方自己领取，糟糕的交通和忙碌的重建，往往使灾民很难顺利地享受到高效的灾害救助服务。五保供养的流动性矛盾更加突出，因为很多五保老人都是单独、分散地供养在家中，政府的救助资金以及救助服务如果不以流动性的主动上门方式提供，对于这部分老人来说也是很难享受到五保供养待遇的。社会福利服务亦是如此，社会福利是一项旨在提高全体国民生活质量的保障制度，它通过提供无差别的福利设施、福利服务、福利津贴等，使每个国民都能平等地享受到经济、社会发展的成果，是最高层次的社会保障制度安排。但是，受我国整体经济水平的影响，为全体国民提供"斯堪的纳维亚式"的福利待遇还是极不现实的，我国把福利的重点放在了诸如残疾人、老年人、妇女、儿童等弱势人群身上。边疆民族地区的农村社会福利只有通过流动性制度安排，才能使农村居民便利地享受到政府提供的各项福利待遇。

但是，当前民族地区农村无论是公共福利还是特殊福利都表现出一定的流动性缺失。例如，在面向60周岁以上老年人提供的普惠式老年津贴时，基本都是由村干部代领后再转交给福利待遇的享受者，对于老年人来说关于老年津贴的所有信息都来自村干部口中，当地的发放标准、发放方式他们并不清楚，这就很容易导致他们的合法权益被侵害，村干部贪污、挪用老年津贴的案例也是时有发生。但是，如果由政府主管部门定期下乡把老年津贴直接发放到老年人手中，让这种服务流动起来，下沉到农村，或者通过智能设备，让老年人亲自了解相关的政策法规，就不会发生上述侵害老年人权益的事情。对残疾人社会福利的提供也是如此，政府往往忽视了农村残疾人行动更为不便的现实，未能采取一些流动性服务措施，给残疾人享受社会福利带来了障碍。

四、制度的法制化建设滞后

调研发现，边疆民族地区基层各项制度的法制化建设比较滞后，制度落实不到位，不规范、随意性的管理模式，使得制度难以达到最初的设想。具体到流动型社会保障服务供给来说，一方面，边疆民族地区农村流动型社会保障服务的管理不规范。表现为：一是流动型社会保障服务供给主体之间衔接协调不畅，政府和社会组织在提供流动型社会救助服务时责任边界不清晰，各自按照主观意愿提供，造成重复供给与供给不足并存，市场主体的责任意识不强，提供流动文化服务有时只是为了自身形象塑造与宣传，大多也只是临时供给，助长了社会保障服务在流动过程中的利益至上问题。二是流动型社会保障服务的监督机制不健全，没有建立起完善的监督机制体系，没有科学合理的评价体系和标准，市场监管也存在一系列问题，群众监督没有发挥出应有的作用，出现了流动科技服务的异化。此外，流动图书馆也因为监督管理不到位，出现大量图书遗失的现象，尤其是公交车流动图书馆图书丢失情况更甚。三是流动型社会保障服务执行力度不够，虽然有些社会保障制度也预设了流动性安排，但是很多没有真正落到实处，或者是浅尝辄止，没有将流动性的优势最大化地发挥出来。

另一方面，边疆民族地区农村社会保障制度的法制化建设滞后。我国还没有一部针对边疆民族地区农村社会保障服务系统完整的法律法规，虽然大部分实行民族区域自治制度的边疆民族地区可依据自治条例制定社会保障的具体法规和实施细则，但是却没能利用好这项制度，民生领域的自治功能没有凸显。除此之外，已有的法律依据大多是由以条例、决定、方案、办法等形式来表现的，不仅立法层次和效力不高，还缺乏对边疆民族地区的适用性和可操作性细化研究，导致地方政府的随意性和主观性较强。缺乏统一有效的强制性法律约束，就难以对流动型社会保障服务进行全面、系统的规范和管理，所提供的服务也就被大打折扣。

第三节　社会保障服务流动性不足的原因分析

流动型社会保障服务存在上述流动性不足、管理不科学、流程不规范、服务效果较差等问题的主要原因包括：

一、社会认知度不高且财政投入不足

政府公共服务的提供方式可以是静态的也可以是动态的，就社会保障公共服务而言，区域的不同和项目的不同，决定了对公共服务的要求也不尽相同。从目前民族地区农村的实际情况来看，除了保证那些制度化的、稳定的公共服务供给外，还应适时增加一些灵活的、流动性的公共服务。让公共服务流动起来，既是政府提供公共服务的应有之义，也是民族地区农村社会环境的现实要求，应成为政府农村社会保障公共服务供给的新理念与新思路。

流动型社会保障服务是一个高度的理论升华，它的相关实践活动其实已经在社会中存在很久。但是，由于边疆民族地区农村对流动型社会保障服务的宣传滞后，导致人们对这种公共服务方式的认识不足，没有引起更多的关注，也没有形成官方与民间的

"共鸣"。例如，当前的宣传活动主要是在提供流动型社会保障服务的过程中，顺便做一些宣讲，很少有专门针对流动型社会保障服务的政策宣讲，不仅宣传范围狭小，宣传方式也较为单一。加之流动型社会保障服务在理论阐述上"枯燥无味"，而边疆民族地区基层群众的文化水平也较低，他们对流动型社会保障服务的认知大多一知半解，没有能力也没有兴趣深层次地去理解它，把关注点主要放在了"实惠"上。这导致了边疆民族地区基层群众对流动型社会保障服务的认知度较低，严重影响了对流动型社会保障服务的参与积极性，流动服务的预计目标难以实现。

让边疆民族地区农村社会保障服务流动起来是我国民族地区农村地处山区，交通不便，人口居住分散对公共服务的特殊要求。这种主动送服务，让社会保障公共服务下沉到基层的做法，可以让农村居民享受到更加便捷、高效的社会服务，从而增强他们对社会保障制度的信心与期望，推动农村社会保障建设不断向前发展。同时，流动型社会保障服务降低了行政成本和代价成本。对于政府部门而言，公共服务下延看似增加了行政成本，实例证明它反而节约了成本。以流动性巡回法庭为例，由于法官无须常驻法庭，巡回场所可以保留数量有限的辅助人员，或者干脆委托地方政府、基层组织从事日常的案件收集、登记，相应的人头、交通、通讯、取暖等费用明显减少了。[1] 对于农民来说，他们则节约了往返于政府部门的时间成本和交通食宿成本，是一件

---

① 苏祖勤、苏丽、唐久霖：《"流动政府"：边远民族地区服务型政府模式构想》，《当代经济》（下半月）2008 年第 1 期。

喜闻乐见的惠民举措。此外，流动型社会保障服务也提高了政府行政的效率。这种流动性的上门服务，避免了群众去办事但工作人员有事外出导致的无谓奔波，或者由于多部门协作不力导致的相互推诿，能使群众在第一时间享受到行政审批、待遇兑现的便利，大大提高了办事效率。而且，这种服务下基层的做法，能避免社会保障待遇发放中的贪污、挪用等腐败行为，维护了政府在群众心目中的威信与地位。

但是，由于边疆民族地区尚未系统全面地推行流动型社会保障服务，好多项目仍处于试行状态，这种"实践即宣传"的方式作用有限，无论是基层群众还是基层政府，都对流动型社会保障服务没有一个完整的认识，导致流动型社会保障服务效果不佳。具体来说：一是我国民族8省区目前还没有提供系统全面的农村流动型社会保障服务，局限于某一种或某几种社会保障服务形式。例如，西藏自治区的流动型社会保障服务实践仅限于流动型社会保险服务、流动电影院、流动医院和流动法庭几项，这些流动型社会保障服务只能保障基层群众的部分权益，满足个别需求，作用比较有限，抑制了群众参与流动型社会保障服务的积极性。而且，由于经济条件不足、家庭保障和土地保障观念深厚、保险意识淡薄等原因，边疆民族地区基层群众更认同只需要单方面接受的流动型社会救助服务和流动型社会福利服务，对需要承担缴费义务的流动型社会保险服务的认同度相对较低。

二是提供流动型社会保障服务的地方政府认为流动型社会保障服务的供给成本过高，不宜大范围展开。实践中的流动型社会保障服务，例如流动扶贫的扶贫资金、流动扶贫超市的基本生活用品、流动图书馆的刊物和书籍、流动科技馆和流动博物馆的展品与展板、流动小药箱的药品购买、流动法庭的庭审配套装备等都需要有大量的资金投入，这就大大增加了地方政府的行政成本，他们没有饱满的热情和充足的动力去提供流动型社会保障服务。流动型社会保障服务的设备基本都是通过政府招标采购获得，社会捐赠极少，而在市场上这些设备的价格都比较高，导致流动服务的成本变高。例如，2018 年，青海省格尔木市流动村卫生室设备采购的询价公告中，预计采用 27.026 万元来购买所需设备。[1]2019 年，宁夏回族自治区区域化流动科技馆巡展吴忠市《视·错觉》主题展览服务项目预计花费 150 万元进行采购。[2] 由此可见，流动型社会保障服务采购花费较高，但政府每年在社会保障领域的投入又相对有限，受财力的限制，提供流动型社会保障服务的次数就会减少，客观上限制了流动型社会保障服务效果的发挥。

二、特殊的自然和人文环境增加了供给难度

从现实情况来看，一方面，我国边疆民族地区大多自然环境恶劣、交通不便、地广人稀。新疆的高山环绕、西藏的高原气

---

[1]　《格尔木市流动村卫生室设备采购项目询价公告》，中国政府采购网，http://www.ccgp.gov.cn/cggg/dfgg/xjgg/201812/t20181227_11432266.htm。

[2]　《宁夏区域化流动科技馆巡展吴忠市〈视·错觉〉主题展览服务项目》，中国政府采购网，http://www.ccgp.gov.cn/cggg/dfgg/gkzb/201910/t20191028_13199513.htm。

候、内蒙古的天寒地冻、宁夏的荒漠广布、广西的岭谷相间、云南的地势落差、贵州的地形崎岖以及青海的山脉纵横，都会导致政府在提供流动型社会保障服务时面临难度高且成本大的问题，在具体供给过程中，还存在人员和设备的安全隐患等问题。例如，在向边疆民族地区提供流动医疗服务时，医务人员很可能难以适应西藏的高原气候，数字 X 光机、全自动生化设备、心电图机等医疗设备也可能在新疆和内蒙古冬季的极寒气温下无法使用或产生故障。边疆民族地区农村的信息化建设也无法与互通互联的时代相匹配，不仅缺乏便携投影仪、舞美等现代化设备，还缺少多媒体、移动通讯网络等现代化技术供给，更不用说流动数字图书馆、流动数字博物馆等数字技术供给了，与现代化技术始终存在较大的脱节，导致社会保障服务的流动性供给被大打折扣，严重影响着服务的效率和水平。

例如，截至 2017 年底，云南省红河哈尼族彝族自治州交通基础设施建设依然面临问题。全州通车里程达 23298.2 公里，其中：高速公路 696 公里、一级公路 71.47 公里、二级公路 963.66 公里、三级公路 1193.75 公里、四级公路 17835.95 公里、等外公路 2537.33 公里，公路密度达 70.8 公里 / 百平方公里。虽然农村的基础设施建设受到国家的重视和支持，已经取得了一定的进步和成效，但是，依然存在总量不足、南北发展不平衡等问题，制约着流动型社会保障服务的提供。

红河州 2017 年通车里程为 23298 公里，公路密度达 70.8 公里 / 百平方公里。仅仅为中部地区的 60%，东部地区的 40%，公路通车总里程数还不够，覆盖还不够全。红河州地势西北高，东南低，最高海拔 3074.3 米，最低海拔 76.4 米，以红河为界，跨两个截然不同的地形地貌区，红河北岸是以中低山为主的喀斯特高原地貌，高原上分布着为数众多、多沿构造线分布的岩溶断陷盆地（坝子），地势相对平坦，人口相对密集，经济相对发达；红河南岸则是哀牢山的余脉，到处高山深谷，人口相对较少，经济相对落后，除县、乡政府所在地外对于交通需求相对较小，特别是个别自然村人口少、地形条件受限，通机耕路都很困难。由于这一特殊的因素，红河州在交通基础设施建设方面南北发展差异较大，截至 2017 年，北部 7 县（个旧、开远、蒙自、建水、弥勒、石屏、泸西）通车里程 13172 公里，其中高速公路通车里程 614 公里，占全州的 88.2%，南部 6 县（屏边、元阳、红河、金平、绿春、河口）通车里程 10126 公里，其中高速公路通车里程 82 公里，占全州的 11.8%。高等级公路占路网比率最高的是个旧市，为 18.5%，最低的是绿春县，仅为 2.1%。① 红河州的这些交通基础设施存在的问题导致流动服务的供给受到一定程度的限制，流动服务难以送达或供给的次数较少，南北之间由于地形的差异造成的基础设施的差异，也会导致南北之间接受的流动服务存在差异，存在分配不均衡的问题。

另一方面，边疆民族地区在人文环境上表现出明显的民族

---

① 蒋正超：《浅谈边疆交通基础设施发展现状及对策》，《建材与装饰》2018 年第 35 期。

性，与非少数民族地区相比，社会保障服务的供给具有特殊性和艰难性。

一是提供流动型社会保障服务要以尊重少数民族的民族习性和宗教信仰为前提，比如，在向民族聚集地提供流动型社会保障服务时，乌兰牧骑排演的文艺作品需要使用少数民族语言，流动图书馆需要提供少数民族语言出版的书籍，流动型社会救助服务需要提供民族食品，流动医院需要提供少数民族传统医药等，只有通过这些民族特需品的供给，才能满足当地基层群众多元化、特殊化的流动型社会保障服务需求。

二是边疆民族地区在人文环境上的封闭性和滞后性，导致社会保障服务无法顺畅流动。边疆民族地区农村的各项社会保障服务本来就存在着不同程度的缺口，再加上政府投入不足，边疆民族地区农村经济发展落后，在这样资本短缺的条件下，市场主体和社会组织为当地提供流动型社会保障服务的动力不足，流动型社会保障服务的供给不可避免地出现资金投入不连贯和服务主体流动性不足的问题。以流动扶贫为例，边疆民族地区的交通运输网不完善、教育发展滞后，基层群众接受信息的能力较弱，很多市场主体和社会组织不愿意去那里开展流动招聘就业扶贫活动。这些都为流动型社会保障服务的提供增加了难度，城乡社会保障服务均等化在民族地区遇到了较大的困难。

三、社会保障资源配置不均衡

我国社会保障资源总体有限，社会保障资源的充足与否成为影响社会保障水平高低的重要因素之一，而民族地区在这方面表现得尤为突出，我国边疆民族地区流动型社会保障服务运行不畅与社会保障资源配置不均有极大的关系。主要表现在以下几个方面：

第一，地区之间的社会保障资源配置不均衡。以流动图书馆为例，内蒙古通辽市扎鲁特旗巴雅尔图胡硕镇白音乌拉嘎查的"草原书屋"读物共有 3000 余册，但长沙市雨花区的"流动图书馆"光书籍借阅量就达到 2 万余册。可以看出，边疆民族地区和发达地区之间的社会保障服务层次严重不齐，边疆民族地区社会保障资源占有不足，使得流动型社会保障服务经常陷入"巧妇难为无米之炊"的窘境。

第二，城乡之间的不均衡配置，使得城市的社会保障服务无论在保障项目，还是服务水平上都明显优于农村，而且差距有持续扩大的趋势，客观上也导致农村流动型社会保障服务的供给不足。比如，城市有设施完善、服务规范的固定流动救助站，并且有数量可观的专职性流动救助服务队，分别在火车站、广场、商业区巡回工作，以不忽略任何一位需要帮助的流浪乞讨人员为目标。而农村流动救助站大多是车载救助站或帐篷救助站，且仅在流浪人员较为集中的地区临时组建，救助物资和救助水平也不及城市。

第三，享受社会保障服务群体之间的不均衡，也使得边疆民族地区农村居民在享受流动型社会保障服务中处于劣势地位。例如，城市居民不仅能享受到流动型养老保险服务，还能享受到流动型社区养老、民间机构养老、日间照料中心等多种流动型养老服务，满足老年人的多种养老需求。而农村老人大多只是参加了乡镇社会保障人员进村提供的养老保险办理服务，享受流动型养老服务并非一件易事，与理想中的城乡居民社会保障服务均等化有着较大差距。

第 六 章

流动型社会保障服务的他山之石

现实中我们也看到，非少数民族地区根据当地经济社会发展的情况和人民群众的需求，在社会保障服务供给中也采取了一些具有流动性的社会保障服务方式，表现为流动型社会救助、流动型社会保险、流动型社会福利和流动型就业服务以及流动型文化、医疗和社会治理等服务。上述流动型社会保障服务让当地居民尤其是农村居民享受到了更加方便、快捷的社会保障服务。非少数民族地区的这些流动公共服务做法，为边疆民族地区流动型社会保障服务建设提供了可供借鉴的经验，值得深入分析研究。

第一节　非少数民族地区流动型社会保障服务案例解析

非少数民族地区例如广东、江苏、浙江、辽宁、湖南、陕西等地，根据自身的经济状况和当地群众的现实需求，在社会救助、社会保险、社会福利等方面也采取了一些流动型服务的做法，收到了很好的政策效果。虽然边疆民族地区与它们相比有自身的特殊性，但有些先进的理念和务实的做法，还是非常值得边疆民族地区学习借鉴。

一、流动型社会救助服务

与边疆少数民族地区一样，非少数民族地区的流动型社会救助服务也是为减少街头的流浪乞讨行为、保护流浪乞讨人员的合法权益、维护社会和谐稳定而提出的社会救助新模式，目标群体主要是城市流浪乞讨的未成年人、危重病人和精神病人。这种救助模式以"自愿受助，无偿救助"为原则，贯彻依法救助、联动救助、专项救助与常规救助相结合的工作方针，通过由民政、综治、公安、城管、卫生等部门组成的流动救助管理专项工作办公室，组建专职流动救助服务队，对流浪乞讨人员进行物质救助和人性化教育，保障流浪乞讨人员的人身安全和基本生活，感化流浪乞讨人员，使之改变好逸恶劳的落后思想观念，这在一定程度上减少了流浪乞讨行为，遏制了流浪乞讨人员上升趋势。

案例研究表明，非少数民族地区在流动型社会救助服务中主要采取了流动救助车、流动救助站和流动救助队"三位一体"的救助模式，其由多个部门组成流动救助队，通过配备专门的车辆在市区巡查，为流浪乞讨人员提供救助，并将自愿接受救助的乞讨人员护送至各救助站。

以广州市为例，相关部门首先通过招标统一购买、配备专用救助车，并对车内进行特别改装，保证专用车内救助设备齐全，包括餐饮救助、应急药品和相关政策法规宣传设备等。然后组建救助服务队，由民政、城管、公安3个部门抽调人员组成，分为4个救助小组，每组配备1辆改装救助车。在特殊时期（高温酷暑、低温严寒），到市区流动人员相对集中的区域进行救助巡视，如火车站、广场、商业区等区域，在发现符合救助条件的流浪乞讨人员后，依次通过表明身份、对流浪乞讨人员进行劝导等方式完成救助。对于无监护人的未成年乞讨人员在进行填写登记表后，将其送至福利院或流浪少年儿童中心进行救助保护；对于有监护人的未成年人，分别对监护人和未成年人进行询问，辨别是否存在诱拐等现象；对于女性流浪乞讨人员，由女性队员上前进行交流、帮扶，同时辨别是否存在拐卖拐骗现象；对于流浪危重病人、传染病人、精神病人，及时拨打急救医护中心电话，护送其至广州市各大医院；对于有扰乱各公共场合秩序、抢劫偷窃和强讨强要、乱写乱画破坏市容、对流动救助队员进行谩骂和武力威胁等行为的流浪乞讨人员，在进行劝阻和制止后，仍然拒绝救助和停止此类活动，直接交由当地派出所处理；对不愿到救助站内接受救助的，及时提供免费的临时性生活保障，以减少生活无着落人员冻死饿死街头的现象发生；对于愿意站内救助的，在将救助人员送至救助站后，征得救助站工作人员同意后方可离开，并在交接前对车辆进行消毒，交接结束后及时进行工作总结会议、分享经验。

广州市街头救助的办法提高了政府救助的主动性，实现了救助的经常化，取得了显著的救助成果。通过主动寻找流浪人员并且及时提供帮助，省去了很多流浪乞讨人员寻找救助站的时间，甚至还解决了一些流浪乞讨人员对于国家救助政策的不知情问题。如 2018 年底，受寒潮影响，广东省各地气温大幅下降，多地发布寒潮预警信号，广州市救助站市区分站的流动救助服务队走上街头，开展救助巡查，为流浪乞讨人员发放棉衣、棉裤等御寒物资，并劝导他们到救助站接受救助。广州市救助站市区分站流动救助服务队的工作人员全部投入工作，走上街头为流浪乞讨人员提供帮助。统计资料显示，自"寒冬送温暖"专项救助行动开展以来到 2019 年 1 月 2 日，流动救助服务队已出动 5300 多人次。[①]

流动救助车的存在也使高效、灵活的多地区救助成为可能，该模式不仅突破了传统"等待"式救助点的死板僵化，而且极大地节约了人力、财力、物力，一定程度上缓解了各地设置固定救助站、配备人手的压力。同时，相比固定的救助站，流动的救助车有着很好的宣传作用，在市区的来回穿梭，不但可以向广大民众宣传政府政策，表明政府真正为人民服务的决心，还能在社会中起到宣传作用，让更多的乞讨人员了解救助政策，增强社会的公益意识。但是，由于部分流浪乞讨人员不了解流动救助服务，对工作人员的援助比较抗拒、持不信任态度，当工作人员询问到流浪乞讨人员是否需要帮助、是否愿意去救助站时，回答多是，拒绝接受救助，并迅速离开。现阶段，流浪人员的乞讨行为已慢慢"职业化"，很多人的乞讨收入水平远远高于政府的救助水平，这也增加了广州市开展流动救助服务的难度。

此外，流动低保核查也是保证流动救助有效实现的一项重要举措，是地方政府为全面贯彻落实低保政策，切实了解、摸清低

[①] 《广州流动救助服务队街头帮助流浪者》，南方日报网络版，http://www.gd.gov.cn/zwgk/zdlyxxgkzl/zhsgjy/content/post_1053303.html。

保对象的实际生活状况，确保把所有符合条件的困难群众及时纳入低保范围，同时实现动态管理而采取的核查监督方式。例如，2018 年 11 月，山东省青州市庙子镇对全镇 370 户低保户进行了入户核查工作，本着公平、公正、公开的原则，镇机关对全镇享受低保待遇的低保对象进行入户复查、审核。镇机关工作人员通过察看低保家庭住房及房屋装修，询问低保家庭成员人数、年龄、身体情况、月收入和子女入学情况等，听取周围邻居对低保家庭的意见，对低保对象情况进行仔细摸底排查。通过逐户调查核实，使辖区内居民对低保的标准、政策有了进一步的认识和提高，真正实现了低保动态管理，确保了贫困家庭能够真正享受到国家的好政策。①

为给迷失人员编织一张预警网络，搭建一个温暖的"家"，像灯塔一样照亮他们回家的路，武汉经济技术开发区汉南区启动了由公安、民政、公交集团等多部门参与打造的"迷失人员流动救助服务站"，专门为迷失人员提供温馨舒适的临时休息场所，让更多迷失人员能够早日与家人团聚。首批 50 个服务站点在该区公交场站、有轨电车、运营公交线路上布点设立，编织起一张迷失人员预警网。这些区域及公共交通工具人流量大，按照设计，一旦发现迷失人员等需要救助人群，公交集团将会联合民政部门第一时间为他们提供临时救助，并将迷失人员带至就近的公交场站或警务室，随后通过公安大数据平台发布迷失人员相关信

---

① 《庙子镇认真开展低保入户核查工作》，青州新闻网，http://miaozi.qzxww.com/governmentmz/226978.html。

息，最大限度地帮助他们与家人团聚。2018 年以来，该区迷失人员警情呈现出逐年上升趋势，年均上升幅度超过 7%，平均每天会接到 2 起类似报警求助。到 2020 年 11 月，公安、民政、卫生等部门相互配合，先后将 23 名迷失人员送至救助机构，帮助 156 名迷失人员第一时间找到了家属。①

二、流动型社会保险服务

无论是在发达地区还是边疆民族地区的农村，养老服务都是社会保障服务中最重要的一项内容，养老保险也是农村地区居民最关心的问题。但对于一些偏远地区及少数民族聚居地区的群众来说，能够享受到养老服务并不是一件易事，仅靠政府"一站式服务"或"代理服务"无法满足这些地区群众对养老服务的需求。这就要求政府在服务型理念的指导下，创新服务供给方式，采取流动型养老服务模式，把养老服务送到群众身边，提升群众养老服务的可及性、可得性。对此，各地政府积极推行了各项政策，以满足农村地区居民的养老保险服务需求。

例如，为补齐农村养老服务短板，2020 年，重庆市渝北区民政局大力推动养老服务模式改革，通过购买服务的形式引进第三方社工机构，在区内 50 个互助养老点开展农村"互助养老 + 流动养老 + 助老员"服务。以流动服务的方式，社工活跃在木耳镇、兴隆镇、大盛镇、统景镇的 16 个村互助养老点，通过建立

---

① 《沌口设立"迷失人员流动救助服务站"，为迷失人员提供临时救助》，《长江日报》2019 年 1 月 10 日。

积分制度、兴趣小组、志愿服务等运行机制，每月定期为 500 余名老人开展体检、健康咨询服务、生日会、理发等活动。社工还在活动中融入了流动爱心超市，参与者主要为参加社工服务并开展流动养老服务的老人，老人只要全程参加社工服务或在活动中作为志愿者帮助其他老人，都可以获得流动爱心超市积分券。[①]

为帮助高龄老人们解决洗澡难的问题，南京江宁自 2017 年成立了"博爱心愿浴室"，帮助广大失能、半失能、残疾、贫弱等老年人完成"洗个爽快澡"这个小小的心愿。2019 年，在养老服务上再创新，"博爱心愿浴室"项目提档升级，在南京江宁东山社区率先引入"流动助浴车"，为行动不便的老人把服务送到家。"博爱心愿浴室"项目是与三甲医院合作建立的专门服务失能、半失能、残疾、贫弱老人的专业浴室，"博爱心愿浴室"会根据每个老人的实际情况，听取医生的意见，制定不同的洗澡方案。新升级的"移动版"博爱心愿浴室也将延续这一专业服务。车内不仅配备有医用洗浴和室内恒温等设备，洗浴全过程也由专业医护人员和助手严格按流程操作。从检测老人心率、血压、血糖，到控制室温、水温、浴室二氧化碳浓度等服务细致入微，力求为老人提供安全、便捷的助浴服务。[②]

为使居民足不出村、在家门口就能办理社保卡有关业务，山

---

① 《渝北探索互助养老＋流动养老＋助老员服务模式》，https://www.cqcb.com/county/yubeiqu/yubeiqunews/2020-11-20/3299637.html。

② 《养老服务再创新 南京江宁引入"流动助浴车"》，华夏经纬网，http://www.huaxia.com/js-tw/jsxw/2019/12/6296963.html。

东省菏泽市于 2020 年开通了证照通"社保流动服务车"。证照通"社保流动服务车"集人像采集、虹膜采集、指纹采集、人脸识别、快捷支付于一体的高科技智能语音自助终端设备，便民流动服务车的投放使用解决了目前办证窗口服务时间与市民上班时间重合的问题，尤其是解决偏远乡村学生、行动不便老人社会保障卡办证问题，对实在不能出门的群众提供上门服务，将服务送到群众家门口。社保卡流动服务车巡回上门服务，多途径解决群众办理社保，极大地方便了群众办事。证照通"社保流动服务车"启动以来，巡回路程累计近 1600 公里，现场采集各种证件上千张，提供咨询上万条，获得当地群众如潮好评。①

湖北省五峰县山高人稀，交通不便，退休老人们大多不会熟练操作电子设备，手机认证难度较大。为贯彻"23℃人社服务"工作理念，五峰县养老保险局与县中医院密切配合，将领取养老金待遇资格认证与老年人免费健康体检相结合，组织工作人员每天早上 7 点到医院开设"社保便民服务站"，现场向老年人宣传社保政策、办理认证服务等业务。县养老保险局还将结合更多社会化服务场景，积极与多部门开展业务协作，让社保便民服务真正"流动"起来。②

为了进一步加强为企业服务工作，努力营造企业创业发展

---

① 《证照通第一台"社保流动服务车"来了！足不出户实现家门口办证件》，https://www.sohu.com/a/412563007_100169920?_trans_=000020_qdrs_mini。

② 《五峰：流动便民服务站让社保服务动起来》，湖北省人力资源和社会保障厅网，http://rst.hubei.gov.cn/bmdt/dtyw/gzdt/202006/t20200612_2389430.shtml。

的良好环境，杭州市西湖区劳动保障局社险办积极深化"劳动保障进楼宇"专项服务活动，推行"社会保险流动窗口"服务机制，自2018年9月起每月定期派出业务骨干进驻各大楼宇，为楼宇企业提供业务办理进楼宇、服务内容进楼宇、政策宣传进楼宇"三进"服务。服务内容包含设立社会保险业务受理流动窗口，派出专人现场受理多达数十项社会保险相关业务；为企业提供社会保险信息查询、参保证明、政策咨询等服务；向楼宇企业及时宣传最新的社会保险政策法规和我区社会保险工作动态，帮助企业及时掌握社会保险政策信息，更好地维护劳资双方的社会保障权益。"社会保险流动窗口"制度的实施，拉近了与服务对象的距离，提高了社会保险服务的有效性和及时性，"一条龙"服务模式广受楼宇企业和职工们的欢迎。①

为认真落实退休人员养老金年审工作，确保辖区退休职工养老保险待遇发放真实、公平，防止挤占、冒领养老金现象的发生，江西省鹰潭市社保局对辖区退休职工年龄进行分段整理，针对辖区内高龄、残疾等身体欠佳且不方便前来社区年审的老人，开展了一场"九九重阳社保暖心"活动，安排专人上门为老人进行社保年审认证服务的工作。工作人员先通过电话联系需要年审的人员，详细询问其家庭住址后，随即开展上门服务工作。在上门年审认证过程中，工作人员严格根据政策要求，通过"赣服通"进行认证，杜绝弄虚作假，以确保养老金能安全、正确发放

---

① 《西湖区劳动保障局社会保险流动窗口进楼宇　为企业发展提供零距离服务》，https://www.3haojob.com/a/155716954432.html。

到位。年审办理完成后，老人们都连声道谢，对工作人员表示非常感激，并称赞社保局服务很贴心、感觉很温暖。①

为进一步解决老年人在运用智能技术办理社保业务方面遇到的困难，宜宾市社保经办机构坚持传统服务方式与智能化服务方式创新并行，为老年人提供更周全、更贴心、更直接的养老金资格认证服务。2020 年，筠连县社会保险事务中心考虑到部分参保离退休人员因行动不便，又不会使用智能手机下载"四川 e 社保"APP 进行待遇认证，便主动组织党员干部上门协助这部分老人进行待遇认证，受到了退休人员及其家属的欢迎和称赞。筠连县社会保险事务中心通过组织党员干部主动上门进行待遇认证，进一步提升了社保经办服务质量，增进了党群干群关系。在接下来的工作中，社会保险事务中心将坚持以人民为中心的理念，进一步优化社保经办服务，建设一支政治素质高、业务能力强、服务意识好的队伍，以给人民群众提供更加优质的服务。②

三、流动型社会福利服务

一直以来我国政府都有针对贫民、孤老、孤儿和其他各种困难者提供社会福利服务的传统，我国现阶段的社会福利服务可分为企事业单位的福利服务、社会福利服务和社区服务三大类。但

---

① 《社保年审送上门服务到家暖人心》，搜狐网，https://www.sohu.com/a/427045217_120210056。

② 宜宾市人力资源和社会保障局：《社保贴心服务主动上门认证》，http://rsj.yibin.gov.cn/sy/ztzl/ybsshbxj/gzdt_7648/202011/t20201127_1385908.html。

不管哪一类，现有的福利服务还是以固定式服务为主，需要社会成员主动到福利服务机构获取服务，无形中增加了偏远地区群众获取服务的时间成本和交通成本，降低了偏远地区群众社会福利服务的可及性与可得性。这就要求政府部门转变服务提供方式，变固定的被动服务为流动性的主动服务，扩大福利服务的覆盖面。

在转变福利服务提供方面，地方政府陆续创新出了流动扶贫、流动福利超市、流动福利院等救助方式，其中流动福利超市最为常见，大部分省区都存在流动福利超市。以山东省济宁市嘉祥县老僧堂镇为例，"以往米面油常常是走访慰问困难群众的'标配'，经过调研发现，这种形式单一的扶贫满足不了群众的实际需求"。有贫困户收到包村干部和爱心人士送来的米面油多到吃不了，可他最需要的其实是一床厚实的被子，这被负责人形象地称为"填鸭式扶贫"。① 然而，随着"流动福利超市"的到来，贫困户的难题得以改善，通过政府和扶贫办给予的一定数额的购物卡，贫困户便可以在"流动福利超市"购买到自己真正需要的生活用品。

本着"政府主导、企业资助、社会捐献、爱心扶贫"的原则，2017 年初，老僧堂镇将政府、企业、个人三方通过各种形式募集而来的物资，在剔除质量较差的残次品后，按照不同类别进行分类，并以成本价向贫困户售出。按照规定，老僧堂镇的贫

---

① 《这个扶贫超市有啥不一样》，《中国青年报》2017 年 8 月 24 日。

困户只能在每周的周末前往"爱心超市"选购，并把每户贫困家庭的购物卡额度限制为 600 元，每月消费限制在 100 元以下，商品每件限制在 8 元以下。"爱心超市"从进货、运货、收集募捐物资到整理商品、分拣分类等步骤，都是由老僧堂镇的志愿者完成的，甚至有些贫困户由于身体原因行走出门不太方便，志愿者还会亲自上门服务。正是这些志愿者的无私奉献，才使得老僧堂镇的"爱心超市"越办越好。"爱心超市"与 23 家企业签订帮扶协定，从社会各界筹集善款近 3 万元，募集棉衣棉被等日常用品4000 余件，大米、面粉等"爱心食品"近 6000 斤，镇贫困户已经在"爱心超市"累计消费两万余元。然而，这并非扶贫超市的全部，随着扶贫工作的不断完善，老僧堂镇政府在对贫困户进行挨家挨户的家庭访问后，在原有物资帮助的基础上，新增了更为全面的流动型社会福利服务模式。与"爱心超市"相邻而建，为贫困户定制的"健康小屋"和"政策超市"应运而生。在"健康小屋"里，贫困户可以享受免费体检和学习疫病预防知识；在"政策超市"里，通过人社、民政等部门工作人员开展的各种专题讲座，贫困户可以充分了解低保办理、贫困大学生资助、留守儿童生活救助等相关政策。①

　　"爱心超市"的建立，是对流动扶贫、流动福利的一种深刻解答，也是一种超脱理论的创新性实践。它使得以往"被动式"扶贫转为"主动式"扶贫，改变了以前只送米面油的传统"填鸭式"

---

① 《这个扶贫超市有啥不一样》，《中国青年报》2017 年 8 月 24 日。

扶贫，转为通过发放虚拟电子卡，让贫困居民根据自己意愿进行选择，真正实现"帮其所需"。同时，限定每次的消费金额，需要多少买多少，防止了大量购买而出现浪费现象的发生。此外，"购买"相关物品，从原有"被救助者的身份"变成了真正地成为"消费者"，改变了以往一味地被动收取物品的现象，在一定程度上维护了贫困户的自尊心和尊严。

由于地理环境、交通设施等方面的影响，民族地区的人们在购买商品时，不仅需要付出更多的时间和精力，而且交通成本作为其中的重要一笔，也加剧了人们的经济负担。虽然在各个乡镇都有售卖点（商店），但物品价格与人们实际期望的不对等性，也使得购物难、购物贵的现状并未得到改善。从该层面来说，老僧堂镇"爱心超市"的建立，对民族地区开展流动扶贫是有借鉴价值的，这种福利型的流动超市，一定程度上可以缓解人们购物时间、经济上的压力，理应得到民族地区政府的支持和推进。

除流动爱心超市外，流动型社会福利服务还包括为弱势群体，比如为残疾人提供便捷服务。以黑龙江齐齐哈尔市为例，2019年，齐齐哈尔市残联采用残联流动服务车开展辅助器具下乡"三送"活动，为农村残疾人提供多种康复服务。为开展好辅助器具流动服务车下乡活动，残联组织了假肢矫形器技师和视力、听力医疗康复的专家开展针对性康复服务工作，为基层残疾人进行康复政策宣传、康复知识培训，为肢体残疾人进行大（小）腿假肢维修、现场取模，视力残疾人免费白内障需求筛查，聋人残疾人听力检测评估等康复服务。辅助器具流动服务车下乡深入齐齐哈尔市 16 个县（市）、区共行驶 2663 公里，为基层残疾人朋友讲解、宣传残疾人相关康复政策和康复知识，提供免费筛查、咨询 15 场。为 350 多名视力残疾人及 50 多名听力残疾人进行了筛查、评估；为 500 多名肢体残疾人及其亲友进行了康复知识培训；为 255 名肢体残疾人维修了假肢和矫形器，同时通过电话回访，了解、掌握残疾人的康复需求情况，真正做到了让残疾人足不出户就能得到康复的服务。①

齐齐哈尔市为残疾人所提供的辅助器具流动服务，不仅给他们的生活带来了便利，使他们及时享受社会保障的福利待遇，而且对其他边疆民族地区也具有一定的借鉴意义。例如，边疆民族地区在推进流动型服务时应主动优化、扩大范围；在实际服务中应贴合群众的需要，做到全面、多覆盖；在提供服务的过程中，应注重培育和使用专业技术人才；提供服务后应做到及时回访，发现并解决问题，以实现对口服务，减少资源浪费。

四、流动型社会优抚服务

党和政府历来高度重视退役军人服务管理工作，为贯彻落实党中央、国务院决策部署，使退役军人和其他优抚对象家庭悬挂光荣牌工作精准化，退役军人事务部全面开展退役军人和其他优抚对象信息采集工作。优抚对象信息采集工作，是政府为了准确掌握优抚对象基本情况，是为提高优抚对象数据精细化管理水平

---

① 齐齐哈尔残疾人联合会：《齐市残联开展残疾人辅具流动服务车下乡服务工作》，http://www.qqhrdpf.gov.cn/a/gzdt/2019/1106/5127.htm。

而做的流动性服务工作。2018 年，湖南省迎光乡采取多项措施积极开展优抚对象身份认证核查工作，其中之一就是开展流动型服务。按照省厅文件精神，乡里积极开展优抚管理信息系统及优抚对象身份认证的核查工作，主动深入各村镇，通过现场确认，建立数据库。此次核查，全乡共计认证了 161 名优抚对象。对于 26 名高龄和行动不便的重点优抚对象，民政办工作人员走村入户到优抚对象家中进行入户核查；对于在外务工不能回乡认证或因特殊原因不能本人前来认证的，通过互联网和寄送照片来认证。此次核查认证，全乡圆满完成了所有优抚对象的认证工作，达到了及时更新优抚对象信息，保障了优抚对象的基本权益的目的。①

此外，流动优抚服务还提供上门巡诊服务，以湘潭市为例，市民政部门专门购置了优抚巡诊流动体检车，配置了彩超、DR 等先进设备，医疗巡诊对象可以在车内进行彩超、心电图及 X 光等医疗检查，享受便捷、高效、全面的健康检查服务。同时，组织医疗专家团队跟随医疗巡诊车奔赴全市各县市区，为重点优抚对象进行健康体检，包含内科、外科、五官科等多个检查项目，并为他们建立健康档案。② 聊城荏平县也开设了"流动医院"大篷车，对重点优抚对象进行上门免费体检，对卧病在床、行动

---

① 《新邵县迎光乡多措并举积极开展 2018 年优抚对象身份认证核查工作》，搜狐网，http://www.qfxww.com.cn/news/zhifadongtai/19979.html。

② 《湘潭民政部门：为千余名优抚对象上门巡诊》，湘潭在线，https://dy.163.com/article/DKVTN8E00530QK9D.html。

不便的优抚对象，巡回医疗队上门进行义诊，并为优抚对象建立电子健康档案，实行动态管理，全面掌握优抚对象健康状况，做到有病早预防、早发现、早治疗。①

深圳市宝安区玉塘街道退役军人服务站开展了以"情暖军人心"为主题的优抚对象家庭关爱活动，邀请专业家政人员及理发师上门为辖区优抚对象提供免费上门服务。为充分尊重优抚对象的参与意愿，服务采取自愿原则，由服务团队对服务对象开展意愿调查统计，对愿意参与活动的优抚对象提供"理一次发，打扫一次卫生"的免费服务。活动中，理发师们做好防护后就开始登门服务，手中剪刀上下飞舞，不一会儿就给服务对象"换上了"新发型。其中一位服务对象说，虽然现在国内疫情形势向好，但最好还是减少外出，降低风险，现在足不出户就可以在家中完成剪发。家政服务员们也陆续上门为大家提供卫生清洁与家电清洁服务，同时还传授了许多关于各类家电家具清洁的基础知识和方法。该项活动，让优抚对象家庭切实感受到了党和政府的关爱，进一步加强了与退役军人家庭的密切联系，有利于促进扎实做好拥军、优属、爱民工作，增强优抚对象家庭的荣誉感与归属感，营造"一人当兵，全家光荣"的浓厚氛围。②

为进一步落实"尊崇工作法"，努力提升服务水平，打通服务退役军人"最后一公里"，江西省黎川县洵口镇退役军人服务站以优抚对象信息核查工作为抓手，主动贴合老兵及优抚对象需

① 《茌平优抚对象免费体检》，《聊城日报》2014 年 4 月 14 日。
② 《为优抚对象提供上门服务》，《宝安日报》2020 年 5 月 28 日。

求，派出工作人员下到各村（社区）为腿脚不便或年纪较大的优抚对象上户开展信息核查工作，提供流动服务。为做好信息核查工作，退役军人服务专干先是对年纪较大、腿脚不便的及卧病在床的优抚对象进行摸排梳理，以村为单位编制好名单，再通过镇退役军人服务站派遣工作人员在村级退役军人服务专干的协助下上户开展信息核查工作，准确掌握重点优抚对象等人员的第一手资料，确保优抚补助资金发放精准到位。该项上户信息核查工作共为 50 余名优抚对象进行了信息核查，还为一名困难退役老兵申请临时救助。上户开展信息核查，用退役军人服务专干多走路换他们少跑腿，看似小事，却解决了他们的实际困难，老兵们纷纷表示，服务很贴心，感觉很温暖。①

2021 年 1 月 4 日上午，浙江省金华市金义新区退役军人事务局工作人员带着医护团队来到该区 45 名低保特困退役军人家中，为他们提供"健康送到家"体检服务。"1 名主治医师 +1 名理疗师 +1 名护士"组成的优抚团队为退役军人提供血糖测量、血压测量、健康讲解及用药咨询等服务。为全面提升优抚退役军人的服务容量和能力，让更多的优抚对象受益，金义新区积极深化"关爱退役军人健康服务项目"，为 100 名重点优抚对象提供"基本 + 专项"医疗服务，增加特殊病种检查、健康档案等十项精准个性化服务新亮点。目前，该项目已成为上报省财政厅的政

---

① 《洵口镇：上门为优抚对象提供优质服务》，黎川县人民政府网，http://www.jxlcx.gov.cn/art/2021/3/19/art_5230_3664099.html。

府购买服务标志性成果项目。[①]

五、流动型就业服务

农村地区就业机会少，农村居民获取就业消息能力弱。流动就业巴士通过把企业招聘信息送到农村，对促进农村群众就业发挥了重要作用，增加了农村居民的收入，提高了群众的生活水平。以浙江省金华市为例，前期通过走访，婺城区相关工作人员发现，白龙桥镇新昌桥村很多村里的就业人员信息获取不畅且交通不便。为方便群众就业，经过探讨，决定围绕"三服务"推出流动就业巴士精准服务，把用工企业的工作岗位送到村里。2019年8月7日，"三服务·婺城家服务"流动就业巴士开进了婺城区白龙桥镇新昌桥村，20多家企业参与这次活动，将就业岗位送到村民家门口，面向群体为农村就业困难人员进行招聘，让村民不出村就能与用工企业面对面交流，找工作。参与招聘活动的企业质量也比较高，均为规模以上企业，提供生产一线普工、操作工、装配工、检验员、包装工等200余个岗位，月工资3000元至10000元不等。高质量企业的参与提升了流动招聘的质量，企业提供的优厚待遇条件，大大提高了当地甚至邻村农民的积极性，踊跃地参加流动招聘活动。为确保达到预期成效，切实解决当地农民就业难的问题，会务组将现场求职人员做了详细的个人简历登记，并专门组建了求职服务群，为现场暂时没找到工作的

---

① 《金义新区为重点优抚对象提供上门医疗服务》，《金华日报》2021年1月5日。

人做好后期推荐服务。[①] 浙江省金华市婺城区的流动就业巴士开进农村的做法值得边疆民族地区借鉴学习，它充分考虑了群众的实际需求，并结合当地交通不便利、信息不畅的不足，进行有针对性的供给，能满足人民群众的就业需求，达到提供服务的预期目的。

为减少人员的流动和密集，帮助返乡农民工在家门口实现就业，四川省眉山市仁寿县人社局提前组织人员到企业了解掌握用工需求，收集就业岗位。通过发放宣传资料、宣传海报、招工简章、群发招工短信等方式向返乡农民工宣传就业政策、就业信息，组织干部开展"进村入户送岗位"活动，确保疫情防控与稳岗留工两不误。2021 年春节前，县人社局提前谋划，主动联络，42 名干部职工深入 83 家企业了解其务工地域、企业、工种及务工收入等信息，紧密对接企业用工岗位需求，建立台账，广泛收集了解企业用工需求及用工困难，向求职者提供 1.2 万个工作岗位。同时，加强对各镇乡工作指导，全面汇总当前在家的农民工信息以及就业意愿精准匹配用工双方条件并推荐就业，确保在符合用工条件的情况下，有意愿的人能就业，有需求的企业能用工。春节期间，县人社局抓住务工人员返乡有利时机，坚持就业服务"不打烊"，组织干部职工，进村入户开展就业信息摸底，摸清返乡务工人员的个人及家庭状况，了解他们在求职方面的需求，比对收集到的企业用工信息，向村民进行面对面服务，开展

---

① 李冰峰：《就业巴士开进婺城乡村》，《金华日报》2019 年 8 月 10 日。

送岗位、送就业信息上门等一对一精准对接服务。①

2021 年 4 月 8 日，海南省海口市美兰区"流动招聘大巴"开进灵山镇，为当地居民送去 500 个岗位，助力农村劳动力促进及稳定就业。为促进就业，美兰区以"促进农村劳动力就业增收，助力美兰乡村振兴发展"为主题，突出招聘覆盖面广、招聘方便快捷、岗位精准等特点，通过海南首创"流动招聘大巴"，以"招手即停、停车即招"的方式深入该区各乡镇开展招聘活动，切实做到送岗位上门，提升招聘效果，也解决本地企业用工不足问题。同时在现场提供就业创业政策咨询服务，宣传最新就业创业政策，引导求职者树立正确的就业创业观念。据介绍，当天"流动招聘大巴"专场招聘会共有市内 11 家企业进行现场招聘，提供 501 个岗位，涉及灵活就业、物流、酒店、家政等行业。②

为给农村劳动力提供充分的就业信息，湖南省湘乡市人社局人力资源服务中心的工作人员主动走出办公室，来到育塅、月山、翻江、壶天等乡镇开展"春风行动"，送"岗"上门流动服务，助力就业。工作人员分组走村入户，张贴招聘信息，发放宣传资料，广泛宣传"春风行动"政策，引导群众下载"湘乡就业"APP，并现场为群众演示线上操作流程。2021 年 1 月 25 日至 2 月 10 日，湘乡市人力资源服务中心充分利用"湘就业"平台、"湘乡就业"

---

① 《仁寿就业服务到家岗位送上门》，仁寿在线，http://www.renshouol.com/41561.html。

② 《海口美兰区在 4 镇举办专场招聘会促农村劳力就业增收》，南海网海南新闻，https://www.163.com/dy/article/G7893T56053469JX.html。

微信公众号、户外广告牌、公交车、小区电梯电子屏等广告载体发布招聘信息。同时，安排专人分组深入湘乡市 22 个乡镇（街道）、335 个村（社区）"点对点"宣传，分发岗位信息表，帮助农村劳动力家门口就业，解决企业"用工荒、招工难"问题。[①]

六、流动型文化服务

党的十九大报告指出，要"完善公共文化服务体系，深入实施文化惠民工程，丰富群众性文化活动"。文化作为国家软实力的一部分，是国家进步与发展的重要因素，是推动社会经济发展不可或缺的力量，极大丰富着人民内在的精神文化生活。流动是文化传播、文化发展必不可少和最为有效的方式之一。让文化流动起来既可以扩大文化的传播范围，实现文化的自身价值，又利于文化成果的共享，满足人民群众日益增长的文化需求。非少数民族地区的流动文化服务主要包括以下几项。

（一）流动图书馆

流动图书馆也叫"巡回书库"，一般以大中型客车或小货车为运行载体，车内储备着大量的图书、光盘等物品可供读者借阅，同时配备有光盘播放器、大型投影仪、笔记本电脑、可供拆卸移动的读书桌椅等，甚至有些流动图书馆还配备监控器设备以防资源丢失。同时，流动图书馆利用无线网络等现代技术手段与省市中心图书馆进行互联，实现"一键式"通借通还，实现自助

---

① 《送"岗"上门促就业》，湘乡市人民政府网，http://www.xxs.gov.cn/1941/1943/1965/4137/content_919769.html。

查询、借阅、归还图书、办理借书证等相关服务。

为满足广大市民的阅读需求，长沙市 2020 年在做好疫情防控工作的同时，恢复运营流动图书馆。长沙流动图书馆是长沙图书馆的总分馆流动服务项目之一，以大巴车为载体，每月定期到社区、学校、企业、工地等区域，为市民提供阅览、咨询、办证、借书、还书等便捷化公共服务。①

广东省流动图书馆是一项重要的文化惠民工程，该工程由省财政下拨专项购书经费及配套资金，由省立中山图书馆牵头，购置一定数量适合基层群众阅览的图书，分别流向粤东、粤西、粤北地区加盟的县级图书馆，图书资源在各分馆之间每半年流动交换一次，最终回流省立中山图书馆。2020 年 9 月 14 日起，广东流动图书馆湘桥分馆正式向广大读者免费开放，舒适的环境和共享阅读模式，让前来体验的市民赞不绝口。②

2020 年 10 月 29 日，吉林市图书馆"图书流动服务车"载满丰富的图书资源开进了著名旅游景区——吉林北山风景区，利用自身的文化传播职责与优势，推进"文旅融合"工作，为广大游客送去丰富的文化大餐。不用押金、不用缴费，在车上挑好自己喜欢的读物，就可以在主办方提供的椅子上读书看报，这样新颖的形式留住了市民的脚步。该项活动是为助力吉林市文化旅游产

---

① 新华社：《"流动图书馆"进社区》，https://baijiahao.baidu.com/s?id=1662212546665
614647&wfr=spider&for=pc。

② 潮州电视台：《流动图书馆让"书香"流动起来》，https://www.sohu.com/
a/419936463_100175919。

品和服务有效融合，为游客提供休闲阅读服务，充分发挥公共图书馆在服务全民阅读活动中的作用。流动服务中，市图书馆为游客们精心挑选了政治、历史、军事、旅游、养生保健等方面的图书 95 余种、200 余册；期刊 20 余种、100 余册；报纸 18 种、150 余份，并现场推荐阅读。开展图书流动走进旅游景点是图书馆服务的有机延伸，旨在让普遍均等的服务理念落到实处，为吉林市文旅融合再添锦绣篇章。同时，"图书流动服务车"的启用，拓宽了吉林市图书馆的服务半径，为开展休闲阅读和打造旅游文化名城提供便利。①

2021 年 3 月 23 日，山东省威海市图书馆流动图书馆车驶进翠竹小学。课余时间，"小书虫"们迅速跑向车内，寻找自己喜欢的图书。2000 册图书，可阅可借，定期更新图书，威海市图书馆的流动服务，让"书香"在城市间"流动"起来。为实现"精准服务"，威海市图书馆经过调研，为同学们配备了"经典＋热门＋益智＋百科知识"的图书组合，与学校合力，培养学生们终身阅读、热爱阅读的好习惯，让优秀的图书成为学生们的"良师益友"。②

江西省宜春市图书馆通过在乡村建立"流动图书馆"的方式，将"文化助脱贫"的理念落到实处。近日，宜春市图书馆的工作

---

① 《吉林市一图书流动服务车，开进北山风景区》，凤凰网，https://news.ifeng.com/c/80zGrrtUzYI。

② 《威海市图书馆流动图书馆车驶进翠竹小学》，山东宣传网，http://www.sdxc.gov.cn/whql/qmyd/202103/t20210324_8214390.htm。

人员带着 1000 多册图书驱车来到袁州区飞剑潭乡柘源村，丰富该村"流动图书馆"藏书，为村民们送上精神食粮。据了解，像柘源村这样的"流动图书馆"，宜春市图书馆在全市已建立了 14 个，累计捐赠图书近 2 万册。宜春市图书馆不定期地给村民更新需要的书籍以及资料，为广大村民创造一个求知、求乐、求进步的良好氛围。①

2020 年 7 月 17 日，炎炎夏日没能阻挡住阅读爱好者的脚步。下午 3 时许，山西省临汾市阳光社区（市委西苑小区）内的树阴下，一辆悬挂着"倡导全民阅读，建设书香临汾"条幅的流动图书车刚刚停稳，就吸引了居民们簇拥而来。这是临汾市图书馆"五进"活动的第一站，也标志着该馆馆外流通服务正式开始。流动图书车可以提供 1000 余册图书，涵盖了少儿读物、绘本故事、文学艺术、人文历史、营养保健、健康养生、科学技术、农业生产等大类。临汾市图书馆负责人表示，因疫情影响，新建成的临汾市图书馆目前尚未正式开馆。为了让广大市民尽早享受图书馆服务，给读者提供丰富的阅读体验，该馆先行开展了阅读进机关、进军营、进校园、进社区、进企业等"五进"活动，选择走进基层、走进老百姓身边的服务方式，通过阅读服务的多元化、智慧化和便利化，让阅读在润物细无声中成为人们触手可及的生活方式，从而使书香溢满全城，让公共图书馆服务覆盖临汾

---

① 《江西宜春："流动图书馆"进乡村了》，井冈山融媒，http://jinggangshan.yun.jxntv.cn/p/19012.html。

大地。①

（二）流动博物馆

"流动博物馆"是用车载的形式，将博物馆的各种元素运往幅员广阔的山区、农村等，向最基层的公众进行博物馆文化服务的一种传播方式。这一服务平台贴近实际，贴近公众、贴近现实，并依据中国幅员辽阔、经济发展的不平衡性，文化资源的不均等性，文化服务的不便利性，将服务对象集中在边远山区、民族地区和革命老区。

例如，2018 年 1 月 9 日，山东省潍坊市博物馆的"流动博物馆"走进了昌乐县乔官镇邵家庄村和红河镇上皂户村，为这里的乡亲们带来了主题为"潍坊简史"的公益文化讲座和"昌乐县历史文化遗产"公益讲座，受到了当地村民的热烈欢迎。对于此次公益文化讲座，潍坊市博物馆工作人员表示，他们以 PPT 形式，以"潍坊简史"展厅为版本，按时间为序，设置了潍坊市博物馆简介、"潍坊简史陈列"精华文物讲解、历代名人先贤讲解、老潍县古城风貌沙盘模型展示等四大模块，向乡亲们形象生动地讲述了一件又一件彰显潍坊地域特色的珍贵文物背后的有趣故事和舜帝、晏婴、赵明诚、李清照、黄元御等潍坊历代先贤的传奇轶事，为乡亲们带来了一场春风化雨般的历史文化知识滋养，增强了村民的家乡荣誉感、自豪感。"昌乐县历史文化遗产"公益讲座，展示了齐国首城、宝石之都——昌乐的悠久历史和灿烂文化，向

---

① 《滴！滴！流动图书馆来啦！临汾人快上车》，澎湃网，https://www.thepaper.cn/newsDetail_forward_8376641。

父老乡亲们展示了大量具有昌乐特色的非物质文化遗产。激发起当地百姓保护和传承非物质文化遗产的热情，增强了大家对遗产保护的意识。在讲座过程中，乡亲们对介绍的文物和历史名人十分感兴趣，积极地与各位老师互动交流。潍坊市的"流动博物馆"为广大百姓奉献了优质丰富的精神文化食粮。[①]

为积极响应西安市委、文明办推出的"周末哪里去·一起做公益"品牌公益活动，弘扬"奉献、友爱、互助、进步"的志愿服务精神，2021年3月27日，陕西历史博物馆在馆区南门广场开展了"流动博物馆"志愿服务活动，借助文物展板、文物复仿制品、瓦当拓片制作等，积极宣传中华优秀传统文化，传递社会正能量。除在市区展览外，"流动博物馆"也以"流动"的形式深入山区、社区、学校、企事业单位，走到广大群众的身边，为文明"代言"，为中华优秀传统文化"代言"。[②]

2020年11月17日，广东省揭阳市揭西县上砂镇文化站汇同县图书馆、文化馆、博物馆在活动村、径心村组织开展"流动博物馆"进农村（社区）活动。活动通过展板、海报、图片宣传党的十九届五中全会精神、"共和国的记忆"、《广东省第一次全国可移动文物普查成果》、法律法规、精准扶贫、公德礼仪、垃圾分类等内容，开阔了广大群众的视野，增长了见识，让村民更深入了解息息相关的各项政策、法律法规内容以及传统文化的魅

---

① 《潍坊有了"流动博物馆"》，凤凰网，https://sd.ifeng.com/a/20180110/6293996_0. shtml。

② 《"流动博物馆"让历史文化走近市民》，《西安日报》2021年3月28日。

力，丰富了精神文化生活。活动以群众喜闻乐见的形式开展，让人耳目一新，观看展览的群众络绎不绝，现场有宣传摊位、工作人员为群众讲解各项知识，切实提高了群众对各个领域文化的知晓率，提升了村民的幸福感，得到了辖区群众的一致好评。①

2019 年 9 月 8 日，杭州西湖文化广场，由一辆公交车改装而成的"流动时光博物馆"成了人们怀旧打卡的好去处。从老照片、老物件到智能机器人、5G 换装镜，"流动时光博物馆"浓缩了杭城 70 年的变迁。9 月的每个周末，它都会停靠在杭州的多个地标场所，如少年宫广场、西溪湿地等，方便更多的市民来偶遇打卡，感受时光的变迁。②

2020 年 7 月 25 日，铜陵市博物馆志愿者团队，来到义安区实验小学东校区，为安置点里 25 名来自义安区老洲乡的孩子们开展了一场志愿服务。借助 PPT 和纪录片《红色记忆江防图那些事》，为孩子们讲解了国家一级革命文物——江防图。安置点的孩子们没有去过博物馆。但志愿者带来的展板，帮助大家认识了铜陵市博物馆馆藏文物的名称。通过讲解，孩子们了解到这些镇馆之宝，以及我们的祖先是如何制造和使用它们的。让"流动博物馆"走近青少年，以文博知识和铜陵历史故事，传承优秀文化，以文博力量支援抗洪一线，是铜陵市博物馆"向阳花开与爱

---

① 《上砂镇开展"流动图书馆""流动文化馆""流动博物馆"进农村（社区）活动》，揭阳市揭西县上砂镇政府网，http://www.jiexi.gov.cn/jyjxsszzf/gkmlpt/content/0/497/post_497562.html#11242。

② 《杭州：相约"流动时光博物馆"》，《浙江日报》2019 年 9 月 8 日。

同行"系列活动，带给孩子们难忘记忆。①

（三）流动舞台演出

为提高居民幸福指数，丰富居民精神文化生活，政府部门会以流动舞台车或流动文化车的形式，下乡演出，让居民足不出户就能享受到文化"大餐"。例如，为满足贫困地区老百姓文化生活需求，陕西省文化厅为革命老区、省级连片特困区县以及经常开展文化活动的省级和相关市、县（区）级文化馆配备了26辆流动文化车，以开展文化服务。同时，中央专项资金为陕西配备27辆流动文化车和7辆流动舞台车，移交给横山区文化馆和周至县剧团等单位。流动文化车和流动舞台车凭借方便、快捷、灵活的优势，进一步拓宽了公共文化服务渠道，丰富了政府公共文化服务的内容和形式。方便了省内各文化团体送戏下乡、送文化下乡的工作需要，满足了基层，特别是贫困县区广大群众的精神文化需求。②

为庆祝中华人民共和国成立70周年，更好地丰富活跃基层文化生活，让广大市民共享文化发展的丰硕成果，江苏省江阴市开展了"奋进新时代建设新江阴"巡演活动。文艺巡演配备了一辆流动舞台车，分别走进新桥镇、华士镇、顾山镇、申港街道4个镇街，给群众带去文化的"饕餮盛宴"。巡演形式多样、节目丰富，有独唱、独舞、乐队演出、戏剧小品等，赢得了观众的阵

---

① 《"流动博物馆"走进安置点》，腾讯网，https://xw.qq.com/cmsid/20200728A0UUJF00。

② 《新一批流动文化车流动舞台车装备陕西基层文化馆剧团》，https://www.sohu.com/a/233118408_804956。

阵掌声。通过这种送文化下乡、送欢乐下基层活动，实现了公共文化"最后一公里"向"零距离"的迈进。①

河南省洛阳市天津路办事处厂前二社区党委通过努力争取，将"洛阳市百场公益性文化演出"活动请进社区，为辖区群众带来了丰富的精神大餐。为了演出的顺利进行，社区党委提前精心组织，为演出提供场地，电源、水源、瓶装饮用水等后勤保障，指派专人负责协调和维持秩序。2018 年 6 月 12 日，一台流动的演出车将一场文化的视觉盛宴送到了老百姓的身边，前来演出的是洛阳豫剧院二团，演出分为两场，下午《红娘》，晚上《三愿意》。演员们不顾天气炎热，表演认真精彩，赢得观众热烈的掌声和喝彩，为社区群众奉献了一场传统文化盛宴，演出吸引了社区观众三百余人。演出后，许多观众表示：好久没有看到这样专业、精彩的豫剧演出了，非常享受，圆了大家的豫剧梦，希望以后社区多多把专业团队请进社区来。通过这样的演出形式，将优秀的文艺作品带到老百姓身边，让大家足不出户，在自己家门口就能欣赏到一台专业、精彩的文化盛宴，受到了居民的一致好评。社区工作人员表示，此次把"流动戏曲舞台"搬进居民院内，为辖区居民送去关爱和温暖。下一步，社区将坚持运用现代化"三新"讲习所平台，打造"暖意"活动，让居民们都能感受到党的温暖。②

---

① 《流动舞台车来了！"家门口"就能欣赏到高水准演出》，搜狐网，https://www.sohu.com/a/349031489_579044。

② 《流动舞台进社区圆了居民豫剧梦》，洛阳社区网，http://luoyang.cncn.org.cn/fengcai/jianxi/2018-06-13/4628.html。

2020 年 7 月 2 日，甘肃省文化和旅游厅、省财政厅在兰州举行了 2019 年配送甘肃流动舞台车发车仪式。为基层配送流动舞台车，是文化和旅游部、财政部共同实施的一项重要文化惠民工程，是促进基层公共文化服务标准化、均等化的一项重要举措。甘肃省永昌县文体广电和旅游系统通过流动舞台车，为基层群众送上了优质的公共文化服务，带去了更多的精神享受，为永昌县文体广电和旅游事业作出了新的更大贡献。①

（四）流动科技馆

科技对推动社会经济发展，提高国民素质以及创新能力具有重要作用，尤其是青少年，培养他们对科学技术的兴趣和素养对国家未来发展具有战略意义。为提高全民科学素养，增强创新能力，中国科协、中国科技馆与地方科协、省级科技馆联合行动，组织了中国流动科技馆巡展活动。

例如，2018 年，湖南省科协负责人表示，自 2014 年以来，中国流动科技馆湖南巡展走进了 102 个县（市、区），受众人数累计达 500 余万人次，对激发公众特别是青少年的科学观念、实践能力以及提升全民科学素质发挥了十分积极的作用。②2019 年 10 月 30 日，中国流动科技馆湖南湘乡站第二轮巡展在东山学校启动，此次巡展活动持续两个月，以"体验科学"为主题，设置了声光体验、电磁探秘、运动旋律、数学魅力、健康生活、安全

---

① 《流动舞台车落地永昌！》，搜狐网，https://www.sohu.com/a/405890079_181628。

② 《中国流动科技馆湖南巡展麻阳站启动》，搜狐网，http://www.sohu.com/a/284550476_120053761。

生活、数字生活 7 个主题展区，共 50 件互动展品，科学展品与科学表演、科学实验、科普影视相结合，形成了丰富的流动科技展览。①

自 2001 年科普大篷车项目落户辽宁省科技馆以来，省科技馆充分发挥辐射、带动作用，结合参与式教育活动，面向基层尤其是边远地区群众，开展具有地方特色的公共科普服务。20 年来，科普大篷车足迹遍布全省各个角落，行程超过 25 万公里，参与观众 200 余万人次，累计活动 800 余场，有力助推了精准扶贫和乡村振兴等国家战略的实施，提升了全民科学素质。科普大篷车项目先后开展了"科普大篷车偏远地区行""科普大篷车走进外来务工人员子女学校""情暖童心、关爱留守儿童——科技启蒙计划"等一系列活动。科普大篷车走进了偏远地区的学校及孤儿院、特殊教育学校、留守儿童学校等，让不便到大城市科技馆参观的公众也能享受科普资源与科普服务，并逐年将这些活动常态化开展，打造了科普大篷车项目品牌，受到了广大群众的热烈欢迎。②

2020 年 9 月 27 日，"流动科技馆"来到南京市玄武区孝陵卫初级中学，近 400 名同学轮流体验了"流动科技馆"带来的科技神奇与科普展品的魅力。"跳舞回形针""磁力转盘""魔箱""机械蜂鸟""红外血管成像""反应测试"以及无人机、机器人、

① 《中国流动科技馆湖南站湘乡站第二轮巡展启动》，新华网，http://www.hn.xinhuanet.com/2019-10/31/c_1125175259.htm。

② 《"流动科技馆"打通科普最后一公里》，《辽宁日报》2021 年 1 月 25 日。

VR 等三大类近 50 件科普展品有序地摆放在操场上，供学生们现场操作。在科技老师的指导下，同学们围着展台观看、学习，并在"试一试""想一想"中体会了科技带来的乐趣。每个小展台上展示出来的通俗易懂的试验、趣味盎然的游戏都是一个从物理现象到原理的诠释，"流动科技馆"让科学知识更加鲜活、生动，更容易接受理解，也让孩子们体会到课本上没有的东西。该项活动是南京市玄武区科协开展经常性科普工作的一项重要举措，旨在通过同学们的亲身体会、现场操作，展示科学带来的快乐，激发他们更好的学科学、爱科学、用科学的浓厚兴趣。①

为丰富青少年的假期生活，弥补没有科技馆这一空白，浙江省湖州市安吉县科协积极争取科普资源，组织工作人员深入调研，熟悉承接流动科技馆所具备的条件，预先选定承办场地，以及关于安吉县的科普现状，多次对接省科学技术协会和省科技馆，经过一个多月的努力，中国流动科技馆终于来到灵峰街道综合文化站，展出时间为 3 个月。流动科技馆来到安吉，不仅让留在安吉过年的本地青少年和外来务工子女丰富了寒假生活，而且能提升青少年对科技的认知与兴趣，在家门口体验科技魅力。同时，安吉县科学技术协会联合灵峰街道为流动科技馆配备"小小发明家"科学实践课，邀请县第八小学科学老师来上课，每周一次，每次 20 人，学生自主报名。孩子们参观流动科技馆，既能体验科技发明，还能参与科学实践课，从小培养了孩子的科学

---

① 《"流动科技馆"走进玄武区孝陵卫初级中学》，江苏公众科技网，http://www.jskx.org.cn/web/artlist/812221。

意识。此次流动科技馆受到学生、家长的一致好评，安吉县科协希望通过流动科技馆这种形式，激发广大市民尤其是青少年学科学、爱科学、用科学的热情，进而培养他们的科技创新能力。[1]

（五）流动文化馆

流动文化馆是对教育资源比较缺乏地区提供的一项流动公共服务，主要是让优质的文化资源进入农村地区，改善农村教育发展不平衡、不充分状况，提升农村学生的文化水平，促进农村儿童全面发展。

例如，湖南省开展的"携手奋进·圆梦新时代"关爱帮扶留守儿童活动就是一种典型的流动文化服务。其以流动少年宫的形式，为农村留守儿童、困难家庭子女等提供关爱保护服务和素质教育。2019 年 7 月 10 日，湖南省"流动少年宫"活动在邵东县周官桥乡黄渡学校拉开序幕。县文明办工作人员、心理学会心理辅导师、在校教师与邵阳学院"梦想花开"志愿服务队队员一起全程参与，对黄渡学校 87 名留守儿童进行了为期 1 天的教育辅导和互动活动。[2] 除此之外，湖南省还开展了一系列具有流动性的公共文化服务，改变了以往固定型的公共文化服务形式，主动向群众提供文化服务，分享文化成果，更好地满足了人民群众对精神文化的强烈渴望。

流动文化服务也具有较高的重复使用率，以流动图书馆为

---

[1] 《流动科技馆进竹乡，青少年家门口体验科技魅力》，《湖州日报》2021 年 2 月 22 日。

[2] 《湖南"流动少年宫"活动在邵东黄渡学校拉开序幕》，新浪网，http://hunan.sina.com.cn/city/2019-07-12/detail-ihytcitm1477475.shtml。

例，人们只是借用图书而不是购买图书，在阅读完毕后，流动图书馆车队就可以前往下一个目的地，做到一书多用，降低了资源的浪费。流动文化服务是顺应国家新形势发展的必要手段，是文化自信的重要表现，也是探寻中国特色社会主义文化的必经之路。这些流动文化服务案例，进一步丰富了居民的文化生活，为和谐社区建设营造了良好的文化氛围，促进了文化的交流、传播，取得了良好的社会效果。

　　一些非少数民族地区提供的流动文化服务有时也带着明显的地方特色，这有利于文化产业的集聚，形成自身的文化品牌，并依靠品牌吸引投资。例如，自 2019 年以来，福建省晋江市文化馆连续举办了晋邑遗风·徐维耕民俗摄影作品展、徐建水民俗绘画作品展等 12 场流动展览，深入华侨职校、象山中心小学、尚志中学等中小学校，让青少年对闽南民俗风情有了全新的理解。2019 年 12 月，作为晋江市文化馆流动展览的第十二站，徐建水民俗绘画作品展在晋江市祖昌体育馆举办，展览集中展示了晋江画家徐建水以闽南童玩生活为题材的水彩作品，讲述了富有闽南特色的童玩故事，吸引了大批市民驻足欣赏。晋江市文化馆以生动灵活的流动展览方式，将优秀文化资源以图片、展板的形式送进基层，帮助基层群众提升文化素养，贴近群众、贴近生活，搭建起了文化馆与基层群众沟通的桥梁，让基层民众更直接地感受到了文化服务的魅力，同时也拓宽了文化馆的社会服务功能。[1]

① 《流动展览走基层，文化惠民暖人心，徐建水民俗绘画作品展讲闽南特色童玩故事》，晋江新闻网，http://www.news.ijjnews.com/system/2019/12/15/030002797.shtml。

再比如，甘肃通渭县历史悠久、文化灿烂，存有大量的革命遗址，其中"通渭小曲"和"通渭影子腔"更是入选国家级非物质文化遗产保护名录。为了有效地发挥纪念馆、博物馆的社会教育职能，传承和弘扬优秀的红色文化和传统文化，以及为了进一步加强馆际之间的交流，促进馆际的联合协作，实现新形势下全域文化和旅游事业协调发展的目标。2018 年 6 月，甘肃省榜罗会议纪念馆、通渭县博物馆、通渭县文化馆联合举办流动展览，走进通渭县陇阳镇。三馆的工作人员采取为群众发放宣传册页，讲解员现场讲解红军长征过境通渭的历史、通渭县丰富的遗迹文物、各类本土非物质文化遗产和文物保护相关法规条例的方式，来帮助陇阳镇的乡亲们收获精神食粮。这次活动的开展，在丰富当地群众业余文化生活、引导他们学习文化知识的同时，也提升了群众对文物保护意义的深刻认识，促进群众弘扬长征精神、传承红色基因，[①] 保护文化遗产、守护精神家园，进而培养民族自豪感、增加民族凝聚力。

七、流动型医疗服务

当前，我国城市医疗服务主要以"一站式"形式展开，最常见的就是各种医院、保健院等。"一站式"医疗服务虽然普遍但并不具有普适性，比如对于欠发达的边疆民族地区，这种

---

① 通渭县委宣传部：《榜罗会议纪念馆、通渭县博物馆、通渭县文化馆联合出展流动展览走进通渭县陇阳镇》，http://www.gstwx.com./html/2018/bmkx_0622/17061.html。

"一站式"服务因其定点性质，并未能有效解决农牧民"看病难"问题，甚至在一定程度上影响了农牧民病情治疗，增加了他们的经济负担。为扭转偏远地区群众看病难问题，多地政府推出了流动型医疗服务模式，以满足基层群众对基本医疗卫生服务的需求。

以浙江省温州市为例，温州地理环境特殊，山区及海岛约占总面积的80%，多数乡镇分布于偏远山区及海岛之上，村落分布较为分散，村落之间、村市之间沟通较为不便，各村常住人口大多为年龄偏大的留守老人和学龄前儿童，如何有效满足这些群体的医疗卫生服务需求一直是当地政府的一大难题。自2014年起，温州市卫生局开始对原有的巡回医疗点进行改造升级，启动"流动社区卫生服务站"建设计划，着力打造"流动社区卫生服务站＋固定巡回点"的巡回医疗新模式。2016年，由市政府牵头，委托市卫计委对温州"流动医疗方案"累计投入资金近2000万元，在原来固定巡回点的基础上，建成75个"流动社区卫生服务站"，服务站覆盖面积惠及周边各大小村庄和社区，服务群众数量高达200万人，较好地解决了看病难问题，极大满足了偏远地区居民对基本医疗卫生服务的需求。①

2018年，温州市永嘉县卫计局借助"互联网＋信息区域化"技术，在"流动服务车"上采集心电图文，实时上传至永嘉县心电共享中心，村民在家门口就能享受到县级医院专家的心电诊疗

---

① 孙余丹:《我市建成75个"流动医院"》，《温州日报》2016年3月8日。

服务，率全省之先实现心电诊疗共享新功能。①

温州早期关于"流动医院"的探索，为我国"流动医院"在各地的推广提供了丰富的经验。例如，广东省遂溪县为加强基层医疗卫生服务能力建设，提高山区群众基本医疗卫生服务均等化水平，促进乡村振兴，结合当地实际情况，于 2019 年 5 月 31 日下发了《遂昌县乡村流动医院建设工作方案的通知》（以下简称《通知》）。《通知》里规定要以政府为主导，对"流动医院"进行合理布局，完善基础设施，整合各种资源。将"流动医院"的建设与当地的各项政策措施相结合进行发展，与民生工程、乡村振兴战略、健康遂昌建设、健康扶贫工程以及村级活动场所建设等工作统筹规划；并结合县域医共体建设、医疗卫生服务领域"最多跑一次"改革、"双下沉、两提升"和全科网格建设"1+x"组团式服务等工作，按照建设标准和功能要求，充分整合利用现有资源，填平补齐，不搞"形象工程"。《通知》规定"流动医院"提供的建设内容为：以"巡回诊疗服务车"为基础，依照基层医疗卫生机构功能定位和基本标准进行建设，为每一个"流动医院"安排合理数量的医护人员，配置符合标准的诊疗设备，进村入户开展巡回服务，为基层群众提供安全、便捷、优质的基本医疗、基本公卫、健康管理等卫生健康服务。政府也对此项建设确立了预期目标，希望到 2019 年底，全县建成乡村"流动医院"6个，服务全县 20 个乡镇（街道）约 98 个未设置村卫生室的行政

---

① 永嘉县政府：《永嘉县流动医疗服务车率全省之先实现心电诊疗共享新功能》，http://xxgk.yj.gov.cn/art/2018/6/14/art_1331074_18614358.html。

村和部分有村卫生室但力量薄弱的行政村，村级覆盖率达到约50%以上，为辖区内未设卫生室的空白村每月提供巡回诊疗服务1至2次，适当兼顾已设村卫生室的行政村群众的巡回诊疗服务需求。到2022年底，实现未设卫生室的行政村每月提供巡回诊疗服务至少2次，对已设村卫生室的行政村每年提供巡回诊疗服务至少1次。在提供流动服务时，配备巡回诊疗服务车，并且结合全科网格建设"1+x"组团式服务，在应设未设卫生室的空白村配套建设1个规范化巡回诊疗服务点。巡回诊疗服务车备有急诊箱、必备的口服和静脉药品、心电图机、便携式B超、体重身高计、血糖仪、血液分析仪、尿分析仪、离心机、车载冰箱、必要的消毒灭菌设施、药品柜、电脑及打印设备、健康教育影像设备、移动刷卡报销设备、供氧系统、可折叠担架、输液导轨或吊瓶架、照明灯等设备。

遂溪县的乡村流动医院为群众提供的服务内容比较全面，包括建立基层首诊制度，提供适宜的基本医疗服务，对超出诊治能力的及时转诊，为符合运送条件的有需求患者提供双向转诊服务；全面实施基本药物制度，执行基本药物制度各项政策，实行基本药物集中配备使用和零差率销售，满足基层群众基本用药需求；开展常见病、多发病巡回诊疗服务，实行医保实时刷卡报销；开展健康教育、疾病控制、妇幼保健、慢病随访、老年人健康管理、城乡居民健康体检等基本公共卫生服务与家庭医生签约服务等工作；参与处理本辖区内突发公共卫生事件，承担各级卫生健康行政部门下达的其他指令性任务五个方面。

同时，《通知》要求每个乡村流动意愿至少应安排临床医生、临床护士、医技人员至少各 1 名。遂溪县的流动医院建设也特别注重各大部门的合理分工，对于各大部门的职责都作出了明确规定，主要涉及县卫生健康局的建设以及提供服务统筹工作、县发改局的纳入发展规划工作、县农业农村局结合乡村振兴战略工作、县公安局巡回诊疗车辆管理工作、县医疗保障局的服务中医保相关工作、县财政局的财政保障、县委编办资源配置工作、县市场监管局监管工作以及乡（镇）人民政府、街道办事处的宣传与后勤工作。①

八、流动型社会治理服务

党的十九大报告提出，要"加强和创新社会治理，加强社区治理体系建设，推动社会治理重心向基层下移，实现政府治理和社会调节、居民自治良性互动"。创新社会治理、加强社区治理需要探索治理服务新模式，而让社会治理服务流动起来，能很好地实现政府、社会和居民的良性互动。尤其是对一些地域辽阔、交通不便的偏远地区，政府提供流动型社会治理服务，有利于构建共建共治共享的社会治理新格局。

例如，2017 年，青岛西海岸新区重新构建社会治理新模式，搭建"一格（网格）、一站（社会治理流动服务站）、一居（居民委员会）"社会治理平台，建立全域化、一体化、便民化的社会治理流动服务站，全面加强对社会面和流动人口的管理和服务，

---

① 《关于印发遂昌县乡村流动医院建设工作方案的通知》，遂昌县人民政府网，http://www.suichang.gov.cn/zwgk/fggw/zfwj/201905/t20190531_3767765.html。

不断提高矛盾调解和便民服务水平，将各类社会问题解决在萌芽状态。此工作站共分为两大类：一是社会治理流动工作站，二是社区社会治理服务工作站。其中，社会治理流动工作站细分为重点区域社会治理流动工作站和镇街（管区）社会治理流动工作站；社区社会治理服务工作站是通过整合现有的村（居）社区办公场所进行统一改造进行设立。社会治理服务工作站产生了 1+1 ＞ 2 的效应，以金沙滩景区为例，工作站设立两个月以来，共为游客提供咨询服务 1300 余次，协调解决民众纠纷 100 余起，为游客找寻走散儿童 64 人、迷路老人 7 人。社会治理流动工作站的设立，最大限度地为群众提供"一站式"服务，及时接受游客的诉求，切实为游客办实事、解难事，保障了游客的合法权益。西海岸新区社会治理中心负责人表示，"社会治理工作站的设立，把社会治理力量推向街面、社区和治安事件易发区域，在确保工作站正常运转的前提下，还要在提高效率上下功夫，逐步规范建设标准和服务职能，建立较为完备的工作运行机制，将工作站打造成使之成为政府管理社会、服务群众的'第一窗口'，促进新区和谐稳定"。同时，社会治理中心与各责任单位签订了《社会治理流动工作站交接协议》，按照"谁管理、谁负责"的原则，明确各工作站的管理单位，并将工作站作为管理单位的"临时性常设机构"，由管理单位实行"包干制"管理，负责各自工作站的日常管理、运行和人员调配工作。① 青岛社会治理服务工作站的建立

---

① 《流动服务让社会治理"触底"》，《大众日报》2017 年 7 月 27 日。

大大提高了居民的办事效率，提高了居民对政府的满意度，维护了地区的和谐稳定。

为打造更加高效和温暖的社区服务体系，上海市徐汇区枫林街道也大力推动"服务型居委会"的改革，打破传统"一人一桌一电脑"的工作模式，让居委会工作人员走出办公室，走进社区公共空间，融入居民日常生活，把居委会建设成居民家门口的活动室、服务站和便民点，使社区成为增进居民幸福感的重要平台。首先是空间改造，把居民请进居委会。枫林街道把居委会90％的空间打造成服务居民的场所，取消了固定的办公桌椅，仅保留少量工位和电脑，供居委会工作人员和居民群众共享使用，努力实现办公场所最小化，服务功能最大化。其次是模式转换，把关心送进居民家里。压缩办公空间和裁撤办公桌之后，街道对于居委会的工作流程和工作要求进行了颠覆式的改革，要求居委会工作人员在完成基本的条线工作之后，坚定不移地走出居委会，走入居民家里，深入开展大调查工作，切实掌握广大居民的需求，将关心和服务主动送到居民身边。最后是流程再造，把服务下沉到居委会。枫林街道在改革过程中对于服务流程进行了深度再造，推动社区服务事务下沉到居委会，努力实现"办事不出居委会"。居委会特别建立首位接待制，居委会工作人员轮流进行接待工作，系统回应来访居民的诉求，对于当场无法解答或者解决的问题，接待人员负责对接好专业人员，确保责任到人，切实满足民众诉求。"服务型居委会"改革最大的意义在于打破了社区工作行政化的沉疴旧疾，延展了传统公共服务的提供方式，特别是变"民众主动要求"为"居委会主动提供"，让居委会工作人员流动起来，敦促居委会工作人员主动上门提供服务，通过人的流动来对接和匹配民众的需求，持续提高社区服务的品类和质量，提高公共服务的协同性、可达性和满意度。①

　　山东省临沂市劳动人事争议仲裁委员会创新服务模式，通过"流动仲裁庭"，提升案件处理质效，为当事人提供便捷的上门法律服务。2020 年 10 月 12 日，"流动仲裁庭"走进临沂市退役军人事务局，解决李某长期反映的与山东临沂某工程总公司的问题。据悉，李某于 2004 年自部队退役安置到山东临沂某工程总公司，因单位原因李某一直未到岗上班，单位未发放任何待遇，李某多次到退役军人事务局反映问题，经调解，双方签订了《退役士兵补助生活费领取协议书》。"流动仲裁庭"于现场立案、对双方签订的协议进行审查，并制作了仲裁调解书，解决了困扰李某多年的问题。近年来，临沂市劳动人事争议仲裁院一直坚持"暖心仲裁、高效便民"的工作思路，通过"流动仲裁庭"开展上门服务，同时注重法律法规宣传，开展送法进园区、进企业、进社区活动，逐步增强劳动者的维权意识和用人单位的依法用工理念，为全市劳动人事关系和谐稳定保驾护航。②

---

① 《"服务型居委会"——让服务流动起来》，人民网，http://sh.people.com.cn/n2/2019/0904/c134768-33321671.html。

② 临沂市人力资源和社会保障局：《推行"流动仲裁庭"打造服务新模式》，http://rsj.linyi.gov.cn/info/1073/21724.htm。

为大力弘扬法治精神，增加人民法院工作透明度，提高村民对法律知识的认识，促进和谐乡村的建设。2020年12月11日，湖南省桑植县人民法院以"流动法庭 + 庭前普法"的模式，将流动法庭搬至桥自弯镇王家村村委会，开庭审理一起赡养纠纷案，妥善解决了90岁覃某的养老问题。流动法庭一行人来到王家村村委会后迅速布置好庭审现场，因案件特殊，决定先组织双方当事人进行庭前调解。调解中，承办法官耐心细致的与覃某交流并了解其心中想法，同时与七位子女沟通协商老人的赡养问题，通过向七位子女释法析理，告知他们赡养老人不仅是美德，更是义务。最终，七位子女就覃某的生活起居、病痛就医及以后的安葬问题达成了一致意见，并于当日按照该调解协议立即履行赡养义务，妥善解决了覃某的赡养问题，让其安心度过晚年生活。

到场群众纷纷称赞："这样的流动法庭真的很接地气，法院把发生在身边的案例呈现在我们面前，让我们感受到了桑植法院司法的公开、公正和温暖。"流动法庭是法院连接人民群众的桥梁，也是人民法院主动参与社会治理的体现，不仅接地气，而且最大限度地便利了群众的诉讼，也拉进了法官与百姓的距离，从源头上减少了矛盾纠纷的产生，引导村民尊法学法守法用法，为营造和谐有序的村居环境提供了有力的法治保障。①

---

① 湖南省高级人民法院：《桑植：法庭搬到家门口，流动法庭打通司法为民"最后一公里"》，https://baijiahao.baidu.com/s?id=1686131764527898944&wfr=spider&for=pc。

第二节　非少数民族地区流动型社会保障服务的启示

非少数民族地区在流动型社会保障服务提供中的优秀做法，为边疆民族地区提供了宝贵的经验，需要在实践中加以吸收利用。

第一，边疆民族地区各级政府在提供流动型社会保障服务时应不断提升服务设备的性能，不断更新和完善服务设施设备。例如，不断提升社会救助车辆性能，保障救助车自身安全，避免因行程遥远、路途颠簸而导致车辆损坏，无法提供流动服务。应从边疆民族地区的实际情况出发，不断更新和增加提供流动服务所必需的设备，如对于白内障高发地区，流动医疗车就应配备眼科手术所需要的设备。同时，急诊箱、必备药品、心电图机、便携式 B 超、必要的消毒灭菌设施、供氧系统等必要的基础性设备、药物也要及时更新，以满足不同患者的医疗需求。此外，应灵活利用现代科学技术，更新和完善救助设施、设备，提升服务质量和水平。如利用互联网积极改善车载软件技术，在救助车内安装可以与各部门进行及时沟通的通信设施和互联网设备。同时，充分利用大数据技术，将提供的流动型社会保障服务内容数字化，逐步实现信息化管理，方便后期工作的开展。

政府可以利用先进的信息网络和通信手段，为农村居民设计一些流动性的社会保障服务项目，让农民不管走到哪里都能享受到这种便利的服务。在就业服务项目方面，政府可以通过业已建成的就业服务信息网，及时、准确地把用工信息和就业政策向社会发布，改变大多数就业服务机构只在办公点用展板粘贴信息的落后做法，这样农民可以在任何地方通过手机上网的方式及时获得用工信息，而不用亲自到就业服务机构去查看。在社会保险服务项目方面，政府可以向银行系统的银联卡服务学习，为每一位农村居民办理一张社会保障卡，里面详细记录其参加社会保险、享受社会救助的具体情况，这张卡在全国各地的社保经办机构都能顺利读取、存储、使用。而且，农民可以通过登录任何一地的社保网站，查看自己的社会保障状况。这种"一卡通"服务，使社会保障具有了最大的便携性和流动性，能使农村居民享受到高质量的社会保障服务。

第二，转变服务模式，重视流动型社会保障服务流程的完整性，营造高效的服务环境。一方面，应优化服务流程的全过程，注重事前的考察与宣传，事中服务的专业化和精准化程度，以及事后及时的回访、评估等。具体为：在流动服务提供前，开展积极主动、有针对性的实地考察，将服务项目与当地实际和特色相结合。同时，政府发挥主导作用，将线上、线下宣讲作为一个整体同步推进。例如，借助广播、电视、互联网等平台为服务对象提供全面、专业的线上政策宣讲，通过领导干部带头深入基层进行入户宣传、当面讲解等，这既是一种工作方式，也是一种流动型公共服务。在服务提供过程中，各主体应尽可能避免"一刀切"现象的出现，因人而异地选择个性化、精准化的流动服务，以促进供给结构合理化，提高资源利用率。该阶段，除了需要对服务进行合理的选择外，工作人员的服务水平、服务能力以及对整体服务的监督管理，也应受到广泛关注。最后，注重对流动型社会保障服务的事后回访，这不仅有利于考察服务的效果与进展，而且可以及时查漏补缺，保证资源在群体、地区之间的合理有效配置。

另一方面，我们看到流动型社会保障服务重在"流动"，该流动性特征要求政府改变过去坐等民众上门"索要"服务的形式，将"一站式政府"和"代理式政府"的优势结合起来，主动走出办公室，深入基层向公众提供上门社会保障服务，强化服务意识、提升服务效率、提高服务水平，使公共服务真正走到群众家中。就其意义来讲，该举措对提升政府形象具有积极作用，也使政府有了"微笑服务""耐心服务""热情服务"的意识，能够提高群众对政府的满意度，使政府成为民众信任、依赖的责任政府。

从管理的角度看，无论是社会保障服务机构的流动性设置，还是社会保障服务项目的流动性设计，其实质都是一个管理问题，而管理的成败，又直接决定着广大农村居民享受社会保障服务质量的高低。因此，为切实保护民族地区农村居民的社会保障权益，有必要引入社会保障服务的流动性管理理念，并进行相应的制度构建。让社会保障管理服务流动起来，既能提高管理的效率，又能提高服务的质量，让民族地区农村社会保障待遇享受者得到满意的制度回报。

例如，在目前的社会保障业务办理大厅，往往是每项业务开设一个窗口，由一位工作人员负责该业务的办理。这种情况下，如果某位农民来办事大厅想同时办理多项业务，那么，有一个窗口的工作人员短暂不在岗，这位农民就无法及时办理完业务。因此，在社会保障公共服务的岗位管理中，可以考虑实行流动性换岗，延伸业务范围，让每位工作人员都能熟练办理各项社会保障业务，变"多窗式"服务为"一窗式"服务，培养"全懂全精"型工作人员，让一个人的所有业务能在一个窗口办理完毕，这样既节约了农民的办事时间，也节约了办事成本。再比如，可以对农村居民的社会保障信息实行动态管理。因为，目前很多地方农民的社会保障信息采取的还是纸质档案的保存方式，这种做法成本既高且不利于信息更新，而且容易丢失和出错。因此，可以建立居民"电子档案"，实现数据信息的动态管理，这种电子方式的流动性信息管理既保证了信息记录的准确性，又实现了信息携带的便利性。

第三，加大对流动型社会保障服务的财政支持力度。中央政府以及边疆民族地区政府应加大对社会保障服务领域的资金投入，通过吸引和鼓励信贷资金、社会资金等的方式，为流动型社会保障服务筹集更多资金。在获取充足的资金支持后，应有效整合资金，合理分配资金，改善资金使用情况，充分提高资金利用率，让每一分钱都能充分地发挥作用。

同时，提供流动型社会保障服务时，应与党的十九大提出的乡村振兴战略结合起来，在金融扶贫政策的大力支持下，积极发展地区产业，完善地区基础设施的建设，提高当地群众的生活水平，减轻政府提供流动型社会保障服务的压力。边疆民族地区政府在提供流动型社会保障服务时还应重视地方特色的发挥，从当地特有的历史文化出发，提供独特的流动型文化服务，形成具有地方特色的文化产业、文化品牌，以吸引投资缓解资金压力。此外，还应利用筹集和争取到的资金，加快专业人才培养步伐，提高社会保障工作人员的工资福利待遇，吸引更多专业人才参与到流动型社会保障服务供给上来，完善流动型社会保障服务的后勤保障建设。

第四，打造多方参与的合作机制。新公共管理理论认为，政府的职责是掌舵而不是划桨。因此，政府不能将作用局限在提供具体的服务事务上，而应该站在更高的高度，把控全局，发挥纵览全局的作用。在新公共服务理念的指导下，政府不再局限于以往单纯提供服务，而是要退居幕后起到总领全局的观察者作用。在提供流动型公共服务时，政府应注重制度创新、政策完善以及监督等职能。同时，通过公私合作、政府购买、合同外包等方式实现流动型社会保障服务供给责任的转移，推动流动型社会保障服务提供的市场化和社会化。另外，随着社会组织、公民社会的发展，政府不再是唯一的社会管理者，它必须与民众、企业、非营利性组织共同治理和共同管理。这就要求政府积极发展和整合社会力量，将以前由政府包揽的单一化的社会保障服务提供模式逐渐转变为包括第三部门、市场以及个人共同分担的多元化服务提供模式，引入竞争机制，增强各主体之间的竞争意识，从而提高流动型社会保障服务供给的效率。近年来，社会组织成为公共服务供给领域除政府与市场外，越来越受关注的主体。社会组织具有志愿性和非营利性等特点，是政府工作的补充，利于减轻政府的财政负担。因此，边疆民族地区流动型社会保障服务的提供必须重视和发挥社会组织的作用，给予多元主体参与流动型社会保障服务供给更多的便利性。与此同时，政府也应该加大对多元主体模式下各主体的监督，从体制方面预防多元主体模式失灵现象的发生，从制度上积极引导各主体有序参与社会保障服务的提供，真正做好社会保障服务的"掌舵者"。

以被称为"第三支柱"的商业养老保险为例，随着农村居民收入水平的不断提高、市场机制的日趋成熟以及多层次养老保障体系的逐步建立，农村商业养老保险必将发展成为未来中国农村养老保障体系的一个重要组成部分。因此，在商业养老保险产品设计环节，市场主体应深入农村做追踪调研，在听取广大基层群众心声的基础上，根据民族地区农村的实际情况，制定出不同于城市的商业养老保险产品，并采取回访等手段，对制定出的商业养老保险政策进行修正与完善。以此为契机，对农村商业养老保险政策进行流动型宣讲，让更多的农村居民确切地了解这一政策。在参保缴费环节，应在人口相对集中的村寨设立参保点，或者由业务办理员定期流动于各村寨之间，对想要参保的农民提供便捷的上门办理服务，降低农民的参保成本。在待遇发放环节，则可以参照新农保的做法，提供上门发放养老金服务，实现待遇享受的便捷与高效。通过上述流动性设计，商业养老保险必将在民族地区农村开拓出广阔的市场空间，也能为民族地区农民提供更为便捷的养老保障服务。

第 七 章

流动型社会保障服务能力的提升

农村社会保障建设完善与否关乎农村居民的获得感、幸福感、安全感。边疆民族地区农村特殊的自然地理环境、人文环境，对社会保障服务呈现出特殊的流动性诉求，要求以流动的方式提供社会保障服务，也就是本书所聚焦的流动型社会保障服务概念。《"十三五"促进民族地区和人口较少民族发展规划》指出，要大力推进边境地区社会保障体系建设，完善社会保障制度。①《兴边富民行动"十三五"规划》也指出，应加大边境地区社会保障体系建设支持力度，加快完善覆盖城乡居民的社会保险体系和社会救助体系。② 习近平总书记在第五次中央民族工作会议上指出，要完善差别化区域支持政策，支持民族地区全面深化改革开放，提升自我发展能力。民族地区要立足资源禀赋、发展条件、比较优势等实际，找准把握新发展阶段、贯彻新发展理念、融入新发展格局、实现高质量发展、促进共同富裕的切入点和发力点。要加大对民族地区基础设施建设、产业结构调整支持

---

① 《国务院关于印发"十三五"促进民族地区和人口较少民族发展规划的通知》，中国政府网，http://www.gov.cn/zhengce/content/2017-01/24/content_5162950.htm。
② 《国务院办公厅关于印发兴边富民行动"十三五"规划的通知》，中国政府网，http://www.gov.cn/zhengce/content/2017-06/06/content_5200277.htm。

力度，优化经济社会发展和生态文明建设整体布局，不断增强各族群众获得感、幸福感、安全感。①

由此可见，国家对民族地区社会发展的重视，这也为流动型社会保障服务提供了坚实的理论基础和制度保证。流动型社会保障服务是夯实基层民生保障基础、推动农村社会保障制度建设不断向前发展的创新举措，需要从理念、制度、立法、资金、人才、技术等方面构建起完善的保障机制，保证流动型社会保障服务持续、稳定、高效的供应。

第一节　提高流动型社会保障服务的理解与认知

作为一种服务理念，流动型社会保障服务是基于边疆民族地区的特殊情况，主动适应居民多样化公共服务需求而实施的一种服务创新。流动型社会保障服务可以提高政府社会保障服务的供给效率，实现资源利用的最大化；可以部分地实现社会保障服务资源的公平配置，推动城乡社会保障服务均等化；也可以成为转变执政理念，构建服务型政府的有力举措。

第一，提高社会保障服务效率。高效的公共服务供给，一是要求公共服务资源利用的最大化，将有限的资源配置到最需要的地方，充分发挥其资源效能；二是要求公共服务的及时送达，保证居民能在第一时间便利地享受到公共服务。在此，流动型社会

---

① 《以铸牢中华民族共同体意识为主线　推动新时代党的民族工作高质量发展》，《人民日报》2021年8月29日。

保障服务恰好契合了公共服务效率最大化的这两点要求。政府根据边疆民族地区的特殊情况，将有限的社会保障服务资源以流动的方式主动"送货上门"，既保证了资源的有效使用，又免去了群众的舟车劳顿，降低了他们享受公共服务的时间成本和代价。而且，政府直接送社会保障服务下乡，减少了中间环节，避免了资源流通过程中的人为损耗，大大提高了公共服务的供给效率。以养老服务为例，在人口密集的大城市所实施的"一站式"服务就很难满足地处偏远、交通不便的边疆民族地区群众的养老服务需求，政府需针对边疆民族地区的特殊情况，在养老保险缴费、养老金发放、养老物资供应方面引入流动服务理念，把服务主动送到群众身边，构建一种流动养老服务模式，增强各族群众对养老服务的可得性与可及性。

第二，促进社会公平公正。党的十八届五中全会提出了"创新、协调、绿色、开放、共享"五大发展理念，其中在"共享"理念中讲道，"我们必须坚持发展为了人民、发展依靠人民，实现发展成果由人民共享"。这里所讲的"人民"涵盖了发达地区与欠发达地区、城市与农村牧区的所有居民。而在公共服务领域实现经济和社会发展成果的共享，既是社会发展的动力，也是社会发展的目的，在促进社会公平公正方面具有积极意义。研究表明，我国社会公正问题的存在，与政府不能提供充足的公共产品具有直接的内在关系。中国政府公共产品供给指标偏低，与我国社会公正指标偏低之间具有明显的对应关系。流动型社会保障服务正是针对民族地区居民在享受社会保障服务中的诸多限制，而由政府主动下乡提供服务，以使其能享受到与城市居民大体相当的基本公共服务，从而实现经济发展成果的共享与社会的公平正义。在现实中，受限于边疆民族地区落后的交通条件和高昂的服务成本，许多居民只能无奈地放弃自己本应享有的合法权益，望政府的各项惠民政策而"兴叹"。而政府根据边疆民族地区实际情况，采取的乌兰牧骑这种流动型公共文化服务形式，则可以有效保障人民群众的文化权益和文化需求，是促进城乡居民均等地享受公共文化服务的必要举措和有效途径。

第三，建设服务型政府。党的十八大报告中，关于深化行政体制改革提到，要"建设职能科学、结构优化、廉洁高效、人民满意的服务型政府"，并使政府在提供优质公共服务、维护社会公平正义方面实现职能转变。十八届三中全会再次强调必须切实转变政府职能，创新行政管理方式，建设法治政府和服务型政府。由此可见，建设服务型政府已成为我国行政体制改革的重要内容，是实现政府职能转变的重要手段。流动型社会保障服务一个最大的特点就是坚持以人为本的服务理念，以民族地区公众的现实需求为出发点，变被动等待服务为主动递送服务，处处为群众着想，降低民族地区居民享受社会保障服务的成本和代价，从而构建起一个以服务为主要特征的职能政府。流动型社会保障服务突出了政府在民族地区社会保障服务供给中的主体责任，提高了社会保障服务供给的效率和水平，建立起了惠及全民、公平公正、可持续的社会保障服务体系，实现了社会保障服务在民族地区和非少数民族地区的均等化享有。而且，流动型社会保障服务促进了地方政府职能和行为方式的转变，在基层群众充分接触和享有社会保障服务的同时，政府也朝着全心全意为人民服务的宗旨迈出了坚实步伐，流动型社会保障服务是服务型政府建设的有效手段。具体践行中：

一方面，社会保障相关部门尤其是基层实践部门需转变服务理念，变之前的被动等待服务为主动上门服务，深入边疆民族地区农村，提供及时、全面的社会保障服务，使生活在偏远地区的居民也能享受到与城市大体相同的社会保障公共服务，这也是向服务型政府转变，提高政府服务能力和水平的一种理想方式。同时，政府还应树立以人为本的服务理念，坚持以人民为中心，将所有民众特别是弱势群体全部纳入社会保障政策范畴，通过人性化的服务模式，体现人文关怀，让流动服务的价值得到充分体现。此外，在提供流动型社会保障服务中，政府部门应服从于全心全意为人民服务，从政治高度和国家大局出发，少一些成本计较，承担更多的流动公共服务供给成本。原因在于：一是与固定型社会保障服务相比，流动型社会保障服务在人、财、物方面必然会大大增加成本，但流动型社会保障服务供给能提升偏远地区农村居民对社会保障的可及性与可得性，减少居民的交通成本和时间成本，对于老百姓来说，这无疑是一件惠民的事情，能赢得人民对国家的支持；二是流动型社会保障服务能保障边疆民族地区农村基层群众的生存、养老、教育、医疗卫生等权利，促进边疆地区和谐稳定，降低处理社会纠纷的成本及损失；三是这种直接上门的流动型社会保障服务，能在一定程度上避免政府部门因相互推诿和其他违规行为而导致的效率低下和资源浪费问题。因此，相较于政府行政成本的上升，流动型社会保障服务为老百姓节约的成本及其所带来的积极外部效益，应成为政府实施流动型社会保障和积极承担相关成本的最大动力。

　　另一方面，加强对流动型社会保障服务的宣传报道，将流动服务的宣传工作常态化，让更多群众知晓流动型社会保障服务的优势和途径，提升全社会对流动型社会保障服务的关心、理解和支持。例如，旗县一级的主管部门应组织专业人员深入农村社区，与乡镇干部或村干部合作，开展上门流动宣讲，让更多的农村居民了解、相信这项制度。同时，加强对流动服务宣传人员的培训，丰富其业务知识、提高其业务能力以及对工作任务流程的熟练度。例如，在许多流动科普活动中，有时需招募志愿者发放宣传手册，讲解政策法规，为提高流动宣讲的效果，应对志愿者进行提前培训。在宣传过程中，应充分尊重当地的文化和生活习俗，用当地群众习惯的语言文字，编制通俗易懂的宣传材料，进行精准宣讲。此外，还需注重宣传方式的多样性、新颖性。例如，可以在提供流动服务前通过微信、微博等社交平台提前进行宣传，争取让更多的群众知晓此事，并积极地参与进来。考虑到受众的差异性和广泛性，还应充分利用电视、广播、社区宣传栏等，进行政策宣传，让更多的人知道、理解流动型社会保障服务。

第二节 构建可流动的社会保障服务形式

作为公共服务供给的一种方式，流动型社会保障服务有别于当前广泛存在的"一站式"和"代理型"服务，是一种针对边疆民族地区特殊环境的社会保障服务创新。这种变被动为主动，且主张供给主体多元化的服务创新，与国家治理体系和治理能力现代化的时代要求不谋而合，充分体现了其在边疆民族地区社会保障服务供给中的独特优势。

第一，对"一站式"服务的超越。"一站式"原意指"在同一个地点可以买到所有想要的东西或做所有想做的事情，指综合性的、全方位服务的、一切全包的"。社会保障中的"一站式"服务是指政府通过设置实体或虚拟的办事服务前台，将服务项目整合在同一个办事大厅或服务中心，让群众能够一次性办理完所需事务，而不用奔波往返于不同的管理部门。显然，这种"一站式"服务在交通便利、人口居住密集地区有很好的适用性，能有效提高群众的办事效率，降低办事成本。但是，对于交通不便、人口稀少的边疆民族地区，这种"一站式"服务很难满足群众对高质、高效、广泛、低成本社会保障服务的需求。因为，"一站式"市民服务中心一则很难穷尽所有的社会保障服务项目，二则办事群众仍需往返于遥远且交通不便的农村牧区与城镇之间，需要花费大量的时间和经济成本。对于边疆民族地区的居民来说，"一站式"服务并不是一种高效的社会保障服务方式，相反，非集中的流动型社会保障服务能满足他们对便捷、低成本社会保障服务的强烈需求。以医疗服务为例，当前很多城镇都提供"一站式"医疗服务，但它无法满足边疆民族地区群众对基本医疗卫生的需求，一些农牧民生病后仍需从几十公里以外的地方赶到苏木（乡、镇）卫生院就诊，有时卫生院不具备诊疗水平又需要向上转诊，这既增加了农牧民的经济负担，又延误了治疗。

第二，对"代理型"服务的超越。就公共服务领域而言，"代理型"是在我国一些偏远的农村出现的一种便民服务手段创新，它由农村党员干部自主发起，主动、义务地为本村村民承担一些如邮寄、低保申请、社会保险缴费、社会保障待遇领取等行政审批事项，然后集中送到乡镇政府或服务中心办理。这种利用村干部熟悉业务归口、人际关系较为通畅的优势为群众提供便利，不失为一种有效的公共服务供给方式。但是，这种义务性的服务方式具有非专业性和随意性，有时村干部并不了解具体的办事流程，往往也是事倍功半。而且，"代理型"服务通常只能代为办理审批类事务，不能满足民众复杂、多方面的服务需求，在发生办事过错或失误时也很难追究双方的责任与义务，加之这种服务形式对服务者的道德水准要求较高，很难大面积推广。而流动型社会保障服务不仅能为偏远的民族地区居民上门提供审批类事务办理，还能提供科技、教育、文化、法律等专业性的公共服务。与"代理型"服务相比，流动型社会保障服务是一种正式的政府行为，有制度保障，且服务更专业、更安全、更可靠。

第三，流动型社会保障服务的多元供给。流动型社会保障服务在提供过程中注重发挥多主体作用，利用全社会力量为边疆民族地区居民提供与城市居民大体相当的社会保障服务，这与以往将公共服务完全理解为政府的直接行为有很大不同。流动型社会保障服务供给主体的多元化，带来了服务手段和服务内容的多样化，以及服务成本的降低。党的十八届三中全会提出要"推进国家治理体系和治理能力现代化"，其中，治理体系现代化的基本要求就是治理主体的多元化，让政府、市场、社会充分发挥各自的功能，共同参与社会治理。流动型社会保障服务作为一种服务方式，既可以是政府直接上门提供，也可以是政府向市场或社会组织购买服务。而且，就边疆民族地区而言，由政府出资向扎根少数民族群众、具有民族传统和特性的社会组织购买社会保障服务，能更好地满足群众的特殊需求，提高社会保障服务的质量和适用性。而利用市场反应迅速、物联发达的优势，通过市场能为边疆民族地区群众提供及时而低廉的社会保障服务，体现出与政府提供或垄断供应的比较优势。供给主体多元化和供给方式多样化，使流动型社会保障服务在边疆民族地区成为一种造福于民、实实在在的创新举措。

流动型社会保障服务的重点是"流动"二字，它强调这种社会保障服务方式是流动的，而不是固定的，可以从服务主体、服务内容、服务方式三个方面去构建这种流动的社会保障服务方式。管理就是服务，下文所论及的社会保障管理问题，同时也是社会保障服务问题，同样适应于流动型社会保障服务的讨论范畴。具体践行中要求：

一是服务主体的可流动性。

边疆民族地区在提供流动型社会保障服务时，应坚持政府主导与市场主体、社会组织、社会公众相结合的原则，并以制度化为手段，确保各主体都能在流动型社会保障服务提供中发挥作用，体现服务主体的流动性，这是流动型社会保障服务得以实现的前提和基础。

其一，强化政府提供流动型社会保障服务的主导责任。政府在边疆民族地区公共服务供给中承担主导责任，是流动型社会保障服务得以健康、持续发展的重要保证。除已经实施的流动型社会保障服务项目外，政府还需在未实施流动服务的社会保障领域积极施策，构建科学、规范的流动型社会保障服务体系，开展更多流动型社会保障服务项目，设置相应的流动服务管理部门，按照重心下移、资源下移、服务下移的要求，上门为基层群众提供流动型社会保障服务，并在制度设计、法律保障、财政支持、宣传发动、资金投入、组织引导、管理监督等方面发挥积极作用。此外，政府部门对流动型社会保障服务的提供要合理划分各级政府财权、事权，对基层政府适度放权，调动各级政府的工作积极性，实现各级政府上下联动，提高政府提供社会保障服务的流动性。

其二，提高市场提供流动型社会保障服务的效率和水平。市场具有强大的生产能力和社会竞争能力，利用市场优势可以为农村基层群众提供多样化和多层次的社会保障服务。在流动型社会保障服务供给中，通过税收优惠、政策优惠，鼓励市场在边疆民族地区农村开展商业性流动型社会保障业务，持续不断地向下延伸业务和服务，提供符合当地实际情况的多层次社会保障服务项目，为市场在乡村设置办理点提供便利条件，既方便工作人员上门提供服务，也便于当地群众办理社会保障业务。但在此过程中，要克服社会保险的市场逆向选择问题。① 政府也可以通过委托代理、合同外包和贷款贴息等方式，支持市场提供流动型社会保障服务，满足边疆民族地区不同服务对象的不同社会保障服务需求。

其三，拓展社会组织提供流动型社会保障服务的空间。例如，鼓励和创造条件让社会组织在边疆民族地区因人、因地、因事，提供流动型养老服务，灵活调整服务规模、服务方式和服务内容，满足边疆民族地区农村老年人多样化的养老服务需求；鼓励社会组织提供流动灾害救助服务，发挥其灵动的优势，在最短的时间内集聚资源和力量，迅速参与灾害救助，并激发全社会的志愿服务精神；鼓励社会组织参与流动扶贫服务，为贫困劳动力提供就业岗位；鼓励社会组织参与流动保险服务，为卷入保险争议的农村居民提供法律援助，帮助农村居民提高社会保险服务信息的获取能力和认知能力。社会组织参与流动型社会保障服务供给，有利于更好地维护和实现农民的社会保障权益，提升社会保障服务水平和质量，也能在很大程度上减轻政府的负担。政府可以通过委托合作、签订合同或公开招标等方式，向社会组织购买社会保障服务，以补助补贴、定向资助、税收优惠等形式，加大

①　王稳、杨洋：《消费者异质性对健康保险市场逆向选择影响的实证研究》，《保险研究》2018 年第 8 期。

对社会组织参与流动型社会保障服务供给的支持力度，提高边疆民族地区社会组织参与农村流动型社会保障服务供给的积极性和专业性。

其四，创造社会公众参与流动型社会保障服务供给的机会和渠道。流动型社会保障服务深受边疆民族地区农牧民的欢迎和喜爱，他们迫切希望得到这种方便、低成本的社会保障服务，社会公众作为社会保障服务供给的一个主体，有些人还是非常愿意为流动型社会保障服务贡献自己的力量，因此，政府就应该给他们创造机会和条件，将社会公众吸纳到流动公共服务供给的队伍中来。例如，演艺明星朱福、陈亚萍、段杰红等就经常登台文化大篷车为老百姓无偿义演，"草原110"推行"夫妻搭档""牧民哨兵"等方式主动参与牧区社会治理，青年牧民、退伍军人、有车牧户自愿参与联防队，更有老百姓自建"流动图书室"为邻居和邻村提供借阅服务等。这是社会公众对社会保障服务的自觉追求，政府应建立激励机制，调动、鼓励和扶持群众力量参与到流动型社会保障服务提供中，并引导其健康发展。

二是服务内容的可流动性。

社会保障服务内容形式多样，在边疆民族地区，无论是社会保障政策的宣讲，还是某项社会保障制度的具体实施，都有流动性的服务诉求，需要以切实可行的措施予以充分保障。

其一，社会保障政策宣讲方式的流动性设计。做好政策宣讲，让公众充分了解社会保障制度，是发展完善社会保障制度和保障公民社会保障权益的基础和条件。以流动型社会保险服务为例，为做好社会保险制度的宣讲，各服务主体在对制度内容进行宣讲时，需探索多样化的传播渠道和方式，而且，这种方式一定是可流动的。例如，对养老保险政策的宣讲，相关部门的工作人员必须深入基层，入户与群众进行面对面的交流，而且，要善于利用流动宣传车，以发放传单、小册子等方式进行简化宣传。但在边疆民族地区进行宣传时，通过多样化的流动宣传，不仅可以使边疆民族地区群众认识到社会保障的重要性，增强其保障意识，而且能推动社会保障制度在这些地方的贯彻实施。

其二，社会保障资格调查审核的流动性设计。以流动型低保救助服务为例，为做好低保救助工作，让其真正发挥出"兜底"作用，管理部门必须走出办公室，深入基层开展上门入户调查，审核村集体上报的低保对象是否依照制度规定筛选出来的，是否履行过村民评议和公示程序，在低保对象享受一段待遇后，是否进行过复核，将不再属于生活困难的申请者及时取消其低保资格，从而避免"富人享受低保"和"养懒汉"等现象的发生，实现低保制度的"应保尽保"。

其三，社会保障检查回访的流动性设计。服务主体在提供流动型社会保障服务后，必须再以流动的方式进行检查回访，看是否存在服务"死角"和服务"盲区"，对应保而未保的群体提供补充服务。流动性的检查回访，一是看是否有漏保者，二是看群众是否还有其他服务需求，以及时纠偏，改进流动服务工作。同时，也可以利用反馈的信息调整流动型社会保障服务的形式和内容，提升流动型社会保障服务的供给水平。流动地检查回访可以使管理服务更规范，保证服务质量，提高群众满意度。例如，2019 年 6 月 26 日，宁夏回族自治区石嘴山市图书馆对华夏脉公司、向日葵幼儿园、市非公经济服务中心三家基层流动图书服务网点的日常借阅服务、管理规范、图书登记记录等进行了检查回访，对基层图书室藏书结构进行了摸底梳理，并开展图书流通服务。① 此次回访工作规范了流动图书服务点的管理，改进了管理方式，同时也发现了流动图书服务点存在的问题，后续的整改工作有效提升了这项流动文化服务的效果和水平。

三是服务方式的可流动性。

流动型社会保障服务重在"流动"，要求转变固定型和代理型社会保障服务这种被动或半被动服务的方式，坚持以人民为中心的服务理念，主动将服务递送到基层。因此，开展流动型社会保障服务，要求政府通过实地考察和座谈走访等方式，深入基层与群众进行平等协商，充分了解基层群众的现实服务需求，从制度层面设计出可流动的社会保障服务。

一方面，相关机构在提供流动型社会保障服务时，必须从当地实际情况出发，深入基层广泛调研，充分听取群众意见，提供群众想要的、能接受的社会保障服务。服务过程中要充分尊重民族特色、文化道德、历史传统、风俗习惯、宗教信仰以及社会心理。同时，还需建立流动型社会保障服务需求表达机制，引导和鼓励基层群众充分表达服务需求。这是使流动型社会保障服务精

---

① 《市图书馆开展流动图书服务网点回访工作》，石嘴山市人民政府网，http://whly.shizuishan.gov.cn/zwgk/zdlyxxgk/201906/t20190628_1574307.html。

准化的前提和基础，这种流动的服务方式不仅提高了流动型社会保障服务的针对性和有效性，而且提高了群众的参与性。内蒙古鄂尔多斯市向人民群众配送可以点单的公共文化服务需求卡，实现流动文化服务的"按需配送"，就是一个很好的例子。①

另一方面，可以以共享和可交换的方式提供流动型社会保障服务。鼓励服务提供者将服务内容在不同地区交叉流动，互通有无，互相补充。这种流动的服务方式不仅可以节约资源配置的成本，还能满足服务对象的多样化需求，有助于缩小社会保障服务的地区差异。例如，各地图书馆的图书种类不尽相同，如果流动图书馆实行馆际互借、流动借阅、图书换读等流动图书共享服务，不仅能提升馆藏图书的借阅率，充分利用图书资源，也能促进地区间、群体间的文化交流。

再比如，流动文化组织在同一个地区演出需频繁更换节目，以丰富群众的文化生活，满足他们的新鲜感和期待感，但这需要付出极大的时间、精力、物资成本。但是，如果几个流动文化组织能巡回演出，在本地演出过的老节目就变成了异地观众的新节目，这样既可以丰富服务内容，也能满足观众对节目的多样化需求。各地的医疗技术水平参差不齐，如果扩大发达地区流动医院和流动医疗队的服务范围，就可以让落后地区在最短的时间内享受到更高端的流动医疗服务。此外，也可以构建相邻省区政府合作机制，即某项流动型社会保障服务可以由多个地方政府协同供

① 《东胜区点单式流动文化服务受欢迎》，正北方网，http://www.northnews.cn/news/2017/0322/1527620.shtml。

给，或者地方政府之间可以相互购买流动型社会保障服务，这不仅可以降低地方政府公共服务供给成本，还能给当地群众提供更加多样丰富的社会保障服务。

第三节　建立流动型社会保障服务的制度和组织保障

流动公共服务在边疆民族地区经历了长期实践，也是边疆民族地区社会治理的理论升华。流动公共服务提供了方便快捷、低成本的公共服务，在实现公共服务均等化和边疆民族地区社会稳定方面起到了积极作用。为了保证流动公共服务的持续、稳定供应，需从制度、组织、资金、人才等方面构建起完善的保障机制，以实现这种具有特色的公共服务的有效供给。

第一，做好顶层和基层制度设计，为流动公共服务提供科学的制度保障。制度化是任何一项政策得以长久实施的重要保证，没有稳定的制度环境，流动公共服务也就没有持续发展的基础和保证。但在调研中我们发现，现存的一些流动公共服务形式较多地受人为因素和外部条件影响，表现出较大的随意性和临时性，并没有走上制度化的发展道路。流动公共服务实施的好坏，与领导的重视程度和地方财政的丰歉有很大关系，某届领导重视，或者某年财政宽裕，流动公共服务就实施得有力、全面，否则就处于松散、零星状态。制度化建设不足，影响了流动公共服务功能的发挥。因此，我们需要将流动公共服务的各个环节制度化，为其提供一个稳定的发展环境和坚实的制度基础。实践中的流动公共服务，需加强制度的顶层设计，并将顶层制度设计与基层方案设计有机结合。但是，不管是高层制定的宏观制度，还是基层制定的具体实施方案，都要保证流动公共服务的可操作性与可持续性，制度出台前需做深入调研论证。出台的制度避免朝令夕改，涉及的人、财、物保障要有延续性和保障性，不能因领导人的变更而随之改变。另外，需建立完善的流动公共服务指标体系和考核制度，重视制度的建设效果，对未能依法行政者予以严厉惩处。总之，要让政府提供的每一项流动公共服务都有法可依、有法可循，在完善的制度环境下规范运行，保证流动公共服务是一项稳定的、可执行的、可持续的、制度化的政策举措。

第二，发挥多主体治理优势，为流动公共服务提供有力的组织保障。流动公共服务制度制定后，在实施过程中，组织机构就起到尤为重要的作用，组织是政策实施的领导者和推动者，是流动公共服务实施的第一责任人。因此，政府首先需建立健全流动公共服务实施的组织机构和协调机构，确保每项政策在每个部门都能被顺利执行，即这件事情要"有人管"，能找到明确的管理机构和负责人。其次，要保证每个管理机构都能尽职尽责，管理作用发挥到位，对需要其解决的资金、技术、设备等问题能及时解决，即这件事情"能被管好"。这都属于组织保障的范畴。另外，流动公共服务是一个涉及大量人力、物力、财力的综合"工程"，所需的组织力量也异常庞杂。因此，从组织领导的角度讲，仅有政府单一主体会显得势单力薄，难以满足流动公共服务的管理需求。所以，呼应前文作为理念的流动公共服务，在其组织保障供给中需充分发挥市场和社会的作用，构建一个政府、市场、社会"三位一体"的组织架构，保证流动公共服务的顺畅执行。需通过多方合作，使政府从直接供给中逐渐退出，以公私合作、政府购买、合同外包等形式，将适合由其他主体提供的公共服务转交给市场或社会，政府做好规制、监督和评估。进而从组织结构上加强组织领导，降低管理成本，提高服务效率。

第三，流动型社会保障服务内容的拓展。农村社会保障服务是政府为农村居民在社会保障领域制定的具体政策以及为实施这些政策而采取的各种措施的总称。如果说社会保障服务机构为农村居民享受社会保障待遇提供了"舞台"，那么，社会保障服务内容就是在这个舞台上展示的各种"角色"，二者相互依存，不可分割。为增强偏远和边疆民族地区农村居民社会保障服务的可及性，政府应根据当地的实际情况设计更多的流动性服务项目，从而使整个社会保障服务充满可携带性和可流动性。

例如，政府可以利用先进的信息网络和通信手段，为农村居民设计一些流动性的社会保障服务项目，让农民不管走到哪里都能享受到这种便利的服务。在就业服务方面，政府可以通过就业服务信息网，及时、准确地将用工信息和就业政策向社会发布，改变大多数就业服务机构只在办公点展板粘贴信息的落后做法，这样农民可以在任何地方通过手机上网等方式及时获得用工信息，而无须亲自到就业服务机构去查看。在社会保险服务项目方面，政府可借鉴银行系统的银联卡服务，为每一位农村居民发放一张社会保障卡，详细记录其参加社会保险、享受社会保险待遇的具体情况，这张卡在全国各地的社保经办机构都能顺利读取、存储。这种"一卡通"服务，使社会保障具有了最大的便携性和流动性，能使农村居民、农民工等享受到高效、便捷的社会保障服务。

第四节　健全流动型社会保障服务的管理机制

流动型社会保障服务是针对特殊区域的一种服务方式创新，为使这一创新举措规范运行，发挥出最大效能，需要在法治化的轨道上，严格依照服务型政府建设标准，建立健全流动型社会保障服务的标准化流程体系、考核激励机制、协调机制和监督惩处机制，对流动型社会保障服务进行全过程规范管理。正如习近平总书记强调的："要从立法、执法、司法、守法各环节加强社会保障工作，在法治轨道上推动社会保障事业健康发展。要完善社会保障管理体系和服务网络，在提高管理精细化程度和服务水平上下更大功夫，提升社会保障治理效能。"①

第一，建立标准化服务流程体系。任何一项公共服务的实施，都离不开服务标准的规范和指导，对于流动型社会保障服务来说，建立标准化服务体系，一是根据服务提供的实际需要，构建科学合理、层次分明、满足需要的流动型社会保障服务标准体系框架，编制标准明细表，并确保标准体系在组织内部有效

---

① 《完善覆盖全民的社会保障体系　促进社会保障事业高质量发展可持续发展》，《人民日报》2021 年 2 月 28 日。

运行，建立健全服务的标准体；二是收集和制定相关标准，需围绕群众需求，结合实际情况，参考现行公共服务的相关国家标准、行业标准、地方标准，确定标准化对象；三是开展标准的宣传培训，面向流动型社会保障服务的具体工作人员开展标准化基本理论和标准化专业知识培训，提高管理过程和服务过程标准化意识，使全员了解、熟悉并掌握标准要求，增强执行标准的自觉性；四是组织标准实施，对社会保障服务各领域、各环节的标准均采取切实可行的措施，确保纳入公共服务标准体系的标准得到有效实施；五是开展标准实施评价，建立标准实施情况的检查、考核机制，定期组织内部检查和自我评价，提升管理和服务的标准化水平。

第二，构建考核激励机制，强化主体责任。在具体实践中，应将流动型社会保障服务纳入边疆民族地区政府绩效考核指标之中并适当提高权重，新时期全心全意为人民服务的标准进行绩效考核，不断完善考核激励机制。同时，积极探索、不断创新，改进考核方式，完善考核内容，扩大考核民主化，强化考核结果的灵活运用，建立科学严格的考核评价激励机制。对流动型社会保障服务的绩效考核，不单针对政府部门，也包括市场主体、社会组织等一切服务的供给者。这不仅可以提高政府部门对流动型社会保障服务的重视程度，强化市场主体和社会组织提供流动型社会保障服务的责任意识，实现服务过程的责任共担，还可以构建起流动型社会保障服务的长效供给机制，限制和弱化这一公共服务提供过程中的利益目的，切实增强服务效能，实现预期目标。

第三，整合社会资源，健全协调机制。流动型社会保障服务供给是一个全面、系统的政策过程，实施过程中需要综合发挥各类主体的积极作用，实现供给能力最大化。例如，在流动型社会保障服务的前期宣传中，需整合广电、新闻出版等资源进行广泛而全面的宣传，为这一服务的实施打下认知基础；在流动型社会保障服务提供中，需整合各种社会资源，调动当地志愿者积极参与，与社会组织进行合作，鼓励市场提供服务等，让它们发挥各自优势与政府一道为流动型社会保障的提供贡献力量。同时，根据群众需求整合资源，将不同层次、不同结构、不同内容的资源进行识别和选择，根据各地区的实际情况进行合理配置资源。例如，流动学校应注意整合当地教育资源，把公立和私立的教育资源都吸纳进来；流动医疗服务应整合当地医疗卫生资源；流动型社会管理服务应整合公安、司法部门资源等，这一方面有利于聚集社会保障服务资源，实现流动型社会保障服务的全面化和专业化，另一方面也可以避免流动服务的重复提供，减少资源浪费，有利于形成合理的供给结构。当然，在资源整合利用过程中，要协调好各供给主体之间、供给主体与服务对象之间的利益关系，积极沟通、相互理解、各取所需，及时化解矛盾纠纷，在和谐顺畅的合作中，实现流动型社会保障服务的有序运行。

第四，强化监督机制和惩处机制。在流动型社会保障提供过程中，政府监管部门必须切实承担起监管责任，对没有按照服务标准进行规范、有效供给的行为要坚决查处，这样才能形成良好的运行环境和健康的制度空间。监管中，除政府监管外还需引入社会力量，拓宽监督渠道、完善监督链条、严格执行问责，做到内部监督与外部监督相结合、专业监督与社会监督相补充，既要防控借流动型社会保障服务之名推销产品等道德风险行为，也要对流动型社会保障服务中的失职行为和管理不当行为进行惩处，努力形成强化预防、及时发现、严肃纠正的工作机制，让流动型社会保障服务运行在法治化、规范化、标准化的道路上。

各供给主体需明确各自事务中的供给标准、供给流程和供给方式，政府监管部门需重视和强化事前、事中、事后监管，并创新监管方式，积极发挥互联网的舆论监督作用。对违反规则的惩处应做到有法可依和严格公正，压缩行政部门的自由裁量空间，做到法律面前人人平等，惩处力度标准统一，这样才能树立监管威严，为流动型社会保障服务供给提供一个良好的制度环境。当然，流动型社会保障服务在运行中，也要结合实际情况不断探索新制度、新机制，使之更具实效性、针对性和可操作性。

第五节　加强资金和人才的支持与保障力度

任何服务的提供，人力和财力都是两个至关重要的因素，完善针对边疆民族地区和偏远地区的流动型社会保障服务，更需要资金和人才的重点投入。

充足的资金是实施流动型社会保障服务的经济基础，是确保社会保障服务得以流动起来的重要保障。随着群众服务需求的增加和政府服务项目的增多，在交通不便、地广人稀、基础设施落后的边疆民族地区实施流动型社会保障服务，无疑会大大增加政府的行政成本。因为需要为其配备更多的工作人员，需要购买特殊的设备，以及支付这一过程中产生的额外费用。此外，随着社会保障服务项目的增加，偏远地区原本落后或短缺的公共服务设施需要得到维修、升级或新建，这都需要大量的资金予以支持。研究表明：在人口稀少的地区，公共服务难以发挥规模经济效应，公共服务的供给存在的地理空间障碍，导致同样的公共服务但供给成本出现较大的上升。因此，政府需充分认识到流动型社会保障服务的行政成本和代价成本，制定恰当的财政政策给予资金保障。在具体实施过程中，除中央和地方的常规财政支持外，政府还需有倾向性地向这些特殊地区增加社会保障服务预算资金，抑或引导社会资本进入社会保障服务领域，在不影响公共服务性质的前提下，将那些政府无法做好的服务项目，交由社会提供。政府也可以建立类似慈善基金之类的"社会责任基金"，号召企业和富人积极为流动型社会保障服务供给和社会发展作贡献。另外，还可以加强发达地区对边疆民族地区的对口支援，以获得流动型社会保障服务的资金支持和物资支持，不断推进民族地区的流动型社会保障服务建设。具体来说：

首先，政府应提供稳定的资金支持，加大财政对经济欠发达地区的转移支付力度，提高社会保障支出在 GDP 和整体财政支出中的比重，增加流动型社会保障服务的预算资金，确保边疆民族地区政府有足够的资金提供高效优质的流动型社会保障服务。其次，当地政府应大力发展农村经济，通过多种渠道积极推动农村资源变资产、资金变股金、农民变股东改革，通过盘活集体资源、量化资产收益等方式，增加集体收入，增加农民收入，让农民有能力消费流动型社会保障服务。同时，合理规划产业布局，改善农村生活环境，完善乡村基础设施，实现乡村振兴，通过环境改善，吸引投资，缓解农村地区资金压力。再次，国家给予更多的支持性政策，加大对边疆民族地区的转移支付，加大发达地区对边疆民族地区的对口支援力度，帮助边疆民族地区改善经济条件，加快经济发展速度，增强民族地区的经济实力。边疆民族地区也应积极转变经济发展方式，将资源优势转化为经济优势。最后，边疆民族地区应积极吸引外部投资，拓宽资金筹集渠道。流动型社会保障服务可以通过强化地区特色，形成特色品牌，发挥品牌和广告效应，吸引外部投资。通过多种举措吸引社会资本投入，实现资金的多元供给，能夯实流动型社会保障服务的资金基础，实现该项服务的持续优化。

流动型社会保障服务的有效实施，除上述制度、组织、资金保障外，还需有充足的人力保障，因为上述所有事项都需要通过"人"来完成。但是，在调研中发现，有些从业人员对提供流动型社会保障服务有畏难情绪，他们不愿到艰苦地区从事工作；有些流动型社会保障服务团体，如乌兰牧骑，则存在人员老化、人才断档严重的问题；还存在事业单位体制改革中出现人才流失，以及服务队伍不专业难以胜任工作等问题。因此，急需加强流动型社会保障服务人才队伍建设，打造一支人员齐备、技术专业、素质过硬、积极向上的社会保障服务队伍。具体来讲，决策部门在流动型社会保障服务人才保障政策制定时，应充分理解前往基层从事社会保障服务工作人员的顾虑与隐忧，在工资待遇、职位晋升、考学深造等方面予以特殊照顾，调动他们深入农村牧区从事社会保障服务的积极性，加强社会保障服务队伍建设。同时，提高流动型社会保障服务提供者的专业化水平，通过对口招聘、业务培训、定向学习等途径增加专业知识，使这支服务队伍从初期人才短缺情况下的"一专多能"，逐渐转变为"既专又能"，为边疆民族地区居民提供专业的社会保障服务。另外，要及时补充工作人员，解决诸如乌兰牧骑中存在的人员老化、人才断档问题。慎重对待事业单位改革中半公益半赢利基层公共服务组织人员去留问题，争取通过灵活的举措，让这部分原本在基层提供公共服务的人员继续留在人才队伍中，为流动型社会保障服务的提供贡献他们的智慧与才能。实施过程中，需加快服务从业人员队伍建设，在制度设计、人员招聘、薪酬待遇、职务晋升等方面，采取积极可行的措施，吸引具有专业水平的社会保障人才投入到流动型社会保障服务供给中。

首先，边疆民族地区或偏远地区特殊的工作环境，要求公共服务从业人员必须具备爱岗敬业、吃苦耐劳的品质。对于专业性更强的社会保障服务，必须招聘掌握专业知识，拥有专业技术的专门人才，又因为社会保障服务对象特殊，还必须招聘具有人文情怀的专业工作人员，由于服务地域的特殊性，还必须招聘具备民族情感，兼通少数民族语言的工作人员，这都为流动型社会保障服务人才队伍建设提出了更高的要求，需要着力解决。其次，由于特殊的工作环境和要求，在薪酬待遇和职务晋升上要给予从业人员一些特殊优惠照顾，吸引优秀的社会保障人才投入到流动型社会保障服务供给中。最后，通过多种形式的业务培训，提高流动型社会保障从业人员的事务处理能力、沟通协调能力和化解社会矛盾能力。培养一批既有想法、有对策、有实干精神，还能审时度势、开拓创新并善于协调利益矛盾和应对复杂局面的基层干部，对流动型社会保障服务供给也至关重要。例如，可以在当地的职业学校开办流动型社会保障服务技能培训班，建立职业技能实习实训基地，鼓励当地的高等教育学校培养专业人才，夯实流动型社会保障服务的人才基础。

第六节　实现流动型社会保障服务的科技化与信息化

科技改变生活，科学技术的发展已将人类以前认为是不可能的事情变成了可能，在流动型社会保障服务供给中，也应发挥科学技术的优势，实现服务供给的现代化和信息化，以提高服务的效率和水平。正如习近平总书记强调的："要坚持传统服务方式和智能化服务创新并行，针对老年人、残疾人等群体的特点，提供更加贴心暖心的社会保障服务"。①

2019 年 10 月 24 日，习近平总书记在中共中央政治局关于区块链技术发展现状和趋势学习时指出："要探索'区块链+'在民

---

① 《完善覆盖全民的社会保障体系　促进社会保障事业高质量发展可持续发展》，《人民日报》2021 年 2 月 28 日。

生领域的运用，积极推动区块链技术在教育、就业、养老、精准脱贫、医疗健康、商品防伪、食品安全、公益、社会救助等领域的应用，为人民群众提供更加智能、更加便捷、更加优质的公共服务。"①这一论断为拓展基本公共服务领域、创新民生服务方式，提供了鲜明的政策指引。党的十九届四中全会通过的《中共中央关于坚持和完善中国特色社会主义制度 推进国家治理体系和治理能力现代化若干重大问题的决定》指出："必须健全……国家基本公共服务制度体系……注重加强普惠性、基础性、兜底性民生建设，保障群众基本生活。创新公共服务提供方式……使改革发展成果更多更公平惠及全体人民"，"完善公共服务体系，推进基本公共服务均等化、可及性"。②

　　无论是社会保障服务机构的流动性设置，还是社会保障服务内容的流动性设计，其实都是一种服务手段，直接决定着农村居民享受社会保障服务的质量和水平。因此，为切实保护边疆民族地区农村居民的社会保障权益，需要进行流动性社会保障服务手段创新。让社会保障管理服务手段流动起来，既能提高管理效率，又能提高服务质量，让农村社会保障待遇享受者获得满意的制度回报。

　　例如，在目前的社会保障业务办理大厅，往往是每项业务开

---

① 《把区块链作为核心技术自主创新重要突破口 加快推动区块链技术和产业创新发展》，《人民日报》2019 年 10 月 26 日。

② 《中共中央关于坚持和完善中国特色社会主义制度 推进国家治理体系和治理能力现代化若干重大问题的决定》，人民出版社 2019 年版，第 25—26、17 页。

设一个窗口，由一位工作人员负责该业务的办理。这种情况下，如果某位办事者来办事大厅想同时办理多项业务，那么，有一个窗口的工作人员短暂不在岗，这位办事者就无法及时办理完业务。因此，在社会保障服务的岗位管理中，可以考虑实行流动性换岗，延伸业务范围，让每位工作人员都能熟练办理各项社会保障业务，变"多窗式"服务为"一窗式"服务，培养"全懂全精"型工作人员，让一个人的所有业务能在一个窗口办理完毕，这样既节约了农民的办事时间，也节约了办事成本。再比如，可以对农村居民的社会保障信息实行动态管理，通过建立居民"电子档案"，实现数据信息的动态管理。这种电子方式的流动性信息管理既保证了信息记录的准确性，又实现了信息携带的便利性。

具体来讲，流动型社会保障服务供给需紧跟时代步伐，主动回应基层群众变化了的服务需求，将新理念、新技术运用到服务中，逐步淘汰不合时宜的设备设施，实现流动型社会保障服务硬件科技化、现代化、高级化。例如，针对边疆民族地区崎岖、复杂、不便的交通道路，应适时配备动能更强的机动车，淘汰当前那些落后的交通工具，让流动型社会保障服务能顺畅地"流动"起来。服务设备也需不断回应时代变迁，例如，流动电影院应普及便携投影仪，乌兰牧骑应普及舞美和移动折叠舞台，流动博物馆和流动科技馆应实现数字播放，不断提高流动型社会保障服务的质量和水平。

对于需要携带中型或大型服务设施的流动文化服务、流动医疗服务等，则需借助更为先进和现代化的工具。例如，内蒙古自

治区人民医院、呼和浩特"120"指挥中心分别与上海金汇通用
航空股份有限公司签约，成为内蒙古自治区首家建立航空医疗救
援基地的医疗机构，开展专用直升机医疗救助服务。专用直升机
配备专业救护人员，机内搭载有专业医疗设备。①

　　同时，应加强流动型社会保障服务信息化建设，利用互联
网、无线技术和现代通信网络，实行"互联网＋流动型社会保障
服务"或者"区块链＋流动型社会保障服务"，为基层群众提供
更有效率、更高水平的公共服务。

　　具体来讲，一是加强流动型社会保障服务信息化建设，实现
边疆民族地区社会保障信息服务全覆盖，动态管理基层群众的社
会保障信息，及时准确地获取信息数据，为政府部门决策提供科
学依据。例如，将社会保险的各项参保信息上传至全国社会保险
信息服务平台，政府机构就可以根据参保数据，修正和完善流动
型社会保险的服务项目和措施。社会保障信息服务平台还能突破
地域和时间限制，与其他地区协同处理业务，共享信息资源，为
更好地开展流动型社会保障服务提供信息和技术支撑。二是充分
利用移动通信技术，以及"互联网＋社会保障"和"区块链＋民
生"手段，在流动型社会保障服务供给中实现移动政务，通过移
动终端让供给主体之间或供需双方充分沟通，共享社会保障服务
信息，不断提高流动型社会保障服务的工作效率和服务水平。三
是充分利用互联网和无线通信网等新型传播载体，在流动型社会

---

① 《内蒙古可提供空中医疗救援》，人民健康网，http://health.people.com.cn/
n1/2018/0629/c14739-30095990.html。

保障服务供给中增加远程网络咨询指导、点播服务、在线传递电子出版物、远程医疗等服务，为边疆民族地区基层群众提供针对性、个性化的流动型社会保障服务，甚至在未来还可以实现智能自动化的流动型社会保障服务。

以"区块链＋社会救助服务"为例，我们可以将区块链技术运用于社会救助服务之中，以这种流动的技术，提高社会救助服务的智能化和效率。社会救助服务效率主要取决于三点：一是能否精准识别受助对象；二是能否为其提供恰当的救助服务；三是能否有合理的退出机制。如果能同时满足这三点要求，那么整个社会救助服务体系就是高效的，服务供给也是令人满意的，能够很好地实现救助服务的目标。要做到精准识别受助对象就要打破信息壁垒，让收集到的信息真实可靠；满足受助者的服务需求，要对收集到的信息进行深度甄别、挖掘和分类，以便"对症下药"；退出时机的判断则需构建信息更新和动态调整机制，实现社会救助服务资源的有效利用，上述诉求均可通过"区块链＋社会救助服务"予以满足，实现社会救助服务效率的智能化提升。其原因在于，首先，区块链上存储着庞大的数据，可以通过筛选和比对这些数据进行受助对象资格认定，并将选定的受助者通过区块链存储到社会救助服务系统中，做到应保尽保。其次，能够对选中对象的信息进行挖掘，为其匹配所需的服务类型，并以智能合约的形式在没有第三方的条件下自动执行。执行部门只需将救助服务类型及标准写入程序，区块链就会根据其所掌握的个人信息，判断申请者是否具有获取社会救助服务的资格和应当为其提供哪种类型的社会救助服务。最后，区块链的可追溯性和信息公开透明等特点，有助于实现对社会救助服务的全过程管理，帮助我们构建起合理的退出机制。区块链技术从对象选择到服务退出的全程参与，不仅提高了救助服务效率，也有助于实现救助服务供给的智能化。

参考文献

一、著作

[1] 张植荣:《中国边疆与民族问题——当代中国的挑战及其历史由来》,北京大学出版社 2005 年版。

[2] 李红梅:《中国共产党民族地区现代化思想及实践研究》,中央民族大学出版社 2009 年版。

[3] 郑杭生主编:《民族社会学概论》,中国人民大学出版社 2005 年版。

[4] 鲁刚等:《社会和谐与边疆稳定:基于地缘、民族、社会和宗教的实证研究》,中国社会科学出版社 2011 年版。

[5] 朱秦:《边疆民族地区和谐治理——在应急管理框架下的考察》,云南人民出版社 2010 年版。

[6] 丁建定等:《中国社会保障制度体系完善研究》,人民出版社 2013 年版。

[7] 徐则平:《国家安全视阈下的西南边疆民族理论与政策研究》,知识产权出版社 2013 年版。

[8] 张序等:《中国民族地区公共服务能力建设》,民族出版社 2011 年版。

[9] 拉塞尔·M.林登:《无缝隙政府——公共部门再造指南》,汪大海、吴群芳等译,中国人民大学出版社 2002 年版。

[10] 珍妮特·V.登哈特、罗伯特·B.登哈特:《新公共服务:服务,而不是掌舵》,丁煌译,中国人民大学出版社 2004 年版。

[11] 李珍主编:《社会保障理论》(第四版),中国劳动社会保障出版社 2017 年版。

[12] 郑功成:《社会保障学:理念、制度、实践与思辨》,商务印书馆 2020 年版。

[13] 苏祖勤:《民族地区乡镇服务型政府建设研究》,人民出版社2014 年版。

[14] 王延中、龙玉其:《民族地区社会保障反贫困研究》,经济管理出版社 2017 年版。

二、期刊

[1] 任维德:《"流动公共服务"研究论纲——兼论边疆少数民族地区服务型政府建设》,《内蒙古社会科学(汉文版)》2014 年第 1 期。

[2] 丛志杰:《流动服务:内蒙古牧区公共文化服务的重要途径》,《内蒙古社会科学(汉文版)》2014 年第 4 期。

[3] 白云、席锁柱:《农牧区流动公共文化服务供给研究》,《学理论》2016 年第 2 期。

[4] 刘银喜、任梅:《流动公共服务:公共服务供给方式创新——概念提出、逻辑起点及创新价值》,《中国行政管理》2015 年第 8 期。

[5] 刘银喜、任梅:《草原牧区社会管理创新典范:内蒙古"草原110"个案分析》,《北方经济》2012 年第 7 期。

[6] 马大正:《关于当代中国边疆研究中的几个问题》,《当代中国

史研究》2004 年第 4 期。

[7] 于红梅:《民族地区农村养老保障现状与应对措施研究》,《湖北民族学院学报 (哲学社会科学版)》2013 年第 2 期。

[8] 白维军:《民族地区社会风险与社会管理创新研究》,《贵州民族研究》2013 年第 2 期。

[9] 钱素华:《创新社会管理,维护边疆民族地区社会稳定》,《云南行政学院学报》2012 年第 5 期。

[10] [美] 罗伯特·B. 丹哈特、[美] 珍妮特·V. 丹哈特、刘俊生:《新公共服务:服务而非掌舵》,《中国行政管理》2002 年第 10 期。

[11] 白维军、刘银喜:《流动型社会保障服务:内涵界定、要素分析与路径选择》,《中国行政管理》2014 年第 9 期。

[12] 张隽锁:《救灾扶贫社会福利流动畜群的现状及发展》,《社会工作研究》1995 年第 2 期。

[13] 梁晋:《福田欧 V 化身流动医院 爱心遍洒内蒙古自治区》,《驾驶园》2008 年第 10 期。

[14] 何晶:《"小药箱"走进牧区千家万户》,《中国报道》2012 年第 4 期。

[15] 内蒙古党委宣传部课题组:《构建和谐内蒙古边疆的有益探索——内蒙古实施"草原 110"警务模式的调查与思考》,《实践》2008 年第 1 期。

[16] 沈长月、杜龙敏:《西藏车载流动法庭巡回办案与民俗习惯问题研究》,《法制与社会》2014 年第 17 期。

[17] 申智军等:《创新"服务型"农村警务的实践——山西寿阳"流动警务室"调研报告》,《山西警官高等专科学校学报》2008 年第 3 期。

[18] 许有军:《流动警务室的造型与结构设计》,《中国新技术新产品》2011 年第 23 期。

[19] 程娟:《新型农村社会保障体系的目标及构建路径分析》,《农业经济》2018 年第 4 期。

[20] 王稳、杨洋:《消费者异质性对健康保险市场逆向选择影响的实证研究》,《保险研究》2018 年第 8 期。

三、学位论文

[1] 史蕾:《流动公共服务:内蒙古地区公共服务供给方式创新研究》,内蒙古大学硕士学位论文,2015 年。

[2] 田烨:《新中国民族地区行政区划研究中央民族大学出版社》,中央民族大学博士学位论文,2009 年。

[3] 高玉:《边疆民族地区基本公共服务均等化研究》,中央民族大学硕士学位论文,2011 年。

[4] 王欣:《边疆民族地区少数民族政治参与研究》,内蒙古大学硕士学位论文,2013 年。

[5] 李名丽:《民族地区农村社会保障研究——传统、现状与建构》,云南财经大学硕士学位论文,2010 年。

四、报纸

[1] 陶炜:《内蒙古:"暖冬行动"带来平安和温暖》,《人民公安报》2011 年 2 月 22 日。

[2] 王海超:《草原上奔驰着一支支乌兰牧骑式金融服务轻骑兵——农行内蒙古分行支持脱贫攻坚流动服务党员先锋队侧记》,《内蒙古日报》2020 年 1 月 16 日。

[3] 朱隽:《农行西藏分行——流动银行进村　金融扶贫精准》,《人

民日报》2019 年 12 月 25 日。

[4] 张发:《流动文化服务及其制度设计研究》,《中国文化报》2012 年 4 月 17 日。

[5]《阿旗:以规范整顿草原 110 建设为抓手 推动牧区社会管理创新》,《锡林郭勒日报(汉)》2012 年 11 月 2 日。

[6] 张永和:《"车载流动法庭"方便少数民族群众诉讼》,《光明日报》2016 年 10 月 1 日。

[7] 杨永刚:《呼市图书馆流动服务车开启"公交服务"模式》,《呼和浩特晚报》2019 年 4 月 8 日。

[8] 赵丽、赵心怡:《185 万人不符低保条件被清退 严查微腐败净化基层政治生态》,《法制日报》2019 年 10 月 30 日。

[9] 李冰峰:《就业巴士开进婺城乡村》,《金华日报》2019 年 8 月 10 日。

[10] 潘威、林小军:《遂溪交警大队"流动车管所"打通服务群众"最后一公里"》,《湛江日报》2019 年 6 月 2 日。

[11] 毕庆、修伟:《保税区流动居家养老服务站启动》,《大连晚报》2013 年 2 月 18 日。

[12] 包璇漪:《社区服务车,开到小村口》,《浙江日报》2012 年 12 月 18 日。

[13] 孙余丹:《我市建成 75 个"流动医院"》,《温州日报》2016 年 3 月 8 日。

五、网络资源

[1]《国务院"十三五"推进基本公共服务均等化规划的通知》,http://www.gov.cn/zhengce/content/2017-03/01/content_5172013.html。

［2］《国务院兴边富民行动"十三五"规划的通知》，中国政府网，http://www.gov.cn/zhengce/content/2017-06/06/content_5200277.html。

［3］ 内蒙古自治区政府：《内蒙古自治区"十三五"推进基本公共服务均等化规划》，http://www.nmg.gov.cn/art/2018/2/9/art_4260_214005.html。

［4］ 宁夏回族自治区政府：《2018 年自治区政府工作报告》，http://www.nx.gov.cn/zzsl/zfgzbg/201801/t20180128_680858.html。

［5］ 西藏自治区政府：《山南市"十三五"时期卫生计生事业发展规划纲要》，http://www.xizang.gov.cn/zwgk/xxgk/201705/t20170512_127699.html。

［6］ 季征：《云南省公共卫生服务均等化惠百姓》，http://roll.sohu.com/20150413/n411167616.shtml。

［7］ 中华人民共和国国家民族事务委员会：《民族八省区高等学校布局情况》，http://www.seac.gov.cn/seac/mzjy/201606/1014473.shtml。

［8］ 国务院：《全国农村基层社会保障工作座谈会》，http://china.findlaw.cn/laodongfa/laodongbaoxian/yanglaobaoxian/nongcunyanglaobaoxia/79990.html。

［9］ 民政部：《县级农村社会养老保险基本方案（试行）》，http://www.gov.cn/banshi/2005-08/04/content_20283.htm。

［10］ 民政部：《关于进一步做好农村社会养老保险工作意见的通知》，http://www.gov.cn/zhengce/content/2016-10/18/content_5120794.htm。

［11］ 国务院：《关于开展新型农村社会养老保险试点的指导意见》，http://www.gov.cn/zwgk/2009-09/04/content_1409216.htm。

［12］ 内蒙古自治区统计局：《内蒙古自治区 2017 年国民经济发展统计公报》，http://www.nmgwh.gov.cn/xx/jh/201803/t20180330_217060.html。

［13］ 宋改霞、许震宇：《西藏职院驻拉木堆村工作队开展全民

参保登记工作》，https://mp.weixin.qq.com/s?__biz=MzIwMjcwNTYxNA％3D％3D&idx=2&mid=2247484004&sn=ebf644884218f9a20191cc4aba132bec。

[14] 国务院：《转批卫生部等部门关于发展和完善农村合作医疗若干意见的通知》，http://www.gov.cn/zhengce/content/2016-10/19/content_5121517.htm。

[15] 国务院：《关于进一步加强农村卫生工作的决定》，http://www.gov.cn/gongbao/content/2002/content_61818.htm。

[16] 国务院：《关于建立新型农村合作医疗制度的意见》，http://www.gov.cn/zhuanti/2015-06/17/content_2880718.htm。

[17] 卫生部等7部委：《关于加快推进新型农村合作医疗试点工作的通知》，http://www.moh.gov.cn/jws/s6476/200804/79f0afe92d7f4c298e531ecfdc270102.shtml。

[18] 卫生部、财政部、国家中医药管理：《关于完善新型农村合作医疗统筹补偿方案的指导意见》，http://www.gov.cn/zwgk/2007-09/25/content_760778.htm。

[19] 卫生部、财政部：《关于做好2008年新型农村合作医疗工作的通知》，http://www.zgkjcx.com/Article/ShowArticle.asp?ArticleID=4235。

[20] 国务院：《关于深化医药卫生体制改革的意见》，http://blog.sina.com.cn/s/blog_49d313c70102uyhl.html。

[21] 国务院：《关于印发"十二五"期间深化医药卫生体制改革规划暨实施方案的通知》，http://www.gov.cn/zwgk/2012-03/21/content_2096671.htm。

[22] 内蒙古自治区人民政府：《关于建立统一的城乡居民基本医疗保险制度的实施意见》，http://www.nmg.gov.cn/art/2016/11/1/art_4027_3740.html。

[23] 内蒙古自治区人民政府办公厅：《内蒙古自治区老龄事业"十三五"规划》，http://www.nmg.gov.cn/art/2017/6/1/art_1686_137728.html。

[24]《中共中央 国务院关于推进社会主义新农村建设的若干意见》，http://www.gov.cn/gongbao/content/2006/content_254151.htm。

[25] 国务院：《农村五保供养工作条例》，https://www.unjs.com/fanwenwang/ziliao/556799.html。

[26] 国务院：《关于在全国建立农村最低生活保障制度的通知》，http://www.gov.cn/zwgk/2007-08/14/content_716621.htm。

[27] 民政部：《关于进一步规范农村最低生活保障工作的指导意见》，http://zt.rednet.cn/c/2014/08/08/3432094.htm。

[28] 内蒙古自治区财政厅：《内蒙古自治区 2017 年预算执行情况及 2018 年预算草案的报告》，http://www.mof.gov.cn/zhuantihuigu/2018ysbghb/201803/t20180312_2834698.htm。

[29] 西藏统计局：《2017 年西藏自治区国民经济和社会发展统计公报》，http://mini.eastday.com/bdmip/180415114355972.html#。

[30] 宁夏回族自治区统计局：《宁夏回族自治区 2017 年国民经济和社会发展统计公报》http://www.nxtj.gov.cn/tjsj_htr/tjgb_htr/201810/t20181016_97405.html。

[31] 贵州省统计局：《2017 年贵州省国民经济和社会发展统计公报》http://www.gz.stats.gov.cn/tjsj_35719/tjgb_35730/tjgb_35732/201809/W020180925416417344883.pdf。

[32] 民政部、国务院扶贫办、中央农办、财政部、国家统计局、中国残联：《关于做好农村最低生活保障制度与扶贫开发政策有效衔接的指导意见》，http://www.gov.cn/xinwen/2016-09/27/content_5112716.htm。

[33] 民政部：《农村五保供养工作条例》，http://shfl.mca.gov.cn/

article/bzgf/lnfl/200807/20080700018555.shtml。

[34] 民政部、国家发展和改革委员会、财政部：《农村五保供养工作条例》，http://www.qhxh.gov.cn/html/4191/122268.html。

[35] 民政部：《农村五保供养服务机构建设的指导意见》，http://sjj.cixi.gov.cn/art/2009/6/1/art_10450_311415.html。

[36] 民政部：《农村五保供养服务机构等级评定暂行办法》，http://www.qdn.gov.cn/zxfw/ztfw/shbz/shflzc/201605/t20160518_392102.html。

[37] 国家档案局、民政部：《农村五保供养档案管理办法》，http://m.law-lib.com/law/law_view.asp?id=411839&page=3。

[38] 民政部：《农村五保供养工作条例》，http://www.mca.gov.cn/article/gk/fg/shjz/201507/20150715848486.shtml。

[39] 《中共中央　国务院关于进一步加强农村卫生工作的决定》，http://www.gov.cn/gongbao/content/2002/content_61818.htm。

[40] 民政部、财政部、卫生部：《关于实施农村医疗救助的意见》，http://www.gov.cn/gongbao/content/2004/content_62870.htm。

[41] 民政部、财政部、卫生部：《关于进一步完善城乡医疗救助制度的意见》，https://baike.baidu.com/item/。

[42] 财政部、民政部、人力资源和社会保障部、卫生部：《关于开展重特大疾病医疗救助试点工作的意见》，http://law.esnai.com/do.aspx?action=show&controller=home&lawid=115320。

[43] 广西壮族自治区统计局：《广西统计年鉴》，http://www.gxtj.gov.cn/tjsj/tjnj/2017/indexch.htm。

[44] 宁夏自治区统计局：《宁夏统计年鉴2017》，http://www.nxtj.gov.cn/tjsj/ndsj/2017/indexfiles/indexch.htm。

[45] 张璋：《无缝隙政府的组织设计》，http://www.cp.org.cn。

[46] 《政府管理应无缝》，http://informationtimes.dayoo.com。

[47] 国务院：《国家基本公共服务体系"十二五"规划》，http://www.gov.cn/zwgk/2012-07/20/content_2187242.htm。

[48] 田红英：《新疆和硕县工作队及时向低保户发放低保金》，http://news.ifeng.com/a/20171127/53632441_0.shtml。

[49]《金沙县开展城乡低保提标核查整改工作"回头看"督查》，贵州网，http://news.gzw.net/2018/0828/1301083.shtml。

[50] 车玉明、朱立毅：《大爱满人间——海内外救助青海玉树地震灾区纪实》，http://www.gov.cn/jrzg/2010-04/21/content_1588552.htm。

[51] 内蒙古社会扶贫：《"流动畜群"帮贫困牧民脱贫》，http://www.nmgshfp.com/index.php?cid=59&id=1094&v=show。

[52] 吴勇：《"流动畜群"，这招试好》，http://paper.people.com.cn/rmrb/html/2018-02/11/nw.D110000renmrb_20180211_6-09.htm。

[53]《"招聘列车"开到村就业扶贫见成效——普洱市墨江县创新开展流动招聘会，就业岗位送到家》，云南公共就业服务网，http://www.ynjob.gov.cn/Item/3758.aspx。

[54]《法律援助助推精准扶贫出实招》，青海政府网，http://www.nmgsb.com.cn/content/2019-12/17/014213.html。

[55] 贵州省司法厅：《务川自治县司法局"四举措"开展法治宣传助力脱贫攻坚》，http://sft.guizhou.gov.cn/xwzx_97/sxdt/201905/t20190521_2572546.html。

[56] 晋美多吉：《西藏：扎实推进边境地区全民参保登记工作》，http://www.gov.cn/xinwen/2018-05/25/content_5293663.htm#1。

[57] 王成旭：《望谟县边饶镇进村入户开展养老保险政策宣传效果良好》，http://www.xyzc.cn/article-29064-1.html。

[58] 于丽丽：《林西县林西镇"爱心超市"成为乡风文明新引擎》，http://www.nmwomen.org.cn/index.php?a=show&c=index&catid=19&id=22056

&m=content。

[59] 闫喜文：《裕民县"慈善流动超市"情暖牧民》，http://www.cuncunle.com/village-101-775519-article-1221464441317466-1.html。

[60] 尹红：《泗城镇大吴村爱心扶贫超市》，http://www.sixian.cc/read-htm-tid-149600.html。

[61]《云上丹寨爱心流动小超市正式开业》，丹寨县人民政府网，http://www.qdndz.gov.cn/ztzl/qnzs/201909/t20190917_25851632.html。

[62] 徐丽萍：《宁夏启动首批"三区"社会工作专业人才支持计划》http://news.ifeng.com/gundong/detail_2013_05/30/25879865_0.shtml。

[63]《海东市残联、海东市科技局联合开展"走村入户进万家助残服务零距离活动"》，青海政务服务网，http://www.qhcl.org/html/9/47913.html。

[64] 宁夏回族自治区人民政府：《中卫市多措施助力残疾人就业创业》，http://www.nx.gov.cn/ztsj/zt/msss/msxw/201911/t20191106_1839790.html。

[65] 钟蕾蕾：《这个公益项目，提升了贫困地区的妇幼健康水平》，http://gongyi.gmw.cn/2019-12-17/content_33408925.htm。

[66]《宁夏实施母亲系列公益项目提升贫困女性生活质量》，中国新闻网，http://www.chinanews.com/sh/2019/12-05/9025900.shtml。

[67]《西宁市退役军人事务局成立一年以来的工作综述》，人民网，http://qh.people.com.cn/n2/2019/1127/c182775-33582329.htm。

[68]《巴彦淖尔市医院与市退役军人事务局签署拥军优抚协议》，搜狐网，http://www.sohu.com/a/328615875_20131。

[69] 勿日汗：《内蒙古组建"草原综合服务轻骑兵"服务偏远农牧区》，http://www.northnews.cn/2018/1116/2969737.shtml。

[70] 中华人民共和国文化部：《鄂尔多斯市精心构建五级文化

网络，大力开展流动文化服务》，http://www.xmlib.net/ztxx/ggwhfw/cjdt/
qtdq/201512/t20151231_110158.htm。

[71] 云南省文化厅：《2015 年"文化大篷车·千乡万里行"惠民
演出会召开》，http://www.whyn.gov.cn/list/view/1/3354。

[72] 刘亚旭：《点赞！流动文化车来了》，http://www.dehong.gov.cn/
news/dh/content-16-40725-1.html。

[73] 王志洪：《文化"大篷车"永远在路上（中国道路中国梦）》，
http://xj.people.com.cn/n2/2019/1031/c186332-33492418.html。

[74]《丹寨县启动"云上丹寨百姓大舞台+科普进万家"活
动》，丹寨县人民政府网，http://www.qdndz.gov.cn/xwzx/bmdt/201704/
t20170406_24077060.html。

[75]《"云上丹寨百姓舞台"活动走进丹寨县石桥》，贵州文明网，
http://gz.wenming.cn/huimingongcheng/201908/t20190820_5227234.shtml。

[76] 贾慧珍、吕杰：《草原上的流动电影放映队》，http://news.cntv.
cn/20111208/117293.shtml。

[77]《"消防流动电影院"亮相广西灵山》，新浪新闻中心，http://
news.sina.com.cn/c/2008-12-16/090614887592s.shtml。

[78] 蔡德仁、曾云夏：《"流动廉政影院"为群众播放电影 600 多场》，
http://www.gxjjw.gov.cn/staticpages/20171120/gxjjw5a1296cc-128552.shtml。

[79] 陈宁：《"未成年人流动影院"走进横县乡村学校》，http://
gx.wenming.cn/sxdt/201509/t20150924_2876623.htm。

[80] 李欣：《投入资金 475 万元青海 19 个县有了流动图书馆》，
http://www.qh.gov.cn/zwgk/system/2014/06/17/010120741.shtml。

[81] 高佳、马丽侠：《草原流动书屋：牧民致富的摇钱树》，http://
roll.sohu.com/20120330/n339390264.shtml。

[82] 朱小旅：《"流动图书"让农家书屋活起来》，http://news.163.

com/14/0425/01/9QL19CUQ00014AED.html。

[83]《阿其图乌拉苏木额尔登宝拉嘎查邀请盟技工学校高级讲师给牧民讲课深化"两学一做"学习活动》，内蒙古新闻网，https://www.meipian.cn/3j6fwna。

[84]《中国流动科技馆第二轮全国巡展启动仪式》，新浪网，http://tech.sina.com.cn/d/2017-09-06/doc-ifykpysa3696399.shtml。

[85]《鄂尔多斯市电化教育馆举办全市信息技术、实验教学送教下乡教研活动》，中国教育装备网，http://www.ceiea.com/html/201910/201910301024197719.shtm。

[86] 魏莉：《通辽流动科技馆走进牧区》，http://inews.nmgnews.com.cn/system/2015/09/15/011770813.shtml。

[87] 央秀达珍：《流动科技馆让农牧民群众体验科技魅力》，http://www.sohu.com/a/193819469_267106。

[88] 蒋雪娇、聂晓娇：《新疆呼图壁县开展"流动博物馆"进乡村（社区）活动》，https://item.btime.com/0309clfv6lcvom60cvhhas9puc9。

[89] 纪晓贞：《新疆巴州："流动博物馆"主题巡展让文物"说话"》，http://wemedia.ifeng.com/77778490/wemedia.shtml。

[90] 张景阳：《内蒙古农村有了流动数字博物馆》，http://www.xinhuanet.com/info/2017-11/01/c_136719263.htm。

[91]《自治区地质局地质博物馆举行科普下乡活动》，宁夏回族自治区人民政府网，http://www.nx.gov.cn/zwxx_11337/zwdt/20170909/t20170927_497830.html。

[92] 快资讯：《关于流动医疗车和体检车的区别是什么？》，https://www.360kuai.com/pc/97398bcef57e9f8f1?cota=4&kuai_so=1&tj_url=so_rec&sign=360_da20e874&refer_scene=so_3。

[93] 艾克瑞：《沙湾县多措并举与流动健康体检车全力推进全民

健康体检工作》，http://www.hxray.com/TradeNews/659.html。

[94] 王瑞芳：《内蒙古自治区卫生厅和中国医药卫生事业发展基金会召开流动医院座谈会议》，http://www.jkb.com.cn/news/industryNews/2009/0615/271639.html。

[95] 闫丽新：《"健康中国流动医院"惠及众多农牧民》，http://www.jkb.com.cn/news/industryNews/2010/0412/165713.html。

[96] 刘奕湛：《中国医药卫生事业发展基金会共捐赠100所流动医院》，http://news.163.com/12/0314/19/7SJ28EH000014JB5.html。

[97] 王乐羊：《健康中国流动医院落户藏滇青海等五省市自治区》，http://health.sohu.com/20100411/n271437595.shtml。

[98]《弘扬乌兰牧骑精神——巴彦淖尔市把流动医院开到群众最需要的地方去》，内蒙古新闻网，https://economy.nmgnews.com.cn/system/2019/01/28/012644293.shtm。

[99] 宋瑶：《"复明18号"项目助广西2万余名白内障患者重见光明》，http://www.gxnews.com.cn/staticpages/20171026/newgx59f1cc6a-16623921.shtml。

[100] 李品毅：《流动医疗队为牧民服务30年》，http://news.163.com/13/0718/12/942L65JV00014Q4P.html。

[101] 陈春燕、张莎莎：《和静县流动医疗队上门体检送温暖》，http://www.xjhj.gov.cn/Item/21052.aspx。

[102]《新疆：马背医疗队巡诊治病保牧民健康》，http://health.szonline.net/news2016/5982.html。

[103]《察隅县援藏医疗队开展下乡义诊活动》，察隅县政府网，https://www.xzcy.gov.cn/pacg_2517/201810/t20181025_2416243.html。

[104] 易成晨：《精准定位快速响应草原110报警系统让警民沟通零延迟》，http://news.cri.cn/20170720/efc69071-153f-e07d-3b2c-

f9d1d2a4c2b1.html。

[105] 史万森:《马背法庭升级车载法庭》,http://news.sina.com.cn/o/2006-12-13/083110753310s.shtml。

[106] 杨正雄:《古城派出所建立农村流动警务室》,http://www.pezy.gov.cn/guchengxiaoxi/2007/0930/7893.html。

[107] 李波:《农村警务室亮相按板镇》,http://www.pezy.gov.cn/anbanxiaoxi/2007/0918/11118.html。

[108] 陈玉江:《万山区鱼塘乡"集市流动警务室"上门服务群众》,http://roll.sohu.com/20120928/n354105180.shtml。

[109] 《"流动警务室"驶进村,安全知识抵家门》,http://www.cuncunle.com/village-101-728274-article-1011427710080947-1.html。

[110] 王永芳:《贵州省黔西南州望谟交警"集市流动警务室"乡村场坝普法送安全》,http://www.rtsac.org/Html/2015_11_26/2_1987_2015_11_26_66138.html。

[111] 《"流动车管所"下乡,村民"办证""农忙"两不误》,新和县人民政府网,http://www.xjxinhe.gov.cn/zdxx/cgg/fgf/20180605/i251887.html。

[112] 昆明信息港:《打通服务群众"最后一公里"看看云南泸西警方怎么做》,https://m.kunming.cn/news/c/2019-05-28/12653807.shtml#/。

[113] 《银川开发区消防大队打造流动消防宣传车》,银川新闻网,http://www.ycen.com.cn/2016news/shijing/201910/t20191016_860570.html。

[114] 《流动宣传车巡展到平罗》,宁夏禁毒网,https://www.nxjd626.cn/news/html/?4610.html。

[115] 《骗子冒充工作人员办低保 12 位老人被骗》,中部纵览中国网,http://henan.china.com.cn/special/zhf/201310/V34128W8WN.html。

[116] 宁夏人力资源与社会保障厅:《宁夏社会保险发展年度报告

2018 年 》，http://hrss.nx.gov.cn/zcfg/shbz/201912/P020191224351177324832.
pdf。

[117]《格尔木市流动村卫生室设备采购项目询价公告》，中国政府采购网，http://www.ccgp.gov.cn/cggg/dfgg/xjgg/201812/t20181227_11432266.htm。

[118]《宁夏区域化流动科技馆巡展吴忠市〈视．错觉〉主题展览服务项目》，中国政府采购网，http://www.ccgp.gov.cn/cggg/dfgg/gkzb/201910/t20191028_13199513.htm。

[119] 中国科学与技术协会办公厅：《中国科协办公厅关于 2018 年度科普大篷车配发和运行工作的通知》，http://kpfwpt.cdstm..cn/index.php?d=carinfo/frontpage&m=CarFrontPage&a=noticeDetail&noticeId=125。

[120] 中国科学与技术协会办公厅：《中国科协科普部关于 2018 年度科普大篷车申报工作的通知》，http://kpfwpt.cdstm.cn/index.php?d=carinfo/frontpage&a=noticeDetail&noticeId=117。

[121] 民政部：《城市生活无着的流浪乞讨人员救助管理办法》，http://www.mca.gov.cn/article/gk/fg/shsw/201507/20150715849135.shtml。

[122] 民政部：《关于在全国开展救助管理机构规范化建设的意见》，http://www.gov.cn/gzdt/2009-03/18/content_1262143.html。

[123]《广州出动流动救助队劝导流浪乞讨人员进救助站》，南方网，http://kb.southcn.com/content/2016-08/02/content_152886016.htm。

[124]《庙子镇认真开展低保入户核查工作》，青州新闻网，http://miaozi.qzxww.com/governmentmz/226978.html。

[125]《这个扶贫超市有啥不一样》，中青在线，http://zqb.cyol.com/html/2017-08/24/nw.D110000zgqnb_20170824_4-01.htm。

[126] 齐齐哈尔残疾人联合会：《齐市残联开展残疾人辅具流动服务车下乡服务工作》，http://www.qqhrdpf.gov.cn/a/gzdt/2019/1106/5127.htm。

[127]《汇聚爱心滴灌贫困，众筹超市情暖人心》，东方圣城网，http://www.jn001.com/news/2017-04/10/content_247985.html。

[128]《长沙流动文化服务走进城市角落》，中国经济网，http://www.ce.cn/culture/gd/201306/24/t20130624_24508474.shtml。

[129]《流动文化服务走进城市角落——长沙打造文化网络建设》，长沙新闻网，http://news.changsha.cn/html/187/20130624/1268613.html。

[130] 法律图书馆：《流动舞台车为农民朋友送去丰盛的文化大餐》，http://www.law-lib.com/fzdt/newshtml/23/20050921213440.html。

[131]《流动舞台车驰骋三湘农村"变形金刚"送戏忙》，红网，http://hn.rednet.cn/c/2009/08/24/1813132.html。

[132]《中国流动科技馆湖南巡展麻阳站启动》，搜狐网，http://www.sohu.com/a/284550476_120053761。

[133]《中国流动科技馆湖南站湘乡站第二轮巡展启动》，新华网，http://www.hn.xinhuanet.com/2019-10/31/c_1125175259.htm。

[134]《湖南"流动少年宫"活动在邵东黄渡学校拉开序幕》，新浪网，http://hunan.sina.com.cn/city/2019-07-12/detail-ihytcitm1477475.shtml。

[135]《流动展览走基层，文化惠民暖人心，徐建水民俗绘画作品展讲闽南特色童玩故事》，晋江新闻网，http://www.news.ijjnews.com/system/2019/12/15/030002797.shtml。

[136]《榜罗会议纪念馆、通渭县博物馆、通渭县文化馆联合出展流动展览走进通渭县陇阳镇》，中国通渭网，http://www.gstwx.com./html/2018/bmkx_0622/17061.html。

[137]《关于印发遂昌县乡村流动医院建设工作方案的通知》，遂昌县人民政府网，http://www.suichang.gov.cn/zwgk/fggw/zfwj/201905/t20190531_3767765.html。

[138]《超200万山区群众实现家门口就医》，温州日报甄网，

http://www.wzrb.com.cn/article688837show.html。

[139]《岳塘消防大队依托消防宣传车打造"流动型"宣传阵地》，湖南消防网，http://www..hn119.gov.cn/index.asp?thread-258960-1.html。

[140]《衡阳县岣嵝乡：国庆禁毒稳安保流动宣传车入村组》，今日头条，http://www.toutiao.com/i6742431188612284932/。

[141]《市图书馆开展流动图书服务网点回访工作》，石嘴山市人民政府网，http://whly.shizuishan.gov.cn/zwgk/zdlyxxgk/201906/t20190628_1574307.html。

[142]《东胜区点单式流动文化服务受欢迎》，正北方网，http://www.northnews.cn/news/2017/0322/1527620.shtml。

[143]《新邵县迎光乡多措并举积极开展 2018 年优抚对象身份认证核查工作》，搜狐网，http://www.qfxww.com.cn/news/zhifadongtai/19979.html。

后 记

　　历时七年，这项关于流动型社会保障服务的成果终于要付梓印刷了，该书是笔者对"流动公共服务"和"流动型社会保障服务"研究的一个阶段性总结。

　　2014 年，随着国家社科基金项目的获批，笔者开始关注"流动型"这种特殊的公共服务供给形式，通过大量的资料查阅、走访调研、会议研讨，笔者对流动型社会保障服务在边疆地区、民族地区等偏远场域的重要性和适应性有了更加清晰的认识，决定将这一研究深入开展下去。就在各项工作有条不紊地顺利推进时，2016 年，笔者赴伦敦政治经济学院（LSE）从事为期一年的访问学者工作，社会调研被迫中断，对流动型社会保障服务的研究转入学理思考和理论升华阶段。

　　2017 年回国后，笔者立即组建团队，再次深入内蒙古典型盟市农牧区继续开展实地调研，并启动与非少数民族地区流动型社会保障服务的对比研究。

　　今天，这项研究终于呈现在读者面前，本人倍感欣慰但也意犹未尽，流动型社会保障服务尚有许多未知的领域，等待我们去开发探索。"路漫漫其修远兮，吾将上下而求索"，"问渠那得清如许？为有源头活水来"，学术升降，代有沉浮，自，妙在其中。流动型社会保障服务是民生与社会保障领域的一个全新话题，也是社会服务领域的一个新命题，希望有更多的学者加入到流动公共服务和流动型社会保障服务的研究中来。

感谢内蒙古大学"双一流"科研专项高端成果培育项目的支持！感谢人民出版社夏青编辑的认真工作和辛勤付出！感谢内蒙古农业大学鲍晓艳老师给予的调研帮助！数位博士生和硕士生为本书做了大量的资料搜集、数据整理、文稿校对等工作，感谢他们！

由于笔者水平有限，书中疏漏和不妥之处在所难免，敬请学界同仁批评指正！我也将继续努力钻研！

白维军

2021 年 10 月

责任编辑：夏　青

图书在版编目（CIP）数据

流动型社会保障服务研究：基于民族地区的考察／白维军 著 . —
　北京：人民出版社，2021.11
ISBN 978－7－01－023783－1

I.①流…　II.①白…　III.①边疆地区－民族地区－社会服务－研究－中国
　IV.① D669.3

中国版本图书馆 CIP 数据核字（2021）第 198047 号

流动型社会保障服务研究
LIUDONGXING SHEHUI BAOZHANG FUWU YANJIU
——基于民族地区的考察

白维军　著

人民出版社 出版发行
（100706　北京市东城区隆福寺街 99 号）

环球东方（北京）印务有限公司印刷　新华书店经销

2021 年 11 月第 1 版　2021 年 11 月北京第 1 次印刷
开本：710 毫米 ×1000 毫米 1/16　印张：18.75
字数：200 千字

ISBN 978－7－01－023783－1　定价：66.00 元

邮购地址 100706　北京市东城区隆福寺街 99 号
人民东方图书销售中心　电话（010）65250042　65289539